Ullstein Werkausgaben

Ullstein Werkausgaben

Ricarda Huch

Taschenbuchausgabe in Einzelbänden
aufgrund der von Wilhelm Emrich
edierten Gesamtausgabe

Ricarda Huch

Erinnerungen von Ludolf Ursleu dem Jüngeren

Roman

Mit einem Nachwort
von Bernd Balzer

Ullstein Taschenbuch

Ullstein Buch Nr. 37003
im Verlag Ullstein GmbH, Frankfurt/M – Berlin – Wien

Ungekürzte Ausgabe

Umschlagentwurf: Hansbernd Lindemann
Mit freundlicher Genehmigung des Kiepenheuer & Witsch Verlages, Köln – Berlin

Printed in Germany 1980
Druck und Verarbeitung: Mohndruck Graphische Betriebe GmbH, Gütersloh
ISBN 3 548 37003 9

Mai 1980

CIP-Kurztitelaufnahme der Deutschen Bibliothek

Huch, Ricarda:
[Sammlung]
Taschenbuchausgabe in Einzelbänden: aufgrund d.
von Wilhelm Emrich edierten Gesamtausg./ Ricarda Huch. –
Frankfurt/M, Berlin, Wien: Ullstein.
NE: Emrich, Wilhelm [Bearb.]
Erinnerungen von Ludolf Ursleu dem Jüngeren.
Roman.
[Gesamtwerk] mit e. Nachw. von Bernd Balzer. –
Ungekürzte Ausg. – 1980.
([Ullstein-Bücher] Ullstein-Buch; Nr. 37003: Ullstein-Werkausg.)
ISBN 3-548-37003-9

ERINNERUNGEN
VON LUDOLF URSLEU DEM JÜNGEREN

ROMAN

Von Martin Luther, welcher die Anlagen hatte, ein großer Mensch zu werden, heißt es, daß er eines Tages habe zusehen müssen, wie ein im Gespräch neben ihm wandelnder Mann vom fallenden Blitz jäh erschlagen wurde. Dieses Erlebnis soll ihn im Gemüte so erschüttert haben, daß er sich von der Welt abkehrte, Mönch wurde und ins Kloster ging, worin er leider nicht verblieben ist. So ist es mir ergangen, wenn auch der Blitz, den ich blindlings niederfahren sah, nicht der äußerlichen Welt angehörte; aber er war nicht minder vernichtend.
Ich sah auf einmal, wie ich jetzt ausführlich beschreiben will, daß es nichts und gar nichts gibt, was im Leben einen festen Stand hat. Das Leben ist ein grundloses und ein uferloses Meer; ja, es hat wohl auch ein Ufer und geschützte Häfen, aber lebend gelangt man dahin nicht. Leben ist nur auf dem bewegten Meere, und wo das Meer aufhört, hört auch das Leben auf. Wie wenn eine Koralle aus dem Meere tritt, so erstirbt sie. Und wenn man die schönen glasbunten Quallen aus dem Wasser nimmt, so hat man eine scheußliche Gallerte in der Hand. Nun, meine ich, ist es so mit den Menschen und dem Leben: man kann wohl Ruhe und Sicherheit erlangen, aber nur, wenn man auf das Leben mit seinem fröhlichen Wellenspiel, seinen wechselnden Farben, seinen tollen Stürmen verzichtet. Viele meinen, und besonders die jungen Leute und alte, die nichts erlebt haben, inmitten der unaufhaltbaren Bewegung, wo die erste Welle im Augenblick des Werdens schon mit der zweiten verschmilzt und so fort und der vergangene und der nächste Augenblick so zwillingsmäßig miteinander verwachsen sind, daß sich kein kleinstes Stückchen mit Namen Jetzt oder Gegenwart dazwischenklemmen läßt, gäbe es so allerhand ewige Felsen. Damit meint man Liebe und Freundschaft und andere Empfindungen des Herzens, denn diese stimmen einen glücklich und darum gut, und darum hält man sie für heilig. Nun aber, was soll aus diesem kindischen Dinge, dem menschlichen Herzen, Ewiges kommen, dem Springinsfeld, der nie das Stillsitzen lernt in der Schule des Lebens? Das beständig hin und her zittert, als ob es auf allzu langem Stiele säße wie die Blätter der Espe? Es fährt als ein Kähnlein auf dem gewaltigen Lebensmeere umher, und bald schluckt es

zuviel Wasser und sinkt und verzagt, bald tragen Wellen es in die Lüfte, daß es sich dem Himmel nähert, und dann jauchzt es voll Übermut und triumphiert. Aber es muß immer wieder hinunter, und wenn es unten ist, wieder hinauf. Es kann auch eine glatte Bahn durchlaufen oder in eine Meeresstille geraten, daß es still und bange daliegt wie vor dem Magnetberge. Aber wie es auch sei, den Hafen findet es nicht im Meere, Häfen sind am Ufer; das ist das Jenseits.

Mein Boot, welches eine leidlich unscheinbare Fahrt hatte, geriet in einen großen Sturm und Schiffbruch und wurde an den Strand geschleudert. Nicht gemächlich lief ich ein in die Bucht, ich ward ausgespien wie Robinson. Meine wüste Insel und mein Jenseits ist das Kloster Einsiedeln. Da hause ich nun, und das Leben liegt auf immer dahinten. Aber es ward mir so gut, daß ich, wenn ich auch nicht mehr lebe, doch nicht tot bin, sondern das weite Wasser, das ich durchfuhr, vom Strande aus betrachten und meine Reise bedenken kann. Ich habe immer gefunden, daß das Beschauen das Schönste im Leben sei. Wer in einem prächtigen Umzuge mitgeht, schluckt den Staub ein und schwitzt und würgt hinter seiner Maske; was hat er von seiner eigenen kostbaren Verkleidung und den übrigen Festbildern um sich her? Er sieht es alles nicht, nur etwa das Allernächste, und das nicht vollkommen. Wer aber oben auf dem Balkon steht, oder nur auf eine Gartentür geklettert ist, oder sogar nur aus einer Dachrinne mühselig hervorlugt, der hat es alles vor seinen Augen, als wäre er der Herrgott, und es würde alles ihm vorgeführt eigens zu seiner Lust. – So macht es mir Vergnügen, die Tage meines verflossenen Lebens an mir vorübergehen zu lassen wie eine Prozession. Es wird seltsame Gestalten zu sehen geben, bunte Fahnen, Bilder, Symbole und Schaustücke. Ich kann sie schneller und langsamer gehen heißen, je nach Geschmack, und die schönsten und seltsamsten kann ich zu mir heranrufen, um sie genauer zu betrachten und zu betasten. In diesem Sinne schreibe ich die Geschichte meiner Erlebnisse, verborgen vor jedermann; denn eine fromme Legende wird es nicht sein.

Ich will auch von meiner Kindheit und frühen Jugend einiges erzählen; denn wenn man das niedliche Küken nicht kennt, tut man dem Huhne im Urteil unrecht, und der edle Schwan ist einem weniger wert, wenn man nicht weiß, daß er einmal das häßliche junge Entlein gewesen ist. Wer mit einem aufgewachsen ist, sieht im Gesichte immer noch die zarten, guten Züge des Kindes, und wer einmal in einem Museum ein altes Wikingerschiff gesehen hat, der betrachtet unsere Dampfschiffe mit doppelter Neugier und reicheren Gedanken.

Ich bin in einer norddeutschen Hansestadt geboren, einer Stadt, deren ich niemals gedenken kann ohne Verwünschungen und niemals ohne Tränen. Mein Vater war ein begüterter Kaufmann; aus solchen setzt sich dort die angesehene Bevölkerung zusammen. Diese haben meist viele Länder und Völker gesehen und haben sich dadurch weltmännische Gewandtheit erwerben können. Da man sich in der Fremde weniger gehenlassen kann als zu Hause, haben sie sich eine feine Haltung und gefälliges Wesen angewöhnt, wie man es nicht in vielen Kreisen findet; damit machen sie Eindruck, und es erfüllt mich noch mit Behagen, mich im Geiste in eine Gesellschaft solcher Männer zurückzuversetzen. Wenn sie nun auch viele Sorgen haben, so geht doch alles im großen zu, und solange sie überhaupt mitspielen im Leben, haben sie auch Geld und geben es reichlich aus. Eine wahrhaft gediegene Bildung geht ihnen zwar ab, und sie fragen auch nicht danach, obwohl sie um keinen Preis den Anschein derselben missen möchten. Es ging schön und herrlich zu in meiner Jugendzeit, wie bei den Phäaken. In unserm Hause herrschte diese Art zu leben auch, und doch war vieles anders als bei den anderen. Meine Familie von Vaters Seite war auch nicht von jeher heimisch in dieser Hansastadt gewesen, erst mein Großvater war eingewandert. Meine Vorväter waren Pfarrherren gewesen, wovon zwar nichts mehr an den Nachkommen haftengeblieben war als ein Hang zur Gelehrsamkeit und zu dem, was über diesem Irdischen ist.

Die Ursleuen der alten Zeit waren vielleicht religiöse Schwärmer; die, deren ich mich entsinne, hielten es nicht mehr mit der Religion, wie das denn jetzt dem Zeitgeiste weniger entsprechend ist. Sie beschäftigten sich mit der Poesie, den Künsten und Wissenschaften, nur obenhin zwar und nach der Weise von Laien, aber gerade darum so recht herzlich und voll Begeisterung und gar nicht wie die übrigen Phäaken, nur um es in den Gesellschaften wieder anwenden zu können. Denn wir lebten meist für uns, das will sagen innerhalb der Familie, die nun freilich groß genug war.

Mein Vater, Ludolf Ursleu der Ältere, mußte seine herrlichen Kräfte leider in kaufmännischen Geschäften und Sorgen aufzehren. Aber aus Rücksicht für uns und aus einem gewissen Schönheitssinn ertrug er das alles heimlich für sich. Denn im Herzen hielt er seine Beschäftigung für ein notwendiges Übel zum Zwecke des Gelderwerbens und verachtete sie; man hielt in unserem Hause für die eigentliche Aufgabe des Menschen, das Leben wie ein schönes Gewand oder Schmuckstück zu tragen, das Haupt hochzuhalten und heiter zu sein. Mein Vater mochte das auch darum für das Allerwürdigste halten, weil meine Mutter zur Verwirklichung solcher Auffassung geschaffen schien.

Wie schön war sie! Wenn man sie ansah, dachte man zwar zuerst nicht an das Schöne, denn sie war vollkommen und deshalb weit weniger auffallend als eine, der noch irgend etwas gemangelt hätte. Aber man wurde heiter und froh diesem Antlitz gegenüber, und soviel ich weiß, kam es auch den Frauen nicht in den Sinn, sie um dieses Vorzuges willen zu beneiden. Sie machte niemals Staat mit ihrer Schönheit, obwohl sie großes Vergnügen an ihr hatte; denn sie war in der Art kindlich, wie man es von den wilden Völkern geschildert liest, und wie solche hätte sie sich mit bunten Glasperlen behängen und ihr Spiegelbild im Wasser anlachen können, ohne daran zu denken, daß sie es sei, die da so reizend hervorglänze. Alles was sie sagte und tat, war so lauter und urwüchsig wie ein Quell an der Stelle, wo er oben in prächtiger Waldwildnis aus der Erde herausspringt. Ich pflegte sie als Knabe öfters zu betrachten und darüber nachzusinnen, wie sie im Alter aussehen würde; das machte mich nachdenklich, denn ich konnte es mir in keiner Weise vorstellen, ebensowenig wie man sich die Venus von Milo als eine alternde Frau denken kann. Sie schien in Wahrheit den leichtlebenden, unsterblichen Göttern anzugehören. Mein Vater war wohl auch ein starker und schöner Mann, aber Denken und Sorgen und die Jahre gingen doch nicht über ihn hin, ohne ihre Furchen einzugraben. Als ich den Mythus von der Göttin der Morgenröte und ihrem sterblichen Gatten kennenlernte, wie er in ihren rosigen Armen unaufhaltsam welkte, kamen mir immer meine Eltern in den Sinn, weniger wie sie gegenwärtig waren, als wie ich sie mir in der Zukunft dachte. Meiner Mutter selbst wäre ein solcher Vergleich niemals eingefallen, denn sie dachte überhaupt wenig über sich nach, und empfindsam war sie gar nicht. Nichts, weder Liebe noch Haß, hätte bei ihr eine Leidenschaft werden können. Ihre glückliche Natur stand gewissermaßen mit ihrer Schönheit im Bunde; was sie fühlte, war nie so heftig, daß es die letztere hätte verletzen können.

Ich, das älteste Kind, wurde nach meinem Vater benannt. Ich glich ihm aber wenig im Innern und Äußern, immerhin doch so viel, um anderen Leuten gegenüber die Gemeinschaft mit ihm stark zu empfinden. Ich hatte leichteres Blut als er. Das war die Ursache, daß ich eine wildere Jugendzeit durchlebte, als er sich je gewünscht und gestattet hätte; hernach aber, daß meine Jugend rascher von mir abfiel als von ihm, und ich ein griesgrämiger Greis wurde in einem Alter, wo er seinerzeit noch ein stattlicher Mann gewesen war.

Nach mir kam meine Schwester Galeide, von der ich auf diesen Blättern am allermeisten zu sprechen haben werde. Weil sie bei weitem nicht so schön war wie meine Mutter, kam ihr Äußeres bei uns nicht in Betracht. Doch war sie im Grunde ein wonnig Ding, weich und rund an allen Gliedern, bequem und wohlig auf dem Schoß zu haben wie eine junge Katze, still und zufrieden. Sie wurde deshalb verhätschelt und verzogen, was sie sich alles gleichmütig gefallen ließ und nur mit geringer Zärtlichkeit erwiderte. Ich muß aber sagen, daß sie auch sehr anhänglich und liebevoll sein konnte, wenn sie einmal Zuneigung gefaßt hatte; böse war sie eigentlich mit niemandem. Sie hatte gern, daß man sie gewähren ließ, und war nicht ungern allein. Sie lag dann etwa in der Sonne und spielte Theater mit den Wolken oder träumte auch nur und hatte

meistens ein Kätzchen, ein Kaninchen oder ein anderes Tier bei sich, wie sie denn überhaupt die Tiere den Menschen vorzuziehen schien. Es war auffallend, wie auch die Tiere sie von jeher aufsuchten und ihr zahm wurden. Weil sie für gewöhnlich sanft und friedfertig war, hatte man sich in der Verwandtschaft angewöhnt, sie »das gute Kind« oder »die gute kleine Galeide« zu nennen. Diese Redensart machte ich nicht mit; denn ich sagte mir immer, gut ist sie eigentlich nicht, sie tut nur, was ihr behagt, und es trifft sich, daß das gerade mit dem Behagen der anderen übereinstimmt.
Gegen mich ist sie immer sehr liebreich gewesen, und obwohl ich um mehrere Jahre älter war, oft in mütterlicher Weise. Überhaupt war es eigentümlich, wie sie zugleich so kindisch und so mütterlich sein konnte; das war sie beides, solange sie lebte, dazu freilich auch noch manches andere, wovon ich später reden will.

Wer meine Vaterstadt schön nennt, der liebt breite und gerade Straßen, große und reinliche Häuser und viereckige Plätze. Mir ist das alles zuwider. Es gibt da auch alte Quartiere, aber sie weisen sich als solche nur durch ihren Schmutz und ihre Enge und Dumpfheit aus, nicht durch ein würdiges Antlitz voll Erinnerung. Ja, in Schwaben sollte man leben, in den uralten Reichsstädten, in denen man einhergeht wie mitten in einem liebreichen Märchen der Vorzeit. In meiner Knabenzeit freilich verstand ich davon nichts, einesteils, weil ich es nicht kannte, dann aber hätten mir auch die Kenntnisse und die Erfahrung dazu gefehlt.
Anders ist es mit der Natur; das Verständnis ihrer Sprache wird mit uns geboren. Ja, sie ist die älteste und treueste und echteste Freundin der Menschen. Einer, an dessen Wiege sie nicht steht, und dessen Jugend sie nicht behütet, auf dem liegt ein Fluch; seine Seele wird nie gelöst, sein Busen kann sich nie ganz eröffnen, er ist wie ein Keim, dem die Sonne fehlt. Ich wäre auch anders geworden, wenn ich in der Schweiz geboren wäre. Denn ich glaube, mein Genius war nicht übel geartet, und es fehlte nur wenig, daß ich etwas Rechtes gewor-

den wäre. Aber wenig oder viel, fehlt überhaupt etwas, so ist es mißraten und taugt nichts.

Als ich ein Knabe von dreizehn Jahren war, nahmen meine Eltern mich mit in die Schweiz. Damals war ich noch leidlich brav, fleißig und verständig. Als ich nun die Berge eine Zeitlang gesehen und mich an sie gewöhnt hatte, kam ein nie geahntes und wahrhaft himmlisches Glück über mich. Ich liebte den Wald und die weißen Bergköpfe mit stürmischer Zärtlichkeit, Demut und Angst. Ich kann mich noch wohl in meine unschuldigen und seligen Gefühle aus jener Zeit versetzen, und kann es nicht ohne Rührung. Ich meine das zutrauliche Bübchen zu sehen unter den gewaltigen guten Tannen und zwischen Felsblöcken mit ihren verwitterten Gesichtern. Galeide war auch mit, und ohne großes Erstaunen von sich zu geben, rannte sie mit wilder Freude in diese schöne Natur hinein, als ob sie es nie anders gehabt hätte. Während ich mich gern in den schönen Wäldern im Tale erging, verlangte sie beständig auf die hohen Berge hinauf, zu deren Besteigung sie auch eine Kraft und ein Geschick zeigte, die an einem Kinde ihres Alters in Erstaunen setzten. Wenn wir auf einer Höhe ankamen, pflegte sie vorauszuspringen, ein bacchantisches Triumphgeschrei erschallen zu lassen und ihre Locken im Winde zu schütteln.

Dies ärgerte mich, da ich es für indianermäßig, unästhetisch und ganz unmädchenhaft ansah. Indem ich es mir jetzt vergegenwärtige, sage ich mir, daß es immerhin charakteristisch für meine Schwester Galeide war.

Sie bekam einmal, während wir im Gebirge waren, ein Murmeltier geschenkt, worüber sie eine unsinnige Freude hatte, die mich auch ärgerte. Noch mehr die närrische Art, in der sie sich mit dem Tiere gebärdete, als ob es viel vorzüglicher sei als alle Menschen. Später, als wir wieder zu Hause waren, paßte das Bergestier nicht mehr in unsere städtischen Verhältnisse, und unsere Eltern nahmen es Galeiden fort. Sowie sie das erfuhr, erzeugte der Kummer ein heftiges Fieber in ihr; ich sehe sie noch, in einen goldfarbigen Plüschsessel gekauert, mit halber Stimme seltsam singen in ihren Phantasien. Der Zustand war beängstigend und keineswegs von ihr

erkünstelt, daß man ihr das Tier wiedergeben mußte. Das Merkwürdigste ist nun dies: als es starb, während sie gerade nicht zu Hause war, bemächtigte sich der ganzen Familie ernste Besorgnis vor Galeidens wilden Schmerzensausbrüchen. Keiner mochte der Überbringer so gräßlicher Nachricht sein (über die im Grunde jeder vernünftige und reinliche Hausbewohner von ganzem Herzen erfreute Loblieder anstimmte). Mit höchster Zartheit und Schonung wurde ihr endlich der Todesfall mitgeteilt, aber siehe da! nicht ein einziges Tränlein rötete ihre milden Augen. Sie streichelte den pelzigen kleinen Leichnam liebevoll und bemitleidete das Tierchen in den holdseligsten Ausdrücken, daß ihm sein lustiges Lebensfädlein so früh durchschnitten sei. Auch bewahrte sie ihm ein wahrhaft treues Andenken und erzählte stets gern Histörchen und Anekdoten aus Urselinos Leben (so hatte sie die unselige Kreatur benannt); wollte auch nie ein anderes haben. Aber ich hatte immer den Verdacht, als freue sie sich über das hübsche Bildchen, das als Zuwachs in ihren Gedächtnis- und Erinnerungskasten gekommen war.
Während meine jüngere Schwester solchergestalt noch mit ganz einfachen und kindlichen Leidenschaften wirtschaftete, entspann sich für mich das erste Liebesabenteuer. Ich kann nicht umhin, dieses artigen Geschichtchens hier zu gedenken; es verlief so unschuldig und sittig, wie es mir leider späterhin nicht mehr geraten ist. Hätte ich immer mit der Seele jenes dreizehnjährigen Bürschchens fürliebgenommen! So wäre manches nicht gewesen, was mich damals wenig beglückte, und dessen ich mich jetzt schäme.
Nun also: Wir waren an dem unsäglich schönen Wallensee, dem man tückische Wildheit nachsagt. Ich liebte ihn dafür um so mehr, daß er die Menschen befehdete, die ihn befuhren, und hegte daneben die Zuversicht, er werde wohl wissen, daß ich jenen nicht beizurechnen, sondern ein Mensch für sich sei, der ihn wohl verstehe und heilig halte. Außerdem hielt ich es für ein seliges Los, unter diesen grünen Wellenhügeln begraben zu sein und durch das bewegliche smaragdene Glas unbeweglich in den blauen Himmel darüber sehen zu können. Meine Eltern erlaubten mir aber niemals, allein auf den See

zu gehen. Hierüber war ich anfangs schwer beleidigt und erschien mir für ewig geschändet, als mir der Schiffsmann einmal zur Begleitung sein Töchterlein mitgab, welches allem Anscheine nach jünger als ich war. Dies Ding, Kordula, ergriff behende die großen Ruder und setzte sie in Bewegung, und ich betrachtete voll Verwunderung die mageren, aber höchst zierlichen braunen Arme, wie sie wacker und unermüdlich arbeiteten. Ihre Haare waren ein wenig zottig, was ich aber bald, entgegen meiner sonstigen Geschmacksrichtung, sehr liebreizend fand; ihre dunklen Augen waren nicht groß, aber gluh und nicht ohne eine gutmütige Schlauheit im Ausdruck. Als sie anfing zu reden, entrüstete sich aber mein Schönheitsgefühl, und ich begann sie ärgerlich zu kritisieren wegen ihres heimatlichen Dialektes. Das ließ sie sich aber mitnichten gefallen, sondern sagte, das sei schön und vaterländisch, hingegen wir draußen im Reich müßten den Königen dienen, uns bücken wie Sklaven, kurz, wir seien nicht frei und könnten nicht tun, was wir wollten. Das reizte mich aufs höchste, und ich erinnerte mich mit Vergnügen, daß ich auch ein Republikaner war, was ich ihr aber nicht begreiflich machen konnte. Bald erlosch mein Übermut völlig und löste sich in Bewunderung des kühnen Schweizermädchens auf. Im Schatten der reckenhaften Churfirsten auf dem lauteren Wasser des Bergsees wurde es mir nicht schwer, mir mein Vaterland als schmachvoll geknechtet vorzustellen, und das kernigere Wesen der Schweizer, die Kraft und die Derbheit der Bergleute hielt ich alles für einen Ausfluß ihrer glücklichen Freiheitslage. In der Art verschmolz mir das braune Mädchen Kordula mit dem edelsten Gedanken, den der Mensch denken kann, mit der Freiheitsphantasie, und mein Herz bekam so viel Inhalt, daß ich ordentlich schwer daran zu tragen hatte; aber man lebt ja desto leichter, je voller das Herz ist.

Die Kordula hatte trotz ihrer gutgemeinten Vaterlandsprahlerei eine nicht geringe Ehrfurcht vor weither gekommenen Städtern mit ihren feineren Lebensgewohnheiten, so daß ihre Bewunderung meiner Person ungefähr ebenso groß war wie die meine der ihrigen, und das machte unsere Liebe zu einer so erfreulichen Erscheinung. Meine Eltern hielten sie für ein allerliebstes Idyll und behinderten uns gar nicht, verrieten auch nicht einmal das Vergnügen, das wir ihnen gewährten. Einmal an einem Abend fuhren wir im Kahn, als die Sonne sich neigte. Ein Eisenbahnzug sauste schnaubend vorüber. Es wurde mir weich und wohl, als ich ihn dahinfahren sah, ohne mit ihm zu müssen, was doch einmal zu geschehen hatte; aber noch nicht. Als er vorbei war, erschien die Stille tiefer als vorher. Das Eisgrau der Bergspitzen nahm in der Sonnenbeleuchtung allmählich eine warme Veilchenfarbe an. Der See war glatt und schien selbst atemlos das Wunder um sich her anzuschauen. Während ich unsagbar grenzenlose Empfindungen fühlte, gestaltete sich das in Kordulas Innern zu etwas ganz Bestimmtem, und sie fing plötzlich an, ein pathetisches Vaterlandsgedicht aufzusagen, welches sie in der Schule gelernt haben mochte.

Ich war über alle Maßen davon ergriffen. Eine heiße Verzweiflung erfaßte mich, daß ich kein Schweizer war und diese Berge und das geliebte grüne Wasser nicht mein nennen konnte. Ich machte nun auch Verse, richtete sie an Kordula und gab sie ihr. Ob sie sie nun verstand oder nicht, sah sie doch, daß es Reime waren, und also war ich für sie ein Dichter; denn zwischen guten und schlechten unterscheiden konnte sie noch nicht. Sie sah mich seitdem mit vergrößerter Ehrfurcht an, und besonders gern betrachtete sie meine Augen. Einmal fragte ich, was sie denn da sehe; da antwortete sie mit einem recht lieblichen Bilde: ich sehe deine Gedanken darin herumschwimmen wie schwänzelnde Fischlein in einem See, viele, viele. Ich wurde rot und schämte mich und war doch so stolz und froh wie noch nie.

Zuletzt mußten wir dennoch Abschied voneinander nehmen; das war herzzerbrechend. Das Allerschlimmste aber kam erst, als wir wieder daheim waren. Auszugehen war mir verleidet, und auf dem Wege zur Schule schlug ich trotzig die Augen nieder, um die verhaßten Steinhäuser und den ungeschmückten Horizont nicht sehen zu müssen. Am liebsten saß ich zu Hause und weinte und weinte in meinem untröstlichen Heimweh, und das Seligste, was ich mir auszudenken vermochte, war ein Grab im Wallensee unter den Zacken der Churfirsten.

Es war ein großes Elend, und im Grunde hatte ich nicht so unrecht, zu weinen. Wenn man sich von der Natur entfernt, so entfernt man sich vom Guten und Schönen, und vor allem vom Glück. Ich hätte als Hirtenknabe auf einer Alp geboren werden sollen; dann säße ich wohl jetzt noch und jodelte und juchheite, anstatt daß ich hier im Kloster eine schleichende Träne erdrücke, wenn es von den Bergen herüber in mein kahles Gemach tönt.

Ich habe noch nichts von meinem Urgroßvater gesagt. Wenn, wie ich später einsah, unsere ganze Familie nicht in dies Jahrhundert hineinpaßte, so stand mein Urgroßvater, der Großvater meiner Mutter, Ferdinand Olethurm, dem jetzt lebenden Geschlecht vollends ganz ferne; wie er ja tatsächlich einer anderen Zeit entsprossen war, da man noch nichts vom neuen Deutschland, Franzosenhaß und sozialer Frage wußte. Sein vaterländisches Gefühl galt einzig seiner hansischen Vaterstadt, die er so im Herzen hegte, als habe er selbst Steine zu ihrem Aufbau herbeigetragen. Obwohl er insofern ein echter Patrizier nach der alten Weise war, so besaß er doch eine so merkwürdige Beweglichkeit des Geistes, daß ihm nichts Neues, mochte es auch noch so weit außerhalb des Gesichtskreises seiner Jugend und seines Mannesalters liegen, unverständlich oder gar gleichgültig war. Was an ihm so äußerst erfrischend und wohltuend für die Jungen war, war dieses, daß er nie ein Ereignis oder eine Idee zuerst vom moralischen Standpunkt aus betrachtete, wie das von einem so alten und ehrwürdigen Manne vielleicht manche erwarten würden. Wenn ihm ein Mensch gefiel, so hätte er sich füglich als ein Strauchdieb und Pirat entpuppen können, mein Urgroßvater hätte schon eine Erklärung dafür gefunden. So groß war seine Fühlung für das Leben des Herzens; denn was in der Welt geschieht, das ist ja doch auch im letzten Grunde erklärlich, ja notwendig. Ferdinand Olethurm hätte einer Erklärung aber auch andernfalls entraten können und hätte frischzu geliebt und gehaßt, wie es ihm ums Herz war. Dadurch machte er weniger den Eindruck abgeklärter Weisheit als den unerschöpflicher

Jugendkraft und unzerstörbarer Eigenart, und damit beherrschte er die Menschen und bannte sie unter seinen Einfluß. Mich und Galeiden liebte er über die Maßen, sie wohl noch etwas mehr als mich; einesteils vielleicht schon deshalb, weil sie ein Mädchen war, dann aber auch, weil sie bei ihrer großen Weichheit zuweilen eiserne Härte und Festigkeit zeigen konnte, die ihm reizend erscheinen mochten wie eine Mandel im Grießpudding. Überhaupt galt sie für ein merkwürdiges Kind, obschon ich nicht zu sagen wüßte, woran das lag. Ebensowenig wüßte ich zu sagen, warum jedermann in unserem Hause ein so unabweisbares Bedürfnis nach ihrer Gegenwart hatte, da es vorkam, daß man derselben gar nicht gewahr wurde, wenn sie auch eine Stunde lang mit einem im selben Raume war. Meine Eltern konnten sich nicht entschließen, sie, wie man es der Sitte gemäß mit den Töchtern macht, in eine Pension zu geben; anstatt dessen wollten sie, um sich doch etwas an die geläufigen Erziehungsgrundsätze ordentlicher Leute zu halten, eine Französin ins Haus nehmen, von der Galeide die scheu verehrte Sprache der übrigens verhaßten Nachbarn erlernen sollte.
Unter den jungen Mädchen, die auf dieses Gesuch antworteten, war eine mit Namen Lucile Leroy aus der welschen Schweiz. Es war damals mehrere Jahre her seit ich in der Schweiz gewesen war, aber das Bergland lag noch immer in meiner Erinnerung da, schön und fleckenlos im Sonnenstrahlglanze, und es sagte mir ungemein zu, daß ein Mädchen aus jenen wunderbaren Gegenden in unseren traurigen Norden kommen sollte. Meine Eltern hatten stets Lust zu etwas Besonderem, und ein Schweizer war für uns etwas Rares wie dort oben unsere Austern oder eine pommersche Gänsebrust. Galeide sagte nicht viel dazu, obwohl es sie besonders anging; es schien ihr aber mehr leid als lieb zu sein. Es wurde nun ausgemacht, daß die Lucile zu uns kommen sollte; alles ging so einfach vonstatten, daß man nicht am allerkleinsten Anzeichen bemerken konnte, wie verhängnisvoll diese Wahl für uns werden sollte. Denn zugleich mit den zarten Mädchenfüßen setzte das Schicksal seine eherne Sohle auf unsere glatte Schwelle und trat verhüllt und furchtbar mitten in unser gemächliches

Phäakentum. Nicht daß von Lucile selbst irgendein Unheil ausgegangen wäre, noch daß es sich überhaupt schon in nächster Zeit verkündet hätte. Sie wurde von meinen Eltern mit einer weitherzigen Liebenswürdigkeit empfangen, wie sie wohl nicht vielen Mädchen in solcher Stellung geboten wird. Man bemerkte aber bald an der Weise, wie sie es aufnahm, daß sie das wohl verdiente. Klug und tätig wie sie war, war es ihr ein leichtes, das zu leisten, was von ihr erwartet wurde, und in diesem Bewußtsein betrug sie sich im übrigen wie ein willkommener Gast, machte niemanden durch erzwungene und augenfällige Demut unglücklich, sondern genoß die Freundschaft, die sie empfing, und vergalt sie durch glühende Liebe und Anhänglichkeit. Sie war lebhaft, wußte immer von anregenden Dingen zu sprechen und, was meinen Eltern das Erwünschteste war, sie besprach sie in einer uns fremden Weise und stellte sich meist auf solche Standpunkte, die wir zu übersehen pflegten. Denn sie war in ganz anderen Kreisen und Verhältnissen aufgewachsen. Was wir unbewußt in uns aufgenommen hatten, die vielfachen Bildungseinflüsse einer großen Stadt, danach strebte sie mit Hintansetzung und Unterschätzung der Natur in bewußter, planvoller Weise; einen reichgebildeten Geist achtete sie über alles und suchte sich einen solchen mit achtunggebietendem Eifer und Fleiß anzueignen. Alles was sie bei uns fand, entzückte sie: die weiten, hohen Räume unseres Hauses, die darin herrschende Anordnung, die mehr auf das Schöne als auf das Nützliche zielte, und unsere ganze Art zu leben, von der sich ungefähr dasselbe sagen ließ. Aber sosehr dies sie bezauberte, blieb sie doch dabei, mehr als sie wissen mochte, sie selbst und konnte den Zaun, der den wohlgepflegten Blumen-, Obst- und Gemüsegarten ihrer Seele einhegte, nie völlig durchbrechen. Infolgedessen mißbilligte sie manches, was bei uns geschah, und äußerte es mit einem Freimut, der meinen Eltern um so besser gefiel, als sie sich nicht danach zu richten brauchten. Sie hörten gern zu, wenn sie in beredter Predigt ihre Grundsätze entfaltete, und fingen sogar an zu bedauern, daß Galeiden eine solche Art zu reden und zu denken abgehe. Denn Galeide sprach wenig von Grundsätzen, hatte auch keine, oder wenn sie einmal äußerte, daß sie dies oder das gut oder schlecht fände, dies oder das tun oder nicht tun würde, sagte sie es kurz und derb, oft in unerhörten Ausdrücken, die sich freilich, von ihrer sanften Stimme getragen, weniger anstößig ausnahmen, als wenn ein anderes Mädchen sie gebraucht hätte. Immerhin gedieh mir diese Gewohnheit zum Ärger.

Obwohl es Galeide mit Kummer empfand, wie sehr das interessante fremdartige Wesen unseren Eltern einleuchtete, ließ sie doch Lucile die Eifersucht nicht entgelten; ich muß das als einen stolzen und würdigen Zug ihres Charakters anführen. Der Altersunterschied von fünf oder sechs Jahren machte sich zwischen den beiden Mädchen verhältnismäßig wenig bemerkbar. Ich erinnere mich, daß man überhaupt häufig dazu kam, mit meiner Schwester, die doch in mancher Hinsicht noch ein tolles und höchst unvernünftiges Kind war, wie mit einer reifen Person zu reden. Sie waren wie Schwestern miteinander, nein, weit inniger als solche gemeinhin zu sein pflegen. Galeide eiferte Lucilen sogar ein Unmerkliches nach und überhäufte die Fremde mit zarten, liebenswürdigen Zeichen ihrer Zuneigung. Lucile erwiderte diese Liebe nicht minder schwärmerisch, ja, sie übertraf Galeiden vielleicht noch darin. Mir gegenüber äußerte sie das zuweilen, wenn ich Galeiden einen zu geringen Willen zum Guten zur Last legte, den ich, nebenbei gesagt, nicht nur selbst nicht besaß, sondern damals sogar für etwas Verwerfliches hielt an einem Manne. »Sie mag ihn nicht haben«, sagte Lucile, »aber warum auch? Sie ist gut. Du weißt, daß es das Wesen des Genies bezeichnen soll, daß es nicht die bestehenden Gesetze befolgen muß, sondern in dem, was es tut, selbst der Welt Gesetze gibt. Ein solches Wesen wird Galeide sein, und das ist auch das Geheimnis des unwiderstehlichen Zaubers, den sie ausübt.« Dies schien mir eine ungeheuerlich übertriebene Bemerkung zu sein.

Lucile und ich nannten einander du. Sie behandelte mich mitunter sehr als Knaben, was ich mir indessen nicht gefallen ließ. Und es glückte mir auch, mich auf eine höhere Staffel ihrer Achtung zu schwingen dank meiner Belesenheit und einer leidlichen Regsamkeit meines Geistes, wodurch es mir möglich wurde, ihr in den schöngeistigen Diskussionen, die sie liebte, ein willkommener Partner zu sein. Ehe sie da war, hatte ich mir eingebildet, sie müsse aussehen wie die Kordula vom Wallensee, obgleich das ein unbegreifliches Naturspiel gewesen wäre. Diese Vorstellung rührte mein Gemüt in angenehmer Weise, obgleich ich in der Liebe bereits anfing, ganz andere und weniger erbauliche Wege zu gehen. Ich söhnte mich aber bald damit aus, daß Lucile nicht Kordula war; denn sie machte Eindruck auf mich, und es schmeichelte mir, daß sie sich nicht ungern mit mir beschäftigte. Ihre Gegenwart hielt mich in wohltätigen Schranken, wenigstens insofern, als ich die Folgen meines Leichtsinns zu unterdrücken trachtete. Wenn ich mit dem leisesten Anflug eines Rausches oder in der jämmerlichen Stimmung, wie sie den übertriebenen Schlemmereien junger Leute sich anschließt, zu Hause erschien, so zögerte sie nicht, mir ihre Mißbilligung und Verachtung in scharfer Weise zu zeigen. Ich wies das zwar mit anmaßender und unliebenswürdiger Empfindlichkeit zurück, aber doch fürchtete ich solche Zwiste und gab mir Mühe, die Anlässe dazu zu vermeiden. Im Grunde besserte ich mich freilich nicht, dazu war ihr Einfluß nicht stark genug. Wie hätte das auch sein sollen? Ich gab jedem Anstoß nach, ob er zum Guten oder zum Bösen lockte, wenn er nur in einer Weise ausgeübt wurde, die mir zusagte. Ich wollte ein Weltmann sein und war ein Tor; einer, der zu leben weiß, wollte ich sein und lernte nichts als frühzeitiges Absterben. Ich glich dem Hunde, der, nach dem Spiegelbilde seines Knochens schnappend, ihn selbst ins Wasser fallen läßt und nicht mehr findet.

Kaum kann ich es erwarten, und doch zage ich davor, den Schatten des Mannes im Zuge meiner Erinnerung heranschreiten zu sehen, an dem wie an keinem andern meine Seele Anteil nahm. Ich spreche von meinem Vetter Ezard Ursleu, dem einzigen Menschen, der ich hätte sein mögen, da er mir besser gefiel als ich. Sein Vater, mein Onkel Harre, war ein namhafter Arzt in meiner Vaterstadt. Er übte aber, solange ich denken kann, die Praxis nicht mehr aus, ausgenommen in einigen befreundeten Familien, wo er seit Jahren der Hausarzt war.

Im übrigen suchte er fortwährend seine Wissenschaft zu ergründen und zu fördern, worin er auch von Erfolgen beglückt war, verfügte über ein ungemeines Wissen in seinem Fache, aber auch auf anderen Gebieten, denn nach der Art unserer Familie beschäftigte er sich mit vielen Dingen, die ihn von Rechts wegen nichts angingen. Es gibt zwar für einen ganzen Menschen nichts, das ihn nichts anginge, aber unsere irdischen Verhältnisse lassen solche nun einmal nicht werden: denn die Erde verschüttet unendlichen Überfluß, und die Schüssel, die wir zum Auffangen haben, ist flach und winzig. Harre Ursleu war indessen mehr als die meisten Menschen zu solcher Handlungsweise berechtigt, weil er mehr faßte als sie, und man durfte ihm nicht nachsagen, er wisse vieles anstatt viel. Seine gute Gesundheit und mäßige Lebensweise ermöglichten ihm stundenlanges Arbeiten und Denken. Er war aber kein Büchermensch, vielmehr stellte sich sein Geist mit so viel Glanz dar, daß man oft ungerechterweise an seiner Tiefe zweifelte, auch genoß er das Leben, und mehr, als manchem Sittenrichter erlaubt schien. Aber sowenig er auf sie hörte, so aufmerksam gehorchte er seiner Natur und unternahm nie mehr, als er ohne sich zu schädigen ertragen konnte, und hätte es für eine Schmach angesehen, eine wissenschaftliche Sitzung zu verfehlen oder irgendeine Arbeit hintanzusetzen um eines materiellen Vergnügens willen. So war er ein Mann von Bedeutung und der Jugend ein zusagendes Vorbild, da er beides in sich darstellte, was ihr erstrebenswert erscheint, einen in seinem Berufe rühmlich Ausgezeichneten, und einen, der die Leckerbissen des Lebens zu würdigen und zu genießen weiß.

Sein Sohn, obwohl von ihm ganz verschieden, war sein vornehmster Stolz. Er sollte etwas Großes werden. Und wo waren dazu bessere Aussichten als in der alten Hansestadt? Er konnte als überseeischer Kaufmann in großartiger Weise den Strom des Goldes leiten zu eigenem und des Vaterlandes Gedeihen, oder als Mitglied unserer Regierung im kleinen Kreise das Ansehen eines Fürsten genießen. Es ist bekannt, daß die Herren einer aristokratisch regierten Republik sich oft mehr dünken als die Könige von Gottes Gnaden, wozu sie freilich auch berechtigt sein dürften; denn unsere jetzt lebenden Fürsten stammen alle nur von Vasallen ab, während sich von den Geschlechtern der alten Städte manche mit Fug Nachkommen der freien Leute unter den germanischen Eroberern nennen. Mein Onkel hielt es nach Erwägung und Verwerfung der anderen Pläne für das beste, seinen Sohn die Rechte studieren zu lassen, da er auf die Art am ehesten an die Spitze der Regierung gelangen konnte.

Ich war noch nicht zwanzig Jahre alt, als Ezard von den Universitäten zurückkehrte und ich zum ersten Male mit vollem Bewußtsein seine Bekanntschaft machte. Er kam gerade an dem Tage, als Galeide konfirmiert wurde, und nahm an dem dazu veranstalteten Festessen teil. Die Aufmerksamkeit wandte sich von der eigentlichen Heldin des Tages, die in ihrem schwarzen Schleppenkleide sehr schlank, blaß und betrübt aussah, bald gänzlich auf ihn. Tritt er nicht wie Odysseus unter die Phäaken? so dachte ich. Denn so hatte ich mir den göttlichen Dulder vorgestellt, nicht etwa die Spuren überstandener Leiden im Gesichte, sondern in seiner Erscheinung den Bekämpfer und Besieger des Schicksals verratend. Und es gibt keinen Gegner, gegen den sich erfolgreich gestemmt zu haben so mit Kraftgefühl und Befriedigung erfüllen kann, wie das Schicksal. Ja, mit dem Schritt und der Haltung eines Siegers schritt er einher. Man begann sich gesichert zu fühlen in seiner Nähe, weil man ihm zutraute, er vermöge alle Widerwärtigkeiten des Lebens zu überwinden. Worin das eigentlich lag? Er war als Mann nicht groß; schlank, ebenmäßig. Seine Schönheit war edel und maßvoll, aber höchst eindringlich dadurch, daß sie vollkommen mit dem seelischen Ausdruck verschmolz, man hätte glauben können, sein Gesicht sei nur durch den Adel des Ausdrucks schön, wiederum, es sei nur die äußere Harmonie der Züge, welche die Erscheinung des Seelenvollen hervorbringe.

Ich empfand dies alles damals, ohne es mir ganz einzugestehen; denn ich war in den Jahren der Anmaßung und überhaupt zu gut beanlagt und ausgestattet, um mich mit dem Bewundern und Trabantsein in der Welt zu begnügen und nicht selbst etwas vorstellen zu wollen. Mein Vetter Ezard besaß die Zierde angeborener natürlicher Bescheidenheit, die man wohl eine

Zwillingsschwester der Schönheit nennen kann; ich meine der Schönheit, die das feine Gemüt durchschimmern läßt, das sie erfüllt und belebt, einem venezianischen Glaskelch von grüner Farbe vergleichbar, der seinen wahren Sinn erst dartut, wenn das tiefe Gold edelsten Rheinweins ihn durchleuchtet. Es hatte wohl kaum jemals ein Mensch meinem Vetter Ezard Liebe und Anerkennung versagt; eitel zu sein, hatte er also auch keine Ursache. Man sagt, daß die Schäfer eine besondere Art haben, ihre Tiere anzugreifen, so daß sie sich geduldig von ihnen scheren lassen. Solchen glücklichen Griff hatte Ezard in der Behandlung der Menschen, die ihm gegenüber stets das Beste ihres Innern hergaben, freilich ebensoviel zum eigenen Vorteil wie zu seinem.

Es zeigte sich bald, daß Ezard ein besonderes Wohlgefallen an Lucile fand. Nach der Art reich entwickelter Männer, welche zu den Vorzügen ihres Geschlechtes auch einige des weiblichen mitbesitzen, bewunderte er hauptsächlich solche Frauen, die durch Selbständigkeit, Eigenart und Tatkraft hervorragten. Lucile ihrerseits war mit einem Schlage von Ezard bezaubert. Aber sie verbarg es hinter einer anmutigen Sprödigkeit, widersprach keinem so viel wie ihm, wobei sie äußerst launig und anregend sein konnte, und baute gewissermaßen eine Festungsmauer um sich herum, die für seine Jugendkraft und Lust zu handeln und sich zu regen ein neuer Antrieb war, dies Mädchen zu erringen. Onkel Harre liebte es, sich im Gespräch mit ihr zu messen. Sie bewunderte ihn: die Rastlosigkeit seines Geistes, der wie ein Wasserfall dahinschoß, jeden darübergleitenden Strahl in alle Regenbogenfarben zersplitterte und mit dem vielfarbigen Geschmeide spielte, blendete und entzückte sie. Ihn belustigte die gerüstete Unerschrockenheit, mit der sie ihn bald hierin, bald darin angriff und tadelte. Häufig gab die Religion Anlaß zu Streitigkeiten. Lucile war, der Tradition ihrer Familie folgend, Katholikin. Das veranlaßte den Onkel, sie mit dem, was er für ungeheuerliche Auswüchse dieses Glaubens hielt und was sich durch einen geschickten Redekünstler leicht als etwas Abenteuerliches und Widersinniges darstellen läßt, zu necken und zu reizen, was sie nicht ungern hatte, da es ihr Gelegenheit gab, ihren Glauben in beredten

Auslassungen zu verteidigen. Galeide schämte sich bei solchen Gelegenheiten, daß sie sich zu keiner Partei mehr oder weniger hingezogen fühlte, und hätte gern ein heiliges Flämmchen der Gläubigkeit in ihrer unschuldigen Brust angezündet. Der Urgroßvater pflegte diejenige zu unterstützen, welche am schwächsten schien, oder er bildete für sich eine neue, indem er die buddhistischen oder meinetwegen persischen Meinungen als die Fundgrube überirdischer Weisheit anpries. Onkel Harre begünstigte die Neigung seines Sohnes, solange er sie für eine Spielerei ansah, aber er betonte, daß er nie etwas Ernstliches daraus werden sehen wolle. Eine schweizerische Erzieherin zu heiraten, das war nicht, was er für Ezard erhofft hatte. Immerhin hätte dieses Vorurteil sich überwinden lassen; denn Harre Ursleu war kein gemeiner Jäger nach weltlichen Vorteilen und noch weniger ein barbarischer Vater, der dem Herzen seines Kindes nicht gegönnt hätte, sich auszuleben. Aber Lucile war die Frau nicht, die einen bedeutsamen Eindruck auf ihn ausüben konnte. »Sie hat Verstand, das kleine Ding«, sagte er von ihr. »Ihr Geist zuckt beständig wie ein Fixstern; aber ich ziehe das stille, stete Leuchten der großen Planeten vor. Ich frage auch, was für ein Modell könnte sie einem Bildhauer sein? Eine Here? Lächerlich! Eine Venus? Unmöglich! Eine Diana? Gott bewahre! Sie ist zu allem zu klein. Als Minerva könnte man sie sich am ehesten denken, wenn nicht wiederum die geringen Dimensionen störten. Ihr Körper ist zu klein, als daß sie ein herrliches Weib, und ihr Geist ist zu groß, als daß sie ein niedliches Püppchen sein könnte. Ich will wohl in Gesellschaft neben ihr sitzen, aber in meiner Familie will ich sie nicht haben.«

Ezard ließ sich durch die Meinung seines Vaters nicht im geringsten erschüttern. Ihm mochte manches an Lucile gefallen, was Onkel Harre selbst an sich hatte und darum an andern nicht bemerkte oder nicht schätzte. Er umwarb sie, und sie war von dieser Neigung, wie von einer bengalischen Flamme beleuchtet, hübscher, feuriger, kräftiger als früher. Galeidens liebevolle Aufmerksamkeiten setzten da ein, wo Ezard die seinigen einmal unterbrechen mußte. Das Glück trug sie froh dahin wie eine große Welle ihr glitzerndes, stolzes Schaumkrönchen. Es war ein lustiges Leben damals im Hause der Ursleuen; es ging den Berg hinan, und jeder war sich noch eines solchen Vorrats an Kräften bewußt, daß er getrost davon verausgaben mochte.

Ich habe das Wünschen ganz und völlig abgetan, denn wäre ich in dieses Kloster gegangen, wenn ich noch hätte wünschen mögen? Ich habe es oft mit angesehen und weiß es: wer wünscht, ist wie einer, der sich Äpfel vom Baume schüttelt; die Erfüllung fällt ihm auf den Kopf und schlägt ihn blutig. Dennoch kann ich mich des einen Wunschgedankens nicht erwehren, daß die Studienzeit noch einmal wiederkäme, die Zeit, wo man sich den Stil auswählt, in dem man das Haus seines Lebens aufbauen will. Herr des Himmels, wie unreif und unberaten taumelte ich in diese Aufgabe hinein! Wollen und Streben hielt ich für Empfindeleien vergangener Zeitalter. Arbeiten, dachte ich, sei Knechtschaft und das Schicksal des Unfähigen, wie die Kartoffel die Speise des Armen. Mir machten die Leute den größten Eindruck, die von den Spargeln nur die Köpfe, von den Austern nur die lose Gallerte aßen. So, fand ich, müsse man das Leben zu verzehren lernen, nur das Kostbarste davon nippen, daß man den Genuß und Geschmack, aber nicht die Last des Verdauens davon habe. Hätte ich nun diesen Grundsatz auf den wirklichen Vorgang angewendet, von dem ich das Bild entlehnte, so hätte ich aus dem Kampfe des Lebens wenigstens eine Trophäe davongetragen: einen guten Magen. Und dieses würde ich nicht gering anschlagen. Aber da war es mit Nippen und Abschäumen nicht getan, sondern ich beteiligte mich kräftig an allen Gelagen und wollte hier vor allem der erste sein; ein solcher Eifer war für einen Studenten der damaligen Zeit in keiner Richtung so schwer zu befriedigen wie in dieser. Auch ein guter Fechter wollte ich sein und brachte es mit vieler Übung ziemlich weit darin. Ich glaube, daß ich niemals so viel Fleiß und Ausdauer auf irgend etwas verwandt habe wie auf den Gebrauch des Schlägers; und das tat ich nicht in dem Sinne wie die frommen Turnerknaben im Anfange des Jahrhunderts, um den Leib zu stählen, der für das Vaterland kämpfen sollte, sondern um ein Ansehen unter meinen Gefährten zu gewinnen, von denen kaum der zehnte den wahren Wert eines Menschen beurteilen konnte, geschweige denn selbst etwas davon in sich hatte.

Von dem, was ich studierte, dürfte ich billig schweigen, da es den allergeringsten Teil meiner Studienzeit in Anspruch nahm. Ich studierte nämlich die Rechte, hauptsächlich aus dem Grunde, weil Ezard es getan hatte, und weil ich die unverständige Einbildung hegte, freilich ohne mir selbst darüber klar zu sein, wenn ich nur so im gröbsten seine Handlungen nachahmte, würde ich ganz von selbst das werden und so werden wie er.

Liebschaften hatte ich auch. Es war aber nichts darunter, woran ich mich mit Lust erinnern dürfte. Nun, hie und da doch einiges, was der Aufzeichnung wert ist. Wiewohl ich mir vorgesetzt hatte, diese Pfade meines Lebens nicht noch einmal zu durchwandeln, verführt mich nun doch der eine oder andere mit anmutigem Schlängeln oder waldiger Vertiefung, ihn sinnend einzuschlagen. Wird man doch durch Verirrungen weise. Auch den heiligen Augustinus brannte das Feuer, ehe er geläutert daraus hervortrat. Wenn ich mir nun auch nicht anmaße, ein Heiliger zu sein, so scheint es mir doch, daß meine Natur verwerfliche Vergnügungen nicht nur suchte, um sich zu vergnügen, sondern um sich durch Erfahrung vom Schlechteren zum Besseren zu erziehen. Dadurch unterscheidet sich ein wilder, lasterhafter Jüngling vom stilleren, aber gemeineren Wüstling.

Es gab in einer Universitätsstadt, wo ich mich mehrere Semester lang aufhielt, in einem kleinen Häuschen eine Verkäuferin, die Süßigkeiten und allerlei Getränke feilhielt. Es galt unter den jungen Leuten für fein, die Gunst dieses Mädchens einmal besessen zu haben. Deshalb zeigten sich alle Studenten gern in dieser Bude, obschon sie die dort ausliegenden abgestandenen Eßwaren verschmähten. Sie bezahlten sie, ohne davon zu sich zu nehmen, und gerade deshalb war es um so feiner. Das Mädchen hieß Georgine, war von weißer Hautfarbe und durch rötliche Haare ausgezeichnet. Sie war von Natur und durch die Gewohnheit des Dasitzens in der Bude sehr träge, langsam von Bewegungen, welcher Umstand sie davor bewahrte, gemein zu erscheinen. Ich war über alle Maßen in sie verliebt, und ich muß sagen, daß sie eine Schönheit an sich hatte, der man sonst nur in Märchen und Träumen begegnet. Wenn sie sich zu ihrer vollen Höhe aufrichtete, ihre schweren Augenlider ein wenig hob und die vollen Lippen lässig bewegte, erwartete man, daß sie etwa so sprechen würde: Ich bin die Meerkönigin und habe einen Palast von Perlmutter und Stühle von Korallen; schwöre mir Treue, so darfst du mit mir kommen. Sie trug ihre leuchtenden Haare wie eine Krone und jede geschliffene Glasperle darin wie einen unschätzbaren Diamanten. Ein jeder wußte, daß sie ihre Liebesgunst an den Meistbietenden verschleuderte, aber daran dachte der nicht, dem sie einen Kuß gewährte, als wäre er ein Bettler, und sie reichte ihm ein Almosen aus ihrem Überfluß. Sie war auch im Empfinden träge und hatte sich lieben lassen, wie ein Schoßhündchen sich von vielen Händen streicheln läßt. Sie war vorher und nachher dieselbe. Überhaupt hatte sie etwas von einem schönen Tier oder Halbmenschen an sich, von einer Nixe mit Fischschwanz. Soviel Anteil an ihrer Gunst zu gewinnen, wie sie jedem gab, der ihr nicht gerade mißfiel, war keine Kunst. Aber damit war mir denn doch nicht gedient. Es wurde mir klar, daß ich mir durch nichts ein so gewaltiges Ansehen erwerben könnte, als wenn ich die Georgine ganz und ungeteilt für mich bekäme. Darauf ging nun mein Sinnen und Trachten. Ich darf wohl sagen, daß ich es nicht nur aus Ehrgeiz erstrebte; mein Herz war damals noch frisch und unverdorben genug, um sich nicht mit Abfall abspeisen zu lassen. Ich wollte keine Katze im Sacke kaufen, ich wollte nicht nur einen Leib, sondern eine Seele dazu. Von der ich freilich mehr nicht verlangte, als daß sie mich lieben könnte. Eine solche hatte die Georgine wirklich aufzuweisen, wie nun an den Tag kam. Sie war wie das Blatt des Perückenbaumes, das nur duftet, wenn man es zerreibt; bisher hatte noch niemand versucht, die Würze herauszupressen.

Ich pflegte ihr zu erzählen von meinen Eltern und meiner Schwester und unserer Art zu leben. Davon verstand sie nicht viel, aber doch das, daß ich sie, wenn auch nicht in höherem

Grade liebte als die übrigen, doch in würdigerer Weise. Und das war ohne Zweifel die Hauptursache davon, daß sie mir wiederum mehr gab als allen übrigen. Die Art eines Menschen zeigt sich nicht nur, wenn er große Taten verrichtet, sondern ebensogut, wenn er ins Zimmer tritt und guten Morgen wünscht. Ein ungewöhnlicher Mensch küßt anders und läßt sich anders küssen als ein ganz gemeiner, und daran mochte es die Georgine bemerken, daß sie eine seltenere Beute am Schopfe hielt als sonst, eine, die sie nicht alle Tage wieder bekommen konnte. Nun fing sie an, mich mehr und mehr zu lieben, ängstlich und eifersüchtig zu werden. So sehr sind die meisten Geschöpfe bereit, sich höher hinaufzuschwingen, wenn man ihnen nur eine Leiter hinhält. Sie trat damit etwas aus ihrer Art heraus und verlor mit ihrer Ruhe auch von dem prächtigen Anstand einer orientalischen Haremskönigin; aber da ich einmal mitten in der Verliebtheit war, machte mich das nicht mehr irre, sondern verstärkte im Gegenteil die Gefühle.

Sie gab nun allen anderen um meinetwillen den Abschied und wurde unnahbar, weil ich es so haben wollte. Das verschaffte mir nun zwar das erhoffte Ansehen, aber nicht ohne Unliebsames auf der anderen Seite. Es war herkömmlich, daß die schöne Georgine in ihrem Stuhle lehnte, Limonade einschenkte und aus ihren grünen Augen wohlig lächelte. Wie sollten sich die jungen Leute nun zu dem schönen Weibe stellen? Sie hätten sich gern vor ihr auf den Knien gewälzt; aber ein bißchen Achtung und Ehrfurcht vor einem Gemüte, das vom Schlechteren zum Besseren übergeht, wollten sie nicht haben. Vielmehr empfanden sie den Wechsel als eine arge Beleidigung. Aber Georgine kehrte sich nicht daran, sondern fuhr fort, mir als Liebesgabe blutende Männerherzen zu Füßen zu legen, wie ein Indianer seiner Geliebten die Skalpe erlegter Europäer überreicht. Es gefiel mir außerordentlich, und ihr nicht minder. Sie behandelte die Verschmähten schnöder, als nach allem Vergangenen billig und geraten war. So kam es dazu, daß ein niedriger Wicht eine höchst teuflische und unwürdige Rache an ihr nahm, indem er über ihr schönes weißes Gesicht ätzende Schwefelsäure ausleerte und dies wunderbare Gebilde der Natur dadurch auf immer zerstörte. Es war ein Jammer, sie anzusehen. Die goldene Haarkrone thronte über dem elenden Antlitz wie die Sonne über einem wüsten, rauchenden Schlachtfelde. Sie war nicht nur nicht mehr schön, sie war scheußlich. Ich saß dabei und weinte, nicht anders wie ein Vater über den geschändeten Leib eines verlorenen Kindes. Die unselige Georgine war ganz und gar vernichtet. Sie löste mit zitternden Händen ihre Haare und preßte sie vor ihre Augen. »O mein schönes Gesicht! Mein schönes Gesicht!« stöhnte sie, und weiter hörte ich überhaupt kein Wort mehr von ihr. Sie rief diese Worte mit solcher Seelenangst und flehentlicher Klage, daß man im innersten Herzen erbebte, obwohl sie nur einem äußerlichen, vergänglichen Vorzuge galt. Aber man fühlte, daß sie recht hatte, wenn ihr Herz brach; denn sie war nun ganz verwaist, entblößt, geschändet und arm. Ich fürchtete mich in meiner Kläglichkeit, daß sie mich anflehen würde, sie wie bisher zu lieben. Aber das kam ihr nicht in den Sinn, vielmehr schickte sie mich heftig fort und wollte auch kein Geld von mir annehmen. Ich ließ mir das nicht zweimal sagen und unternahm einen weiten Ausflug, um mich meinen Gedanken zu überlassen, die mir sehr tief und bedeutend vorkamen.

Unterdessen ertränkte sich das verlorene Weib. Sie hatte auf einen Fetzen Papier in großen schiefen Buchstaben ihre letzte Bitte niedergeschrieben, nämlich daß man, wenn sie im Sarge läge, ihr Gesicht mit ihren Haaren zudecken möge. Das geschah, und es nahm sich recht symbolisch aus; denn ungefähr wie der Goldmantel die Schmach ihres Antlitzes verbarg, so hatte, während sie lebte, ihre Schönheit über der armen, entstellten Seele ihre göttlichen Schwingen ausgebreitet, daß man ihr gern verzieh um der hohen Fürbitterin willen. Ihr seltsames Unglück rührte auch alle Gemüter, so daß ihr beim Leichenbegängnis alle Ehre erwiesen wurde: man huldigte unbewußt der waltenden Natur, die ihr Füllhorn ausgießt, wo es sie gut dünkt, nach keinem anderen Plane als ihrer Laune; aber die Launen der Natur sind Gesetz.

Ich weiß nicht mehr, ob ich mir vorzuspiegeln suchte, ich sei der Held dieses traurigen Abenteuers. Jedenfalls trug ich eine tiefgehende Verstimmung davon und bildete mir ein, das Schicksal verkümmere mir meine wohlerworbenen Genüsse und zeige mir die schönsten Früchte nur, um sie meinen greifenden Händen tückisch zu entziehen wie dem Tantalus. In Wahrheit war es ganz anders, und ich oder vielmehr die Mischung meiner Seelenkräfte war an allem schuld. Es gibt unter den Vögeln die hin und her segelnden Schwalben, die wirbelnden Lerchen, die Bachstelzen, die auf und ab trippeln und wippen, die wackelnden, patschenden Enten. Der stolze und gewisse Flug des Falken, der sich wie ein Pfeil in die Lüfte wirft und packt, was ihm taugt, dann wiederum über der Erde steht, als hinge er an einem goldenen Faden vom Himmel herab, ist nicht jedem verliehen.

Ich erzählte zu Hause von meinen Liebesabenteuern nur dem Urgroßvater, der mich selbst dazu ermunterte. Man darf sich aber nicht vorstellen, ihn habe eine häßliche Lüsternheit dazu bewogen; denn was ihn antrieb, lag ganz anderswo und ließe sich eher moralisch nennen. Er war überzeugt, daß das Gemüt aus jeder Liebesangelegenheit bereichert hervorgehe, wie sich der Körper im Turnen und jedem Gebrauch seiner Kräfte stählt. Da ich ihn wohl kannte, pflegte ich meine Geschichten romantisch auszuschmücken und vorzüglich mit allerhand Bemerkungen aus dem Gebiete der Seelenkunde zu verbrämen, als ob ich eigentlich mehr zum Behuf einer psychologischen Studie als um des Vergnügens willen geliebt hätte. Ich erlog dies zwar nicht ganz, aber meine diesbezüglichen Beobachtungen kamen mir meist erst in dem Augenblick zum Bewußtsein, wo ich dem Urgroßvater gegenübersaß und erzählte. Er selbst besaß so viel natürliche Menschenkenntnis und Lebhaftigkeit, daß er über die in Frage kommenden Personen die zutreffendsten, feinsten Urteile fällen konnte, als hätte er jahrelang mit ihnen verkehrt.

Er schrieb mir auch, wenn ich fort war, über alles, was zu Hause vorging, geistreiche und anmutige Briefe, in denen sein ganzes Wesen wie auf einer Photographie niedergelegt war, bis auf das allerjüngste Fältchen. Es belustigte mich besonders, wahrzunehmen, wie sich in jedem Briefe seine hauptsächliche Zu- und Abneigung verriet, nämlich die überschwengliche Liebe zu Galeiden und die Feindseligkeit gegen Onkel Harre. Denn Onkel Harre hielt er für einen nicht gut konstruierten Menschen, etwa einem gotischen Dome der Spätzeit ähnlich, den der ungewissenhafte Baumeister mit Hintansetzung der Kunstregeln in zu kühnen Formen hat aufschießen lassen, als daß sie sich noch selbst zu tragen vermöchten. Mit solchen Aussprüchen suchte er seine Abneigung vor sich zu erklären und zu rechtfertigen.

Um die Zeit, von der ich spreche, wurmte es ihn besonders, daß die Beziehungen zwischen meinem Vetter Ezard und Lucile Leroy sich immer fester knüpften; denn er hatte Ezard, dem er sehr gewogen war, meine Schwester Galeide zugedacht und hielt diesen Plan, da er sich einmal in ihm festgesetzt hatte, für den Willen der Vorsehung, der mit allen Mitteln auszuführen sei. Er war also in dem einen Punkte mit Onkel Harre einig, daß Ezard nicht die Lucile heimführen dürfe. Aber dessenungeachtet maß er die Hauptschuld an der Durchkreuzung seiner Hoffnungen eben diesem zu: denn so fein auch sein Verstand war, immer trugen es seine Gefühle über ihn davon und verführten ihn zu den absonderlichsten Verstößen gegen die klare Logik. So behauptete er, durch sein verfrühtes, unvernünftiges Reden gegen eine Heirat mit Lucile habe Onkel Harre einen solchen Gedanken erst in Ezard geweckt, ja, durch seine Sucht, ihn eine möglichst vorteilhafte Verbindung eingehen zu lassen, habe er in seinem Sohne, der das natürlich nicht billigen könne, die Gegensucht rege gemacht, nun gerade eine Frau heimzuführen, die ihm nichts als sich selber mitbringe.

In Wahrheit lag ein solcher Eigensinn gar nicht in Ezards Art; er sah nun einmal sein Heil in dem braunäugigen, feurigen Schweizermädchen. Galeide war noch ein Kind; und warum hätte er überhaupt gerade die lieben sollen? Der Urgroßvater lächelte, indem er an sie dachte, und sagte, das verstände ich nicht; Brüder seien nie unbefangen und könnten nur entweder zu hoch oder zu niedrig schätzen. »Sie ist ein holdes, unschuldvolles Kind«, sagte er, »eine Blume. Oft mahnt sie mich an eine weiße Lilie auf hohem schwankem Stengel, voll beseligender Düfte in ihrem tiefen Kelch. Sie wird euch noch alle in Erstaunen setzen.«

Dieses oder ähnliches sagte der Urgroßvater zu mir, als ich einmal in den Universitätsferien zu Hause war und unsere Unterhaltung, wie so oft, die Liebe zwischen Ezard und Lucile berührt hatte. An einem der folgenden Tage vollzog sich die Verlobung. Der Urgroßvater war voll Zornes und beschuldigte meine Eltern, die Verbindung begünstigt, ja herbeigeführt zu haben, wie sie überhaupt, seit Lucile im Hause sei, ihr eigenes Kind, die »gute kleine Galeide«, in empörender Weise hintangesetzt und um ihre Anrechte betrogen hätten. Meine Mama nahm sich diese Anschuldigungen nicht sehr zu Herzen, freute sich vielmehr über des Urgroßvaters Vorliebe für Galeiden, die sie als eine Art Bürgschaft für ihre Vorzüge ansah. Denn diese sprangen damals nicht allen Menschen in die Augen.

Ezard war in liebenswürdiger Weise bekümmert darüber, daß der alte Herr so unzufrieden mit ihm war. »Aber«, sagte er, »ich kann mich doch nicht ihm zu Gefallen in Galeiden verlieben. Ich wüßte nicht, wie ich das machen sollte, und bezweifle noch mehr, ob sie es sich gefallen ließe. Sie zeigt bei weitem mehr Wohlwollen für ihre Salamander und Frösche – so ekelhafter Geschöpfe hatte sie nämlich einen ganzen Glaskasten voll – als für mich. Und ich kann doch nicht dem Urgroßvater zuliebe ein Amphibium werden.« Meine Eltern stimmten ihm völlig bei, denn Berechnung der Zukunft lag ihnen fern, und sie hatten innige Freude an dem bräutlichen Glück, das sich in ihrem Hause auftat.

Lucile war eine sehr reizvolle Braut. Das unablässige Strahlenspiel ihrer großen, glänzenden Augen zu sehen, war mein besonderes Vergnügen. Ihre Zunge war noch geläufiger als sonst, hingegen verfiel sie nun auch manchmal in eine träumerische Schweigsamkeit, die man vorher nie an ihr beobachtet hatte. Gegen ihren Verlobten war sie bald schelmisch und spröde, bald hingebend, anziehend und abstoßend zugleich. Sie liebte ihn, wie ein jeder bemerken konnte, über alle Maßen, aber sie schien sich Mühe zu geben, mit der Äußerung dieses Empfindens zurückzuhalten, als wolle sie die Würde der eigenen Persönlichkeit wahren.

Galeide verriet in ihrem schwermütigen Wesen, wie schwer es ihr wurde, Lucile zu verlieren; denn es war ihr, als ob es nun gleich nichts mehr wäre, da sie sie nicht mehr allein hatte. Sie hatte eine Art, die Menschen, die sie liebhatte und die ihr gefielen, mit ihrer Zuneigung wie mit einem starken Magneten an sich zu ziehen und für sich zu haben. Sie verfuhr mit ihnen ungefähr so, wie sie es von ihren Tieren her gewohnt war, die sie dermaßen pflegte und verzärtelte, daß sie zuletzt gar nicht mehr ohne sie sein konnten und rein verderben mußten, wenn sie die Hand von ihnen abzog. Ich sage ihr das nicht als etwas Böses nach, es war ihre Natur, und sie handelte aus ihrem gedankenlosen unersättlichen Herzen heraus. Damals freilich war sie noch ein Kind, und für ihre Beute Lucile hatte es einen stärkeren Magneten gegeben. Immerhin war Lucile, unähnlich manchen von der Liebe ganz überwältigten und hypnotisierten Bräuten, nach wie vor von großer Zärtlichkeit für meine Schwester. Sie sagte einmal in meiner Gegenwart zu Ezard: »Wenn ich du wäre, so hätte ich Galeiden geliebt; es ist gut, daß du nicht weißt, wie wohl es tut, sie zu küssen.« Was denn in der Tat gut war, denn Lucile hätte dabei nicht so großmütig entsagend zugesehen, wie sie sich vom sicheren Port aus eingeredet hatte.

Onkel Harre suchte dem unerwünschten Verlöbnis dadurch einen Stein in den Weg zu legen, daß er von Lucile verlangte, sie müsse den protestantischen Glauben annehmen, obwohl er selbst unbedenklich eine Türkin geheiratet hätte, wenn es ihn gelüstet hätte. Ezard erklärte zwar, daß er an Lucile festhalten werde, welcher Kirche sie auch immer angehöre, aber er sah ein, daß es der Kinder wegen zuträglicher wäre, wenn sie protestantisch würde, und es war ihm wohl auch ein lieber Reiz, zu prüfen, ob sie ihm etwas recht Großes zuliebe tun könnte. Es setzte nun jedermann in Erstaunen, wie rasch sich Lucile zu diesem Schritt bereit erklärte. Das Verstandesmäßige im protestantischen Glauben mochte ihr zusagen; ich bemerkte aber, daß sie überhaupt gar nicht imstande war, eine Überzeugung, mit der sie in ihrer Umgebung allein stand, auf die Dauer festzuhalten. Während sie einen Grundsatz fortwährend in beredtester Weise verteidigte, wurde er unmerklich an dem gegnerischen so abgeschliffen, daß er ihr entfremdet war, wenn sie ihn einmal wieder prüfend betrachtete. Sie hielt aber immer den Schein aufrecht und glaubte auch selbst, daß sie durch verständiges Erfassen der protestantischen Lehre von der Richtigkeit derselben überzeugt worden sei und einzig deswegen übertrete. Im Grunde wollte sie sich nur in ganz denselben Formen bewegen, in denen Ezard lebte. Der Urgroßvater, welcher Lucile längst nicht mehr leiden mochte, stellte leichthin, aber nicht ohne Bosheit, die Behauptung auf, es ließe sich begreifen, daß einer von der protestantischen zur katholischen Religion übergehe, nicht aber das Umgekehrte. Lucile errötete und sagte eifrig: »Wie die Menschheit vom Katholizismus zum Protestantismus gekommen ist, so ist dieser Weg auch für den einzelnen der richtige. Von kindlicher, unüberlegter Gläubigkeit schreitet man fort zur Forschung und zum geläuterten, bewußten Erkennen. Mir scheint das Umgekehrte den Rückschritt zu bedeuten.«

Galeide wiegte sich während dieses Gespräches in einem großen grünen Schaukelstuhle, der in einer nur halb erleuchteten Ecke des Zimmers stand. »Aber warum streitet ihr?« sagte sie schläfrig, »man tritt einfach zum Glauben des Mannes oder der Frau über, um heiraten zu können.«

»Du Heidenkind«, rief Mama und lachte, »sag das niemals laut in Gesellschaft! Unter gebildeten Leuten hat man seine Überzeugung.« – »So?« entgegnete Galeide. »Aber wenn ich nun ein Hindu werden wollte, würdet ihr mich doch nicht lassen.« Sie sah, indem sie dies sagte, so lieblich herausfordernd aus, daß ich einmal begriff, wenn einer sie hätte beim Kopf nehmen und recht gründlich küssen mögen.

Unterdessen neckte Ezard seine Braut, da er der unschuldigen und richtigen Meinung war, sie habe den Übertritt in erster Linie um seinetwillen vorgenommen und bedacht, daß der Unterschied zwischen protestantischem und katholischem Glauben nicht groß genug sei, um einen Gott in der Beurteilung von Menschenseelen zu beeinflussen; sie suche es nun aber nachträglich sich und andern als eine Folge ihrer klügeren

Einsicht darzustellen, etwa, um ihrer Würde als Erzieherin nichts zu vergeben. Als er aber sah, mit welcher Empfindlichkeit sie es aufnahm, wurde er traurig und sagte sehr freundlich zu ihr: »Nun, dann ist es ein Glück, daß deine Überzeugungen dir ermöglichen, einen Schritt zu tun, der meinen Vater mit so viel Freude und Dankbarkeit erfüllt.«
Lucile mochte durch seine Zartheit beschämt sein, denn sie legte plötzlich eine freiwillige Hingebung an den Tag, die bei ihrer vorherrschenden Herbheit wohl etwas Bezauberndes für den hatte, dem sie galt. So schienen sie nach jenem Streite verliebter und glücklicher als zuvor.
Der Urgroßvater sagte nachher zu mir: »Wenn man Lucile reden hört, so erfährt man reichlich, was sie sein möchte, und das ist etwas Außerordentliches; was sie in Wirklichkeit ist, wird man vielleicht später erfahren, vielleicht aber nie, wenn sie nämlich überhaupt gar nichts ist. Das kann bei den Leuten leicht vorkommen, die allzuviel aus sich machen wollen.«

Lucile hatte eine Mutter und einen jüngeren Bruder. Vor diesen verheimlichte sie ihren Übertritt zur protestantischen Religion, was sie zwar selbst für tadelnswert hielt, aber sie hatte den Mut nicht, sich den Vorwürfen ihrer Familie auszusetzen. Sie war besonders reizend, wenn sie tief beschämt, daß sie so gar nicht ihren Grundsätzen entsprechend handelte, sich schwach und zaghaft entschuldigte, ohne daß irgendeiner von uns ihr ihre Unfolgerichtigkeit vorgehalten hätte. Dies einzige Mal machte sie gar keinen Versuch, ihre Handlungsweise vor sich und andern geschmackvoll auszustaffieren.
Einige Wochen vor der Hochzeit reiste sie nach Hause und nahm von Galeiden einen nahezu verzweiflungsvollen Abschied, da diese nicht zur Hochzeit kommen sollte. Das geschah weniger deshalb, weil Galeide noch zur Schule ging, denn meine Eltern waren darin gleichgültig und betrugen sich zuweilen, als ob das merkwürdige Kind Galeide schon mit allen Kenntnissen zur Welt gekommen wäre, die andere Menschen mühselig im Laufe des Lebens erlernen müssen; aber sie fürchteten, daß sie sich zu sehr aufregen würde, wie denn meine

Mama überhaupt ihr wildschmerzliches Gebaren um Luciles Verlust ungern mit ansah, wohl auch ein weniges eifersüchtig war. Überdem wollte der Urgroßvater, welcher vorgab, daß ihm die Reise in die Schweiz zu weit sei, Galeiden bei sich behalten. Ich meinerseits wäre am liebsten bei meinen Kumpanen auf der Universität geblieben, denn die Zeiten waren leider vorbei, wo mir der Name Schweiz das Herz mit Entzücken bewegte, indessen weil es Ezard anging, trug ich eine Teilnahme zur Schau, die eigentlich nichts war als Pietät für meinen ehemaligen besseren Menschen.

Die Mutter Luciles hatte ein nettes, reines Häuschen inmitten einer ziemlich ausgedehnten Region bebauten Landes, von dessen Ertrag sie lebte. Sie besaß auch einen kleinen Weinberg und hantierte tüchtig darin herum, war aber in ihrem Äußeren keineswegs eine Bäuerin nach unseren Begriffen. Sie trat mit Sicherheit auf und redete neben ihrem Französischen auch ein wenig Deutsch; in der glänzendsten Gesellschaft hätte sie sich nicht unbehaglich gefühlt. Meine Mama fand hier reichliche Nahrung für ihren empfänglichen Sinn und legte unerwarteterweise ein großes Wohlgefallen für die Landwirtschaft an den Tag, von der sie gar nichts verstand. Sie ließ sich von der Madame Leroy unermüdlich überall herumführen und versetzte uns in die glücklichste Laune, wenn sie uns nun ihrerseits durch die Stallungen und Felder begleitete und die üblichen berufsmäßigen Ausdrücke, die sie eben zum ersten Male gehört hatte, mit wichtiger Miene wieder bei uns anbrachte.

Mir blieb nicht viel übrig, als mich an den jungen Gaspard zu halten; der mochte etwa zwölf Jahre alt sein, hatte aber ein so gewichtiges und abgerundetes Wesen an sich, als wäre er der Ältere von uns beiden, was ich in meinem Ärger für das breitspurige Gepräge bäurischer Herkunft erklärte. Deutsch sprach er nicht, weil er es zu häßlich fand. Nun war ich zwar überzeugt, daß er es gar nicht gekonnt hätte, und wenn es eitel Musik und Melodie gewesen wäre, aber nach deutscher Art ließ ich mir durch sein gutes Französisch, das ja nun freilich sein Verdienst nicht war, doch imponieren, und das vermehrte meine Abneigung. Ich nannte ihn für mich den

Kasper, um ihn vor mir herabzusetzen. Er verstand, obwohl er sich vorgesetzt hatte, zu studieren, viel von der Landwirtschaft und war, wie seine Mutter angab, ein großer Blumenliebhaber und -züchter. Ich traute ihm höchstens das letztere zu. Madame Leroy hatte mir gestattet, Rosen zu pflücken, soviel ich wollte, wovon ich auch Gebrauch machte; denn die Rosen liebte ich von jeher über alles wegen des himmlischen Überflusses, den sie in Form, Farbe und Duft verschwenden.
Doch nahm sich Gaspard heraus, mir einige Knospen an Sträuchern, die ihm zu gehören schienen, zu verbieten, da er sie zu einem Hochzeitsstrauß für seine Schwester verwenden wolle. Von diesen blühte die eine dicht unter seinem Fenster; und da ich am Vorabend der Hochzeit dort vorbeiging und ihn am geschlossenen Fenster stehen sah, reizte es mich, ihn dadurch zu necken, daß ich ihn ansah und gleichzeitig eine Hand nach der Rose ausstreckte, als ob ich sie brechen wollte. In demselben Augenblick stieß das Ungeheuer eine geballte Faust mitten durch die Glasscheibe und pflückte mit der blutenden Hand die Knospe, bevor ich sie hätte nehmen können, wenn ich überhaupt wirklich gewollt hätte. Der Anblick des fließenden Blutes war für mich zu ergreifend, als daß ich den Kasper hätte auslachen können; ich war im Grunde erschreckt und sagte mit ärgerlichem Vorwurf, daß ich ihn nur hätte necken wollen. Worauf er nichts erwiderte, die zerbrochene Scheibe vollends aushob und seine Wunde verband. Seine Mutter fragte nach dem Fenster, als er aber sagte, es sei durch seine Schuld zerbrochen, mischte sie sich nicht weiter hinein und ließ ihn für die Wiederherstellung sorgen. Ich legte es ihr als Schwäche und Torheit aus, daß sie nicht eine nachdrückliche Prügelstrafe über ihn verhängte. Er schien übrigens sehr streng und methodisch erzogen zu sein, denn er war so ordentlich, pünktlich, fleißig, kurz ganz voll Tugend, daß es mir ekelte. Öfters betrachtete ich mit besonderem Widerwillen seine Hände, welche unleugbar etwas Niedliches, kindlich Täppisches hatten, dabei aber eine unbändige Kraft in ihrer Bildung verrieten. Er war mir ungemein zuwider. Ezard hatte eine ausgesprochene Vorliebe für ihn, was meinen Grimm nicht unerheblich verstärkte, obwohl ich mir einredete, der Bube ver-

danke diese Zuneigung nur seiner Verwandtschaft mit Lucile. Diese, die ich bei uns fast immer meisternd, besserwissend und ihrer Sache sicher gesehen hatte, schien an diesem Früchtchen, ihrem Bruder, wenig auszusetzen zu haben, vielmehr erkundigte sie sich nach seinem Tun und Treiben und seinen Zukunftsplänen, als ob er der Ältere und Reifere wäre, kurz, behandelte ihn mehr wie ihresgleichen als mich. Wenn sie ihn nun vollends bei der Ausübung seiner religiösen Pflichten betraf, womit er es ebenso genau nahm wie mit der Blumenzucht, bemächtigte sich ihrer eine peinliche Scheu, und ich sagte zu mir selbst: Wahrscheinlich würde dieser Unhold sie mit seinen klumpigen Fäusten prügeln, wenn er wüßte, daß sie eine Abtrünnige ist.

Die Trauung wurde in der kleinen Kirche des Dorfes vorgenommen. Wie wir nun alle so feierlich und gemessen den geheiligten Raum betraten, überkam mich doch ein beklemmendes Gefühl, daß wir eine Komödie aufführten, denn keines von den Brautleuten gehörte dem katholischen Glauben an. Von meinen Eltern wußte ich wohl, daß sie gar nicht daran dachten; Ezards schönes Menschentum schien an jedem heiligen Orte am rechten Platze zu sein, wäre es nun ein griechischer Säulentempel, ein germanischer Hain oder eine bunte Heiligenkapelle gewesen, und ich bin überzeugt, daß an diesem Tage keiner der Anwesenden so im tiefsten Sinne fromm war wie er, obschon er eine positive Religion nicht bekannte; völlig unverständlich war mir nur Lucile, die darauf beharrte, einen katholischen und einen protestantischen Gott zu unterscheiden und nun doch den einen oder den andern verriet. Man sah ihr aber wohl an, daß ihr im Grunde alle Götter der Christen- und Heidenheit einerlei waren neben ihrem Idol, meinem Vetter, und ich mußte für mich lächeln und dachte: sie wird sich schon vor ihrem himmlischen Vater zu rechtfertigen wissen, die Sophistin.

Da ich gar keine zusagende Gesellschaft hatte, verlegte ich mich aufs Beobachten und beobachtete um so schärfer, als ich selbst in diesem Kreise so wenig Verständnis für meine Person fand. Ich sagte zu mir, diese Leute sind Landleute, und daraus lassen sie sich erklären. Der Bauer ist Abkomme geknechteter Väter, und jetzt noch front er der strengen Mutter Erde. Er sieht das Leben als eine Pflicht an, die man ernsthaft vollführen muß. Glück und frevelhaften Übermut kann er nicht unterscheiden. Und die heiteren Menschen, die das Haupt mit Lachen in den goldenen Himmel tauchen, betrachtet er mit Mißtrauen als Narren oder Taugenichtse. Oder aber, wenn er sich unter die andern mischen und ihnen gleichen will, so verliert er sich selbst, und mit den andern kann er nicht fort. Für Leute der letzteren Art war mir Lucile ein Beispiel, ihr Bruder für die ersteren. Das einzige, was ich mir nicht ganz erklären konnte, war, daß meine schöne Mutter sich in diesem Lebenskreise so wohl und heimisch fühlte. Denn als wir andern am Tage nach der Hochzeit uns verabschiedeten, zog sie es vor, noch auf einige Zeit als Gast dort zu verweilen. Sie saß den ganzen Tag unter den Weinlauben und Rosen, und dahin paßte sie auch freilich, als ob sie eben da aus dem Boden gesproßt wäre. Madame Leroy und ihr Sohn Gaspard nicht minder behandelten sie wie eine wunderbare Tropenpflanze, die sich in ihre Spelzfelder verirrt hatte; und Pflanzen hielten sie unnütze Lieblichkeit zugute, schienen sich ihrer sogar zu erfreuen. Noch sehe ich sie vor mir, meine Mutter, wie sie in einer sich herbstlich färbenden Laube saß, den Schoß voller Früchte und schwellende Trauben dicht über ihrem lockigen Haupte; wie sie die kräftigen weißen Zähne langsam in den roten Pelz eines überreifen Pfirsichs senkte, den Duft mehr als den Geschmack genießend. So sah ich sie, als ich Abschied von ihr nahm. Sie hielt mich fest und wollte mir alle Taschen mit ihren Früchten füllen, aber ich wehrte mich lachend, und die gelben und roten Äpfel und die Pflaumen und Aprikosen rollten vor unsere Füße. Ich schwur mir in dem Augenblick, so schön und glücklich sollte meine Mutter immer bleiben; nie mehr wenigstens sollte ein Kummer um mich dies blühende Antlitz beschleichen. Aber das hatte ich am nächsten Tage vergessen.

Ich trieb mich nun des weiteren auf den Universitäten herum, und meine Vorstellung von der Jurisprudenz war noch immer die von einer Arznei, die einmal geschluckt werden muß, die man sich aber in eine gebackene Zwetsche wickelt, worauf sie glatter hinuntergeht (aber auch weniger wirkt). Etwas Rechtes würde ich doch einmal, weil ich zu den Ursleuen gehörte; ich brauchte mich nur hinzustellen und wie ein Schlaraffe das Maul aufzusperren, dann würde es schon hineingeflogen kommen. Ich dachte, ich würde mir ein schlechtes Zeugnis ausstellen, wenn ich arbeitete und schwitzte. Nur störte es mich, wenn mein Vater zuweilen schrieb, seine Geschäfte gingen nicht gut, ich möchte weniger verausgaben und mehr studieren. Mein Vater hatte leicht ein Pathos in seiner Rede, welches mich immer sehr erschütterte und zu bewunderungswürdigen Versprechungen und Plänen hinriß. Aber ich vergeudete nach wie vor das Geld zu den unsinnigsten und verwerflichsten Zwecken, wobei ich noch dazu das Verschwendertum in eine poetische Beleuchtung zu setzen wußte und mir dabei gar nicht übel gefiel. Es ist freilich gewiß wahr, daß ich mich damals im Allerinnersten unsäglich unglücklich fühlte, und sowie ich einen Augenblick Atem schöpfte und mich bedachte, beschlich mich eine fürchterliche Trostlosigkeit, daß es mir oft vorkam, als müßten mir die Zähne klappern vor seelischem Froste. Aber deswegen fing ich doch kein anderes Leben an; ich hatte nicht einmal die Ausdauer, ein schönes Buch zu lesen, was ich als Knabe mit verfrühter Leidenschaft, aber doch auch mit Verständnis so gern getan hatte. Ich schmollte mit dem Schicksal, daß es mir nicht mehr Reichtümer zur Verfügung gestellt hatte; denn auf deren Mangel schob ich alles Elend. Es kam mir nie in den Sinn, frisch und fröhlich zu arbeiten und zu sparen; aber daß ich insgeheim die Verpflichtung dazu und daneben die Unfähigkeit ihr nachzukommen fühlte, das war es eigentlich, was mich so unglücklich machte.

Indessen arbeitete mein Vater unablässig, um uns die Mittel zu unserer behaglichen Lebensweise zu verschaffen, aber endgültig rettende Erfolge hatten seine Anstrengungen nie mehr. Das hätte ich nun wohl, sowenig ich auch vom Kaufmännischen verstand, bemerken können, aber ich kam meinem Vater in seinem Bestreben, den traurigen Stand der Dinge vor uns zu verbergen, allzu bereitwillig entgegen, anstatt daß ich versucht hätte, seine überhäufte Brust von den verschwiegenen Sorgen mitempfindend zu befreien.

Es glückte mir, zu anständiger Zeit das erste Examen nicht gerade rühmlich, aber ordentlich zu bestehen, und so zog ich denn nach vierjähriger Abwesenheit wieder in unsere Vaterstadt ein, um die übliche Laufbahn, zunächst als Referendar, durchzumachen. Ich fand in unserem Hause durch die immer zunehmende schlechte Geschäftslage alles gründlich verändert. Meine Mutter nahm sich aus wie etwa ein griechisches Götterbild zur Zeit des aufsteigenden Christentums in einem verödeten heidnischen Tempel. Sie klagte nicht und war schön und heiter wie sonst, nichtsdestoweniger erfüllte ihr Anblick das Herz mit Gram, und ich hätte sie nehmen und weit forttragen mögen nach einem schönen, blühenden Eiland im Stillen Ozean, oder auch nur nach jener traubenvollen Weinlaube in Welschland. Jene weiten und hohen Räume unseres Hauses, wo ehemals fröhlicher Schall und festliche Laune gewaltet hatten, wären jetzt eine Halle des Schweigens geworden, wenn nicht der Urgroßvater und Galeide gewesen wären. Der Urgroßvater hatte sich in der Zeit meines Fortseins am wenigsten, Galeide am meisten verändert. Sie erwartete mich am Bahnhof, als ich ankam: vom Wagenfenster aus sah ich sie einen Augenblick, ohne mir bewußt zu sein, wer es war, und dachte: Was ist das für eine Schöne? Aber als ich merkte, daß es Galeide war, fand ich sie nicht mehr schön, und sie war es auch nicht. Was sie eigentlich tat, daß man soviel Wesens von ihr machte, ist schwer zu sagen. Wenn sie nicht da war, hieß es sogleich: Wo ist Galeide? Wo ist das Kind?, und mein Vater benahm sich, als ob ein ernstliches Unglück geschehen wäre. Infolgedessen gab es Unruhe und Unbehaglichkeit im Hause, und das war die Ursache, daß auch ich ihre Anwesenheit sehnlich wünschte, damit nur die anderen zufrieden wären.

Wenn sie nicht bei uns war, war sie fast immer beim Urgroßvater oder bei Lucile. Der Urgroßvater, welcher sein ganzes Leben lang stets über so viel Mittel verfügt hatte, wie er brauchte, hatte einen Abscheu vor dem Geld und verachtete zugleich die Menschen, die sich darum mühten, die es anbeteten, die es zur Schau trugen, die es nicht hatten, kurz alle, die sich merken ließen oder merken lassen mußten, daß sie vom Dasein des Geldes Bescheid wußten. Ich erinnere mich nicht, ihn ohne dringendsten Anlaß von Geld sprechen gehört zu haben. Da mein Vater nun in die Lage geraten war, beständig an das Geld denken zu müssen, war ihm seine Gesellschaft unerfreulich geworden, und er vermied es, in die Zimmer meiner Eltern zu kommen, obwohl er sie von ganzem Herzen liebte und ihnen für sein Leben gern mit Preisgebung seiner selbst geholfen hätte. Da er nun dem Onkel Harre nach wie vor abgeneigt war und Ezard und Lucile zusammen nicht sehen mochte, war er ganz auf Galeiden beschränkt und suchte beständig Vorwände, um sie zu sich zu rufen, obwohl er selten unterließ, ihr vorzuhalten, daß sie die Eltern um seinetwillen nicht vernachlässigen dürfe.

Am liebsten war Galeide in Ezards Hause, und es fiel mir auf, wie sie dort eine andere war als bei uns. Freilich war es dort auch anders als bei uns, und das war, soviel ich urteilen kann, bewirkt durch Ezards Persönlichkeit. Denn er, obgleich in manchem als ein echter Ursleu kenntlich, stellte doch etwas wesentlich anderes dar. Wie ein Körper durch Hinzufügung eines einzigen Atoms zu einem völlig verschiedenen werden kann, war es vielleicht auch nur ein geringes, worin er von uns abwich; doch in der Wirkung bedeutete es viel. Wie die Schönheit seines Äußeren in der vollendeten Harmonie aller Einzelheiten bestand, so war es auch mit seinem Inneren, er war nicht so eigenartig, absonderlich oder hochbedeutend, wie nicht wenige unserer Familie gewesen waren und waren, aber ruhiger, willenskräftiger, sicherer. Es hatte hie und da ein Ursleue plötzlich sein Glück gemacht und im Hange zu Wagnissen und Abenteuerlichkeiten ebenso wieder eingebüßt. Es hätte ihm ähnlich, aber nie ganz so gehen können. Er ließ sich wohl auch in Ungewöhnliches und Ungeheuerliches ein: aber er faßte es mit seinen kräftigen, geschickten Händen so an, daß allgemach etwas Gediegenes daraus wurde. Man hätte ihn ein Kind des Glücks nennen können, nicht aber Fortunens verzogenen Liebling. Von diesen Eigenschaften erhielt das ganze Hauswesen ein Gepräge, weniger von Lucile, da ihre Natur schwächer war als die seinige. Dies könnte überraschen, da sie in ihrer Lebhaftigkeit viel mehr in die Sinne fiel als er. Aber nach meiner Rückkehr fiel mir bald auf, wieviel von ihrem Selbst sie verloren hatte. Sie ging ganz und gar in Ezard unter, sie vermochte nicht, sich festzuhalten. So pflegt es den Mädchen zu ergehen, die sich dem liebenden Manne gegenüber wie eine Festung verhalten, alle Brücken einziehen und die Kanonen zu den Schießscharten herausgucken lassen, im Vorgefühl, daß sie sich nicht ergeben können, ohne sich zu verlieren. Ist dann die Mauer erstürmt oder die Besatzung ausgehungert, und sind die Schlüssel dem Herrn ausgeliefert, so ist sie nichts für sich mehr; die Geschichte der Stadt Rottweil beschließt der Historiker, wenn sie aufhört, eine freie Reichsstadt zu sein, hernach muß man sie in der Geschichte Württembergs suchen. Andere mächtige und kühne Städte gab es, die sich mit den Herren vertrugen und ihnen eine joyeuse entrée gestatteten, wo sie Flaggen und Girlanden und geputzte Bürger und Bürgerinnen bewillkommneten und sie den Hut zogen und sich's zur Ehre schätzten.

Lucile hatte fast nur noch Ezards Meinungen, was zwar nicht ausschloß, daß sie häufig in großer Unfriedfertigkeit miteinander lebten. Lucile pflegte es dann Galeiden zu klagen, die dem einen oder dem andern recht gab, je nachdem es ihr gut schien, und meistens schnell die Versöhnung herbeiführte, ohne selbst etwas Besonderes dazu zu tun; es ging nur in ihrer Gegenwart besser, wie Lucile sagte. Lucile lud sich gern viele Leute ein, die sie aufs beste zu unterhalten wußte, so daß sie in der Gesellschaft eine ziemliche Beliebtheit gewann. Ezard fand daran keinen großen Geschmack, hätte auch so bedeutende und unnötige Ausgaben lieber vermieden, schon um der bedenklichen Lage meines Vaters wegen, die er wohl kannte, aber er schlug ihr aus Güte nichts ab, was sie wünschte, außer wenn es völlig unverständig war. Von seiner Verliebtheit war bald nicht viel mehr übrig als eine große Freundlichkeit und ein Gefühl von Beschützerpflicht für die Frau, an die er sich gebunden hatte.

In der Weise war Lucile unverändert dieselbe geblieben, daß sie alle Menschen an der Hand ihrer gestrengen Grundsätze beurteilte, wobei denn doch stillschweigend vorausgesetzt war, daß sie selbst dieselben befolgte. Ihr fehlte die innerliche Geschmeidigkeit, mit der man in das Seelengehäuse der anderen hineinschlüpft und sich darin umtut, um sie völlig zu begreifen; deshalb mutete sie oft den Menschen Dinge zu, die ganz außer deren Bereiche waren, und verschonte damit auch Ezard nicht. Denn sie hatte ein Idealbild von ihm in sich, womit er nun durchaus übereinstimmen sollte, während doch das ganze Lieben keinen Pfifferling gilt, wenn man nicht so geliebt wird, wie man ist; sonst brauchte man nur einen Kartenkönig, aber keinen Menschen dazu. Besonders häufig richtete sie ihren Tadel gegen meine Eltern, deswegen, weil sie nicht dem Rückgang ihrer Verhältnisse kräftiger zu steuern suchten und nicht den Mut besäßen, ihre Lebensweise in eine andere, niedrigere Form zu bringen, als die bisherige gewesen war. Hier hatte sie nun wohl recht, aber sie pflegte es mit einer Schärfe und Mitleidlosigkeit auszusprechen, die mich bitter kränkte, da ich meine Eltern nicht gerade mit Rat und Tat liebte, um so mehr aber auf eine bequemere, gewissermaßen ritterliche Art, indem ich mich mit blankem Schwerte vor ihr Wappenschild stellte, um seine Fleckenlosigkeit gegen jedes Lästermaul zu verteidigen. Mit großer Liebe und Zartheit verfuhr Lucile indessen stets gegen Galeiden. Einmal, als wir Geschwister bei ihr waren, sagte sie zu ihr:

»Geliebtes Herz, obwohl es sich besser für dich schicken würde, Kaiserin von Konstantinopel zu sein, so wäre es doch in Anbetracht der Blindheit des Schicksals ein Glück, wenn du die Möglichkeit ins Auge faßtest, einmal selbst für dich sorgen zu müssen. Möchtest du nicht das Lehrerinnenseminar besuchen? Zur geistigen Arbeit neigst du ja mehr als zur häuslichen.« Galeidens Gesicht verzog sich ängstlich. »Ich will gar nicht Kaiserin von Konstantinopel sein«, sagte sie, »aber Lehrerin kann ich durchaus nicht werden; es wäre mein Tod.« Ezard sagte hierauf in seiner ruhigen Weise: »Ich begreife nicht, warum. Ich finde, daß Lucile ganz recht hat. Du hast es noch nicht versucht und weißt nicht, wie es ist. Du großes

Walkürenmädchen siehst nicht aus, als ob dich ein so gelindes Unglück gleich umbringen würde.«
Da fuhr aber Galeide heftig auf und sagte: »Oh, du bist ein Mann und hast aus dir machen können, was du wolltest. Du hast gut reden! Für uns ist der Abfall da, das, was euch zu gering zu tun ist. Und wäre es auch der höchste Erdenruhm, Lehrerin oder Erzieherin zu sein, das ist das Wichtigste, daß ich nun einmal keine Lust dazu habe. Ich möchte weit lieber ein Tierbändiger oder ein Matrose sein.« Als sie das sagte, neigte sie den Kopf, den sie auf stattlich schlankem Halse trug, etwas zurück und warf einen stolzen und fast verächtlichen Blick auf Ezard; und ich muß sagen, daß sie in diesem Augenblick schön und kühn aussah, obschon, was sie sagte, eine nahezu unsinnige Behauptung war. Ezard entgegnete, in jedem Berufe sei eigentlich die Beschäftigung das, was Befriedigung verschaffe; kein Beruf habe an sich einen höheren Wert als ein anderer, man müsse aus seinem Berufe etwas machen, anstatt daß es umgekehrt sei. Galeide sagte in derselben hochmütigen Art wie vorher: »So weiß ich nicht, warum du einmal zu Ludolf sagtest, es sei schade, daß die Mittel seines Vaters ihm nicht erlaubten, Schriftsteller zu werden, und warum du ein andermal sagtest, wenn du jetzt wählen dürftest, würdest du Naturforscher werden oder Landwirt.« Ezard mußte hierüber lachen und sagte: »Das ist wahr, aber du siehst ja, ich schlage mich auch als Verwaltungsrat mit leidlich zufriedener Miene durchs Leben, obgleich ich oft an die nun verschollenen Wasserwunder denke, die ich im Meere entdeckt haben könnte.« Worauf Galeide lustig fortfuhr: »Und das wird dir so gewiß leichter, als wenn du als Hauslehrer unter sieben ungezogenen Rangen säßest.«
Ich beobachtete, daß Ezard durch diese Unterhaltung nachdenklich gestimmt war, und ich mußte an die ehemaligen Pläne des Urgroßvaters denken und überlegte mir, ob mein Vetter und meine Schwester nicht doch vielleicht gut füreinander gepaßt hätten. Indessen sagte Ezard einmal, als Galeide nicht anwesend war, er hielte es doch für das richtigste, wenn sie sich zur Lehrerin ausbilden wollte; denn obwohl er im schlimmsten Falle von Herzen gern für sie sorgen würde, wie sich das

von selbst verstehe, so möchte er ihr das gleichsam nicht antun müssen; denn sie würde sich dabei unglücklich fühlen und ihn, dem sie ohnehin nicht sonderlich gewogen zu sein scheine, zu hassen anfangen, wenn sie Wohltaten von ihm anzunehmen gezwungen sei.

»Was für eine Einbildung«, sagte Lucile hierauf, »daß sie dir nicht gewogen sei! Ihr seid seltsam. Ihr würdet so einzig füreinander passen, du, der herrlichste Mann, den ich kenne, und sie, die herrlichste Frau. Freilich dürftest du sie nicht so lieben wie mich, wenigstens nicht jetzt. Aber wenn ich gestorben sein werde, so sollst du sie heiraten, und dann wirst du so glücklich sein, wie du es zu werden hofftest, als ich noch deine Braut war.« Dieser wehmütige Einfall war Lucile jedenfalls ganz unerwartet und plötzlich gekommen, denn sie machte große, erschreckte Augen, und ihre Lippen zuckten. Ezard umarmte sie mit ungekünstelter Herzlichkeit und trocknete ihr mit dem Taschentuche die heruntertropfenden Tränen ab, mußte aber nebenbei über die Zumutung in Hinsicht Galeidens so vergnügt lachen, daß man wohl sah, wie völlig gleichgültig sie ihm war. Was ich auch ganz wohl begreifen konnte.

Wie ich mir das vorhin wiedergegebene Gespräch zwischen Ezard und Galeide zurückrufe, kommen mir die neueren Bestrebungen der Frauen, gleiche Rechte mit dem Manne zu erwerben, und ihr Wunsch, ihre Persönlichkeit um ihrer selbst willen auszubilden, in den Sinn. Ich hatte infolge einer gewissen Anhänglichkeit an die Schweiz eines meiner Studiensemester in Zürich zugebracht, wo den Frauen die Erlaubnis erteilt worden war, neben den Männern die Universität zu besuchen. Ich hielt dies für eine gröbliche Verirrung des guten Geschmackes und war bereit, das Ärgste von den Mädchen zu glauben, die ich dort antreffen würde. Nun aber tat die flüchtigste Umschau dar, daß es dort weibliche Wesen gab wie anderswo auch, nette und häßliche, gescheite und einfältige, überspannte und vernünftige, zumeist mit etwas mehr Frische und Kernigkeit ausgestattet, als die Hausweiber besitzen. Ich

fuhr aber nichtsdestoweniger fort, diese Mädchen grundsätzlich zu mißbilligen, und vermied sorgfältig, mich im Gespräch mit ihnen antreffen zu lassen.
Einmal besuchte ich aus Neugierde das Kollegium eines Professors, welcher über ein schwieriges philosophisches Thema las. In den Reihen seiner Zuhörer bemerkte ich ein junges Mädchen, welches mir trotz meiner Vorurteile ungemein anziehend vorkam, von schönem slawischem Typus, mit völlig farblosem ovalem Gesicht, um das herum kurze, leidenschaftliche Locken der schwärzesten Färbung fielen. Ihre Augen voll trauriger Schwärmerei hingen unverwandt an den Lippen des Professors, und ich konnte nicht umhin, das junge Wesen zu bewundern, das diese trockenen und spitzfindigen Dinge so emsig verständnisvoll in sich aufnahm. Ich besuchte diese Vorlesung nun regelmäßig, und zwar einzig, um mich an dem Anblick des Mädchens zu weiden; denn ich muß sagen, daß ich immer, und vorzüglich damals, zu trägen und prachtliebenden Geistes war, als daß ich mich gern in abstrakte Philosopheme vertieft hätte. Die melancholische Schönheit mit so viel Geistesschärfe vereint bestrickte mich gänzlich, und ich faßte den Entschluß, die Bekanntschaft der Fremden zu machen, was auch mit keinerlei Schwierigkeiten verbunden war. Sie benahm sich artig und fein, war sogleich sehr zutraulich gegen mich und hieß Vera mit einem langen, schweren russischen Geschlechtsnamen. Meine Unfähigkeit, denselben richtig auszusprechen, gab mir den Vorwand, sie Fräulein Vera zu nennen, was sie mir auch lächelnd gestattete. Ich fing zuerst an, mit ihr über die in der Vorlesung behandelten Themata zu reden; da aber erklärte sie mir sogleich, sie besuche dieselbe nicht des Inhaltes wegen, sondern nur um Deutsch sprechen zu hören, denn sie sei der Sprache noch nicht ganz mächtig; sie hätte aber gehört, daß der betreffende Professor ein besonders gutes Deutsch rede, und deshalb gehe sie in alle seine Vorlesungen. Weit entfernt, hierdurch ernüchtert zu sein, sagte ich mir frohlockend, mein Gefühl habe mich richtige Wege geleitet, ich habe es mit keinem gelehrten Fräulein, sondern mit einem unschuldigen, fleißigen Mädchen zu tun, und nur deshalb könne sie auch im Besitze einer so rührenden Schön-

heit sein. Da ich nun mehr Teilnahme für die Verhältnisse der studierenden Russenkolonie hatte, achtete ich auch mehr auf das, was von ihnen erzählt wurde, und darunter wiederholte sich am häufigsten der Bericht von der Armut dieser unglücklichen Menschen, die wirklich den Genuß der Wissenschaft mit Entbehrungen des eigenen Leibes erkauften, wie die braven deutschen Gelehrten zur Zeit des Humanismus. Auf einmal kam es mir in den Sinn, daß die blutlose Blässe des geliebten Gesichtchens von unzureichender Ernährung herrühren könne, und wohl wissend, wie jämmerlich ich selbst mich in solcher Lage benehmen würde, ergriff mich ein unbehagliches Mitleiden, und ich beschloß, dies keinen Tag länger mit anzusehen. Die zarteste Art ihr zu helfen schien mir die zu sein, daß ich sie zu Spaziergängen auf den nahen Berg einlud, wobei es sich dann von selbst ergeben würde, daß wir in einem schön gelegenen Wirtsgarten einkehrten und etwas genossen. Es glückte mir so vortrefflich, wie ich nur hatte hoffen dürfen. Sie ging willig mit mir, war auch so schwächlich und des Wanderns so ungewohnt, daß sie bald auszuruhen verlangte und mir sogar noch einen Rat gab, wo wir am schönsten und besten einkehren könnten. Es war ein freundliches, von Pappeln umgebenes Haus zwischen Weinbergen, von wo wir die rauchende, emsige, weithin verlaufende Stadt tief unter uns sahen, und in östlicher Ferne die silbergraue zackige Linie der Alpen. Ich bestellte Wein, Brot und Käse; mehr wagte ich nicht. Veras Augen leuchteten, und während des Essens und Trinkens wurde sie sehr aufgeräumt und plauderte mit behendem Zünglein, was ich nur hören mochte: von ihren Eltern, ihrer Heimat, den dortigen Zuständen, den Nihilisten und Anarchisten. Es machte sie anfänglich stutzig, daß ich kein solcher war, aber da ich aus meinem vollen, liebenden Herzen bekannte, daß ich in der russischen Barbarei eiligst einer der hervorragendsten werden würde, wurde sie wieder ganz vergnügt und schien über meinen moralischen Wert beruhigt. Ich ließ unter dem Vorwande eigenen unersättlichen Hungers noch mehr Brot und Käse kommen, wovon sie auch noch etwas nahm; zuletzt aber sagte sie mit schüchternem Aufblick ihrer sinnenden Augen, der Käse sei so gut, daß sie gern einer kranken Freundin davon mitnehmen möchte, die das Zimmer mit ihr teile. Ich begriff sogleich, daß sie sich ein Abendessen davon machen wollte, und verriet mit keiner Miene, wie gering ich die arzneiliche Wirksamkeit des Käses in krankhaften Zuständen anschlug, vielmehr half ich ihr, ein strammes Paketlein von den reichlichen Überresten unserer Mahlzeit zu machen.

Da wir solche Spaziergänge nun häufig wiederholten, nahm sie sichtlich an Wohlbefinden zu, und es war lieblich, zu beobachten, wie eine zarte Rosenröte sich immer mehr über ihre Wangen ausdehnte, ähnlich wie im Spätsommer das Aufblühen der Erika eine Purpurwelle über die dürre Heide ergießt, oder wie sich das erwachende Leben in Pygmalions Marmorweibe mit einer leicht durchschimmernden Blutröte angekündigt haben mag.

Auch meine Empfindungen mögen mit denen Pygmalions Ähnlichkeit gehabt haben, insofern als ich mich für den Schöpfer dieser Lieblichkeit hielt und ein Anrecht auf den Liebeslohn der Neubelebten selbstverständlich zu haben glaubte. Als das Semester sich seinem Ende näherte, sah ich ein, daß ich mit dem handgreiflichen Ausdruck meiner Gefühle nun beginnen müsse, denn alle meine stummen Andeutungen in Blicken und Mienen hatte sie bisher nie verstehen wollen. Ich führte deshalb, um genugsam Zeit vor mir zu haben, meine Vera nach einem entfernteren Ziele als gewöhnlich, nach einem anmutigen kleinen Ort am See, wo wir an Wochentagen ganz einsam unter breiten Linden sitzen konnten. Wir tranken dabei von dem heitern, prickelnden Landwein und sahen auf das gelind und regelmäßig bewegte Wasser träumerisch hinaus. Ich schob meine Erklärung noch hinaus, denn es schien mir schade, das friedliche Schlummern der Landschaft zu unterbrechen. Man hörte nichts als das Aufschäumen des Wassers beim Kommen und Gehen der Dampfer und das rieselnde Geplätscher um den Kiel der Kähne, die unablässig vorübergerudert wurden. Da wir so allein waren, bat ich Vera, mir ein russisches Volkslied vorzusingen, was sie mir schon mehrmals versprochen hatte. Sie war auch dazu bereit, setzte sich auf das Geländer, welches den Garten vom See schied, und sah nicht mich an, sondern über das Wasser hin gegen die beleuchteten Berge. Dann fing sie sogleich an, ein Lied zu singen, dessen Inhalt ich nicht verstand, wohl aber die seelenvolle, mit kindlicher Eindringlichkeit immer wiederholte Klage der Melodie, die sich wunderbar mit der klangreichen Sprache verband. Das Lied hatte viele Verse, die sich alle gleich waren, so daß man den Eindruck eines unerschöpflichen, unabänderlichen Wehs empfing, das das duldende Herz zuletzt unbewußt erleidet, wie Kinder unter ihren Tränen einzuschlafen pflegen. Auch mir, der ich zuhörte, ging es so; es kam mir vor, als wäre ich nur ein Schatten in einem Traume, und es wurde mir leicht, zu dem fremdartigen Mädchen, das, nachdem das Lied beendigt war, still auf dem Geländer sitzen geblieben war, von meiner Liebe zu sprechen. Da nun freilich riß mich ihr ängstliches Erschrecken schnell genug aus meiner wonnigen Stimmung.

»Ach«, sagte sie, »ich habe es Ihnen gerade heute mitteilen wollen, da Sie mir so sonderbar vorkamen, nämlich, daß ich schon seit geraumer Zeit verheiratet bin.« Das war nun allerdings genug, um meine Schäferlaune ganz und völlig umzublasen und mich, nachdem ich Besinnung und Fassung wiedererlangt hatte, mit einem wohlerworbenen Ingrimm zu erfüllen. Vera schien denselben zwar gar nicht unberechtigt zu finden, ertrug ihn aber mit ziemlicher Leichtherzigkeit und erzählte mir in beschwichtigendem Plaudertone, daß der vermaledeite Gemahl Russe und Student sei wie sie, und daß sie, da seine wie ihre Eltern durch schlechte Ernte und sonstiges russisches Elend schwer betroffen gewesen seien, längere Zeit ohne Geld hätten auskommen müssen. Es sei ihnen sehr kümmerlich ergangen, und sie hätte dem hungernden Gatten stets die Käsebrote mitgenommen, die nach ihrer listigen Angabe für eine kranke Freundin bestimmt gewesen wären. Ich hatte anfänglich Lust, das leichte Wesen zu nehmen und mit kräftigem Schwunge weit in den See hinaus zu werfen, doch legte sich meine Wut, je mehr ich anfing, das Abenteuer seltsam und belustigend zu finden. »Aber«, sagte ich grollend, »war denn der einfältige Tropf nicht eifersüchtig?« – »Oh«, sagte sie, »ich erzählte ihm Wort für Wort wieder, was ich mit

Ihnen besprach, und dann bekam er doch das Brot und den Käse; wir sind auch nicht mehr so kindisch, da wir ja schon über ein Jahr verheiratet sind.« Sie erzählte mir weiter, daß die Verhältnisse ihrer Eltern sich gebessert hätten, daß sie wieder Geld bekämen, und daß sie, wie sie mir auch heute hätte ankündigen wollen, auf unsere gemeinsamen Spaziergänge nun verzichten wolle, da sie doch einmal anfangen müsse, gründlich zu studieren. »Ja, das wird denn wohl auch das beste sein«, sagte ich und führte sie auf dem nächsten Dampfschiff in eintretender Dämmerung nach Hause. Wir trennten uns in Minne, und ich war bei späterer Überlegung im Grunde nicht unzufrieden mit dem gutartigen Ausgang dieser Liebesgeschichte. Auch darf ich mir das Zeugnis ausstellen, daß ich aus dem Ereignis in keiner Weise verallgemeinernde Schlüsse zog und mich mit Äußerungen über die moralische und intellektuelle Beschaffenheit der studierenden Mädchen stets behutsam zurückhielt, da es mir schien, als seien sie besser als ihr Ruf, so daß ich es für unbillig gehalten hätte, denselben aus Gehässigkeit und Rachsucht noch zu verschlechtern.

Ezard und Lucile bekamen einen Knaben und ein Mädchen. Das erste Kind, ein Knabe, wurde nach seinem Großvater Harre benannt. Neben ihm war Galeide Patin wegen der Liebe, die sie und Lucile zueinander hatten, die sich in der Zeit, wo meine Schwester die junge Wöchnerin gepflegt hatte, noch um vieles gesteigert zu haben schien. Denn sowie das Kind geboren war, siedelte Galeide fast ganz nach Ezards Hause über, damit Lucile nie allein sei. Ezard war voll sorgfältiger Aufmerksamkeit gegen seine Frau und suchte sie jeden Tag durch irgendeine anmutige Gabe oder einen liebevollen Einfall zu unterhalten, aber er hielt sich nicht sonderlich gern in Krankenzimmern auf und mußte ohnehin während des Tages meist seinen Geschäften nachgehen. So ließ es sich denn Lucile gern in meiner Schwester Zärtlichkeit wohl sein und tat, als ob es überhaupt kein liebenswertes Geschöpf auf der Welt gäbe außer Galeide. Das ist allerdings zuzugeben, daß es in dem Krankenzimmer behaglicher war als in vielen Gesellschaftsräumen, und daß das zum Teil Galeidens ruhig heiterem Gesicht und anmutigen Sitten zu verdanken war. Wenn sie um Lucile beschäftigt war, so erfreuten ihre sanften Bewegungen und ihr gleitender Gang; sonst aber saß sie in einem beweglichen Stuhl, den sie beständig leise, leise hin- und herschaukelte, und plauderte harmlose, gute Dinge mit wohltönender Stimme, daß es an das Geräusch von Wassertropfen mahnte, die über ein stillstehendes Mühlrad hinabrieseln. In angemessenen Zwischenräumen brachte sie immer einen ihrer absonderlichen Einfälle vor, die zum Widerspruch oder zum Nachdenken reizten, wußte sich aber so spielerisch und gutgelaunt zu verteidigen, daß ernstlicher Hader vermieden wurde. Lucile war auch meistens Galeidens Meinung, weniger, weil sie von gewichtigen Gründen überzeugt war, als weil sie einer gewissen überredenden Art und Weise, die meine Schwester an sich hatte, nicht widerstehen konnte; es hatte sich überhaupt zwischen den beiden ein Verhältnis gebildet, als ob Galeide die Ältere wäre. Galeide pflegte über Welt und Leute zu reden, wie wenn sie von einer Wolke auf sie herabsähe und selbst gar nicht dazugehörte, womit sie vielen ganz ungemein imponierte. Häufig holte ich am Abend Galeiden ab, um sie nach Haus zurückzubegleiten; denn wie oft auch Lucile Ezard dazu anzuhalten suchte, stets wiesen sie es beide zurück. Galeide sagte sogar einmal in Ezards Gegenwart: »Warum soll er mich denn begleiten? Da wir einander doch so unaussprechlich langweilen!« Worüber beide herzlich lachen mußten; denn es macht immer Vergnügen, seine wahren Empfindungen einmal voll aussprechen zu dürfen, und am meisten dann, wenn der gute Ton und die Regeln der Geselligkeit dem eigentlich im Wege stehen würden.

Harreken, der mich wegen seiner roten Hautfarbe und seines vielen Geschreis mit Schauder erfüllte, legte auch bald die übliche Zuneigung für Galeiden an den Tag, was freilich nicht zu verwundern war, da sie sich mit ihm schleppte und mit ihm spielte wie einst mit ihren Kaninchen und Kätzchen, und die Weichheit ihrer Stimme, wenn sie ihm Wiegenlieder vorsang, auf seinen jedenfalls noch tierisch ungeschlachten Organismus eine magnetisierende, beschwichtigende Wirkung üben mochte. Es erschien häufig, als ob Galeide und nicht Lucile die Mutter des Kindes wäre; denn während er nach meiner Schwester stets mit verlangendem Zappeln die Arme ausstreckte, suchte Lucile eine erzieherische Methode an ihm auszuüben, um ihn vermittels des besten Systems zum preiswürdigsten aller Menschen heranzubilden, was der Gequälte, der noch nichts als Lust und Unlust unterscheiden konnte, naturgemäß mit Furcht und Abscheu von sich abzuwehren suchte.

Zur Taufe veranstaltete Ezard ein Familienfest. Wenn ich daran zurückdenke, so ist es mir, da fast alle von denen, die daran teilnahmen, nun tot sind, als stände ich inmitten eines Kirchhofs, und die Gestalten stiegen, von meiner Sehnsucht heraufgefordert, aus ihren Gräbern in dem Putz, den sie damals trugen, und umkreisten mich im feierlichen Reigen, blaß und schweigend, die ich damals prangend in Kraft und Schönheit gesehen habe.

Das Volk drängte sich vor den Türen der Kirche, um die Ursleuen taufen zu sehen. Gott im Himmel, wie lange scheint es her zu sein! Ich fuhr mit dem Urgroßvater und Galeiden zur Kirche. Sie nahm einen Sitz allein ein, um ihr Kleid zu schonen, wie sie sehr wichtig verkündigte; man wußte aber wohl, daß ihr im Grunde nichts daran gelegen war. Wir waren aufgeräumt, und ich muß sagen, daß es sich sehr gut mit meiner Schwester scherzen ließ, da sie eine wahre Lust am Komischen hatte und von ferne witterte, wo es für ein gesundes Germanengemüt etwas zu lachen gab. Der Urgroßvater liebte es, uns dabei zuzuhören, und pflegte, wie er uns denn jede schmeichelhafte Bemerkung, die er über uns machte, sofort preisgab, zu sagen, unser Witz gleiche zwei Windspielen, die in anmutigen Windungen miteinander tanzen und jagen. Als wir in die Sakristei kamen, wo die jungen Eltern uns empfingen, wurde Galeide ernsthaft, und als sie, das Bübchen auf dem Arm, am Taufbecken stand, glich sie so völlig einer lieben heiligen Mutter Gottes, daß es mich zu rühren begann. Da ich ihr gleich darauf eine verstohlene Bemerkung über den Pastor zuraunte, der uns mit seinem grotesken Kirchenpathos beständig zu allerhand Späßen veranlaßte, verwandelte sich ihre Miene, mit der sie mich verständnisvoll lachend ansah, und sie hatte nun

auf einmal ganz und gar das glückliche Kindergesicht wie zu der Zeit, als sie noch die gute kleine Galeide hieß.
Neben ihr stand als Taufpate Onkel Harre, der mit der Haltung eines Jünglings den geistreichen Kopf trug, an dem fast nur die dichten ergrauenden Haare den Beginn des Alters anzeigten. Er war jetzt völlig von der Heiligkeit der Handlung hingenommen und stellte einen würdigen, christlichen Paten dar; ließ sich sogar willig von dem perorierenden Pastor zu Tränen rühren und versicherte uns hernach begeistert, daß es doch etwas Schönes um die kirchlichen Zeremonien sei, die man keinesfalls antasten dürfe, selbst wenn das Dogma noch mehr seines Ansehens beraubt sein würde als jetzt. In der allgemeinen Lustbarkeit vergaß ich der Sorge, die ich stet und starr wie ein schwarzes Steinbild in unserem Hause sitzen wußte. Jetzt aber, obwohl das alles nun schon lange der Vergangenheit angehört, schnürt es mir das Herz zusammen, wenn ich mir meinen Vater vergegenwärtige, wie er sich zwischen den Feiernden, gefeiert als eines der Häupter unserer Familie, bewegte. Wer ihn gut kannte, konnte ihm das verborgene Leiden ansehen, doch nahm er lebhaften Anteil am Gespräch und plauderte besonders mit Galeiden, wenn es ihm gelang, sich neben sie zu setzen und ihre Hände zu streicheln. Es gab ein rechtes Phäakenmahl mit fetten Braten, edlen Weinen, Behaglichkeit, Gespräch und Erzählung. Auch der Sänger fehlte uns nicht, da meine Mutter ein Taufgedicht gemacht hatte mit ungeheuerlichen und ganz unmöglichen Reimen und voll erstaunlicher Einfälle, das sie selbst vortrug, häufig von unserem jubelnden Entzücken unterbrochen. Ich glaube, daß sie dabei aufstand, und es ist mir, als hätte sie ein Kleid von rosig fliederartiger Farbe getragen; sie sah strahlend und hell aus wie das Glück. Ohne Zweifel war sie die Schönste von allen, obwohl sie nicht der jüngsten Generation angehörte. Was war es für ein Schwirren und Lachen und Rauschen: lauter Leben und Zukunftsfreude. Onkel Harre hielt eine Tischrede um die andere, wozu er eine vorzügliche Gabe besaß, so daß er nie damit langweilte; denn schon die Art und Weise, wie er seine reichlich zufließenden Einfälle hervorsprudelte, war erfrischend und stets belebend. Er redete auch den jüngsten Urs-

leuen, sein Paten- und Enkelkind, an in einer Weise, die mich besonders belustigte; er sagte ungefähr folgendes: »Dieses Kind, in welchem seine Tante Galeide schon jetzt die merkwürdigsten Eigenschaften entdeckt hat, die die vortreffliche Erziehungsmethode seiner Mutter ohne Zweifel zu noch größerer Merkwürdigkeit entfalten wird, dies Kind hat in unserer Familie eine hohe Aufgabe zu erfüllen. Ich vergleiche eine Familie mit einem gemusterten Gewebe, sagen wir schlicht weiß mit goldenen und bunten Tupfen, die in gewisser Entfernung voneinander abstehen, oft in größerer, oft in geringerer. Nehmen wir als ein Beispiel die Familie der Hohenzollern: Da war Friedrich der Große ein dicker, goldener Tupfen; dann kam der schlichte Wollfaden Friedrich Wilhelm II. und III. und so weiter und so weiter. Das Gewand der Ursleuen so recht funkelnd zu sehen, das wäre mir eine Freude gewesen, aber obwohl wir in unserem Zeitalter das Häßliche und Anstößige einer ungebrochenen weißen Fläche erkannt haben, bieten wir doch dem Auge gerade jetzt nichts als eine solche. Jawohl, ihr da haltet euch alle für goldene Tupfen, ich halte euch für nichts als wollene Fäden. Da ist mein Bruder Ludolf. Du hättest etwas werden können! Du bist in großen Verhältnissen angelegt! Aber dein Unstern machte dich zum Kaufmann. Ja, lebten wir in den vergangenen Jahrhunderten, da hättest du ein Fürst der Hansa sein können, mit Königen Bündnisse schließen und mit deinem Beutel den Reichstag meistern können. Oder du hättest neue Pfade auf dem Meere gesucht und die Welt belehrt, indem du dich bereichertest. Nun aber hockst du in einem geschmacklosen Arbeitszimmer vor einem stillosen Schreibtisch und schwitzest Angstschweiß, und jetzt, anstatt dich zu schämen, sitzest du mir gegenüber und lachst und kosest mit deiner Tochter wie ein sentimentaler Pole. Du bist, wenn ich dich historisch abschätzen will, in eine Reihe mit dem Kaiser Wilhelm I. zu setzen, von dem mit gewaltigen Lettern auf Klios Tafel gegraben ist, daß er verstand, sich den rechten Minister zu wählen. So bleibt dir der Ruhm, eine Frau davongetragen zu haben, die im Gewebe der Olethurms mit ihrem Vater die Goldtupfen bildet, die uns leider mangeln. Ja du, Neffe Ludolf der Jüngere«, sagte er nun, indem er sich an mich wandte, »sieh mich nicht so herausfordernd an. Du bist wie Elias, nicht besser als deine Väter. Was hattest du an deinem dreiundzwanzigsten Geburtstage im Tempel des Ruhmes aufzuhängen oder anzuschlagen? Junge, du hast Geist, Verstand, Talent und manches Gute und Schöne, das in dir durcheinanderrennt wie lauter Rinnsale, Quellen und Bäche; aber nie vereinigt es sich zu einem mächtig rollenden Strome oder in einen See, in dem die Gestirne, wie Goethe sagt, ihr Antlitz weiden. Deine Schwester Galeide, auf die hoffe ich noch; aber sie ist noch unausgewachsen, und es kann noch sowohl ein Goldpunkt oder auch ein Wollfaden aus ihr werden. Du aber, mein eigener Sohn Ezard, hast mich am grimmigsten getäuscht. Dein meisterhaftes Gesicht verbürgte sich für die Erfüllung meiner grenzenlosen Erwartungen. Gott weiß, was es bedeuten mag. Hättest du das nicht, so müßte ich dich einen Philister nennen. Wirst du jemals ein Abenteuer bestehen? Jemals eine Tollheit verüben? Jemals etwas tun, worüber das Volk sich bekreuzigt?« Dann aber fügte er sanfter hinzu: »Es ist nicht seine Schuld, es liegt ihm im Blute, er ist ein Ursleu. Nein, ohne Sang und Klang würdest du vorübergehen, wenn du nicht als der Vater deines Sohnes Aussicht hättest, dich denkwürdig zu machen.« Hiermit ging mein Onkel auf den kleinen Harreke über, der die Zielscheibe seiner Rede war, und von dem er nun ein phantastisches Zukunftsbild entwarf.

Möge das sich erfüllen, was mein Onkel damals im Scherz und Übermut sagte, das wenigstens, was seinen leichten Worten an ernstem und bedeutendem Sinne zugrunde lag; möge der Knabe den Namen und die Art unserer Väter in die künftige Zeit hinüberführen. Damals brannte noch der Ehrgeiz in mir, daß ich mich wohl tüchtig fühlte, selbst ein Zierat in dem Gewebe unserer Familie zu sein; erst alternd begreift man jenen Unsterblichkeitsglauben, in dem man sich selbst entsagend aufgibt und den Nachkommenden die Stätte bereitet. Mögest du leben und wirken, Harreken Ursleu! Mögest du derer gedenken, die vor dir waren, in deren Asche du wurzelst und gedeihst. Mögest du den Geschichten ihrer Leiden und Kämpfe gern lauschen und Mut daraus lernen, daß du gern und gut auch deine Schlachten schlägst, die die Zeit und das Schicksal dir bringen werden. Besuche ihre Gräber und bepflanze sie, und dann geh und sorge, daß die Menschen deinen Namen mit Ehrfurcht nennen; es ist der ihrige, und sie geben ihn dir, wie der fallende Held das Schwert seinem Sohne. Da tropfte es von Blut. Raste du nicht, bis es blank und blitzend in der Rüstkammer hängt bei andern guten Waffen! Sei gesegnet, Harreken Ursleu!

Seit der Taufe des kleinen Harre feierten wir kein Familienfest wieder, keine Zusammenkunft, meine ich, die wahrhaft festlich gewesen wäre. Denn obwohl die Sorge uns damals schon erfaßt hatte, so trug sie doch noch ein jeder vor dem anderen verborgen, und wenn sie auch der eine vom anderen wußte, so hatte doch noch keiner davon gesprochen, und deshalb konnte man auf Stunden so tun, als wäre nichts gewesen. Auch waren wir damals noch friedfertig untereinander und fühlten uns als eine Einheit, so daß, gerade wenn wir beisammen waren, das Gefühl unseres Zusammenseins tröstlich und ermutigend war; denn als Ganzes waren wir ein trutziges Häuflein, das sich den Anprall eines widrigen Geschicks aufzufangen wohl getrauen durfte. Nun aber fiel unserm Trupp ein neuer Angriff in den Rücken und trieb ihn auseinander, plötzlich, ungeahnt, daß kein Schirm und Schild zur Abwehr da war.

Wie der kleine Harre gesund weiterwuchs, faßte er eine herzliche Liebe zu Galeiden und sie zu ihm, so daß sie alle andern Menschen und Dinge darüber vernachlässigte. Denn das war ihre Art: wenn sie einmal etwas mit Neigung ergriff, so geschah es mit einer Kraft und Ausschließlichkeit, die etwas Hinreißendes an sich hatten und alles überwältigten. Der kleine Harre wachte und träumte von ihr, ließ sich von ihren Augen leiten, an denen doch eigentlich nichts Besonderes zu sehen war, lachte, wenn sie kam, und ließ die Mundwinkel erbärmlich hängen, wenn sie ging. Lucile duldete das hauptsächlich deshalb ohne Eifersucht, weil es Galeiden betraf, die sie vergötterte, dann aber auch, weil sie das kleine Mädchen, das sie hernach zur Welt brachte, dem Knaben vorzog. Vielleicht hätte sie ihn lieber gehabt, wenn er nicht Harre geheißen hätte, nun aber betrachtete sie ihn ganz als zu dem Großvater gehörig, der sie nicht sonderlich anerkannte; denn von solchen geringen und äußerlichen Dingen ließ sie sich mitunter beeinflussen. Dagegen war mein Vetter Ezard nicht zufrieden, daß der Kleine so gänzlich in Galeidens Gewalt war, obwohl er als der einzige fast zu gleichem Recht mit ihr in seinem Herzen herrschte. Er mochte fürchten, daß sie ihn allzusehr verwöhne; was er sonst daran auszusetzen haben konnte, weiß ich nicht, denn das kleine Geschöpf war im Grunde gut bei meiner Schwester aufgehoben, und er war zu gerecht, als daß er das nicht hätte einsehen müssen. Übrigens brachte es der höfliche Ton, in welchem Ezard und Galeide miteinander verkehrten, mit sich, daß er niemals etwas Ernstliches darüber sagte, doch war es seinem Benehmen hie und da anzumerken und verursachte wohl einmal eine kleine Verstimmung. Mein Vater, der, wie seine Sorgen sich vermehrten, immer schwermütiger und immer mißtrauischer wurde, beobachtete dieses Verhältnis mit einer Aufmerksamkeit, deren es uns andern allen ganz unwürdig schien. Er gab sich der seltsamen Meinung hin, Ezard und Galeide seien sich einer strafbaren Neigung füreinander bewußt, und dies sei die Ursache ihres veränderten Benehmens (das überhaupt viel mehr als in der Wirklichkeit in seiner Einbildung bestand). Mit dieser merkwürdigen Verblendung peinigte er sich und uns alle und ging sogar, was er für seine Pflicht hielt, mit der vermeintlichen Hiobsbotschaft zu Lucile. Er trug dabei eine pathetische Feierlichkeit zur Schau, die Mama und mich halb belustigte, halb ärgerte. Lucile aber lachte ihn aus und nahm das Ganze als einen köstlichen Spaß auf, wie denn häufig einer selbst Furcht vor Gespenstern hat, aber gleich nichts mehr davon verspürt, sowie ein anderer anfängt zu zittern und sagt: sieh, da hockt es im Winkel.

Sie erzählte die Unterhaltung, die sie mit unserem Vater gehabt hatte, nicht nur mir, sondern auch Galeiden wieder, wobei wir alle den immer schlimmer werdenden Zustand des unglücklichen Mannes beklagten, nicht minder aber uns, die wir darunter zu leiden hatten. Ob Lucile auch ihrem Manne davon sagte, weiß ich nicht oder habe ich vergessen; es ist aber gewiß, daß er und meine Schwester sich in vollständiger Unbefangenheit gegenüberstanden oder, wie man ebensogut sagen könnte, in der Befangenheit, die für Lucile immer ein Gegenstand des Bedauerns und der Verwunderung gewesen war. Es kam aber noch etwas dazu, was meinen Vater in seinem Wahne bestärkte. Damals bewarben sich zwei junge Männer um meine Schwester, von denen der eine ihm als Schwiegersohn sehr zugesagt hätte. Er war ein Bürger unserer Stadt, nicht übel im Äußeren, geschmeidigen Geistes, so daß er, obwohl von anderem Schlage als wir, sich ganz in unsere Art hineingelebt hatte und dem Urgroßvater sowie meinen Eltern stets in der Weise zu begegnen wußte, die ihnen am besten zusagte. Er tat das aber nicht aus Berechnung allein, sondern es war auch eine natürliche Freundlichkeit der Gesinnung, die ihm ein richtiges Verständnis der Menschen vermittelte. Auch Galeiden und mir behagte er ausnehmend, da er, was wir vorzugsweise liebten, einen gutartigen und dabei feinen Witz in der Unterhaltung entfalten und bei anderen entfesseln konnte. Je trüber die Stimmung in unserem Hause zu werden drohte, sobald wir allein waren, desto mehr waren wir erfreut über die Zerstreuung und Ablenkung, die er uns brachte, und wir ermutigten ihn, seine Besuche recht oft zu wiederholen, ohne daran zu denken, welche Folgen das nach sich ziehen konnte. Er war auch musikalisch, was bei uns, da wir alle die Musik leidenschaftlich liebten und betrieben, einen jeden gut einführte und beliebt machte. Er war nämlich berufsmäßiger Cellospieler und hatte eine gute und angesehene Stellung im Orchester unserer Oper. Er hieß Georg Wendelin. Galeide war ihm sichtlich sehr zugetan, aber ebenso deutlich war ihr anzumerken, daß sie nichts für ihn empfand, was Liebe hätte erwarten lassen können. Sie war ihm auch, so reich wie er ausgestattet war mit Geist und Talent, dennoch überlegen, insofern, als sie einen stärkeren, ausgeprägteren Charakter hatte als er, was sich auch bald zeigte; denn er ließ sich blindlings von ihr beherrschen, ohne auf die mindeste Gegenseitigkeit in dieser Hinsicht Anspruch machen zu können.

Der andere, ein Rheinländer, stand ihrem Herzen noch ferner, aber beschäftigte sie mehr durch die fremdartigen Ideen, die er in unseren Kreis brachte. Denn dieser war ein Jüngling nach der neuesten Mode, hatte alles gelesen und über alles nachgedacht, fand alles schlecht, was war, und vermaß sich, alles besser machen zu können, hing auch, wie man sich hiernach schon denken kann, dem sozialistischen Glauben an und übertrug seine Neuerungssucht auf alle Gebiete, als Poesie, Musik, Malerei und so weiter. Solche Dinge hatten starke Anziehungskraft auf Galeiden, aber da sie sich nie von anderen etwas einreden ließ, sondern, das sage ich zu ihrem Lobe, alles selbst eingesehen und erfahren haben wollte, bevor sie es als ihre Meinung vertrat, setzte sie dem jungen Manne zunächst noch ihre alten Ansichten entgegen, die großenteils nichts als überkommener Hausrat waren, den sie kaum einmal auf seine Brauchbarkeit geprüft hatte. Der junge Rheinländer gereichte mir wegen seiner Ansichten zu unausstehlicher Widerwärtigkeit, dagegen gefiel er meiner Mutter recht wohl, und sie erbaute sich höchlich an seinen überspannten Äußerungen. Sie war nämlich von so urwüchsiger Frische des Geistes, daß nichts Formelhaftes an ihr blieb und sie beeinflußte, darum störte sie das Ungewohnte einer Idee nicht, sondern sie brachte ihr immer wenigstens den Geschmack entgegen, den man am Durchstreifen einer unerforschten Gegend findet, auch wenn sie einem an sich nicht würde gefallen können. Der Urgroßvater vollends war durchaus für den Rheinländer, der nebenbei ein gefälliger und genialisch zugestutzter Mensch war; er bildete sich unvermerkt zum Sozialisten und Umstürzler heran, was er so prächtig mit seinen aristokratischen Vorurteilen zu vereinigen wußte, daß es mir ein psychologischer Hochgenuß gewesen wäre, wenn nicht der junge Mensch, Philipp Wittich hieß er, ganz aufgebläht durch diesen Erfolg geworden wäre. Deswegen machte es mir Verdruß. Galeide verkehrte mit ihren beiden Verehrern in aller Behaglichkeit; sie ließ sich überhaupt nicht ungern und recht anmutig den Hof machen, zumal, wenn es die betreffenden Leute auf eine kurzweilige und nicht alberne Art anzustellen wußten.

Sie war dabei ihres Herzens ganz sicher; denn das blieb kalt wie Marmelstein, und es bekümmerte sie wenig, welches die Gefühle der armseligen Jünglinge sein mochten, wenn sie so zutraulich und geschwisterlich mit ihnen umging. Sie erinnerte in dieser Hinsicht an die Kinder, die zufriedenen Gemütes den Fröschen und Käfern Beine ausreißen und sie zappeln sehen, welche Grausamkeit uns wohl mit Abscheu erfüllt, aber den Kindern billigerweise nicht zur Last gelegt werden darf, da sie ohne Absicht und man möchte sagen unbewußt handeln.

Wir suchten es zu vermeiden, daß Wendelin und Wittich bei uns zusammentrafen; denn wegen der Nebenbuhlerschaft, dann aber auch wegen der Verschiedenheit ihrer Naturen und Ansichten waren sie einander spinnefeind und erregten einen feindselig unruhigen Ton in der Unterhaltung, der die Gemütlichkeit verscheuchte. Allen beiden war wiederum mein Vetter Ezard nicht gewogen, und das war es eben, was meinen Vater in der Ansicht unterstützte, er gönne meine Schwester niemandem, trachte überhaupt danach, daß sie, wenn er sie nun auch nicht für sich haben könne, doch wenigstens keinem anderen angehöre. Da nun mein Vater, immer seine furchtbare Vermögenslage im Sinn, auf das heißeste wünschte, meine Schwester verheiratet und gut versorgt zu wissen, war er für eine Heirat mit dem Cellisten sehr eingenommen, wenn er auch zu zartfühlend war, um Galeïden mit der geringsten Andeutung beeinflussen zu wollen.

Daß Ezard dem Rheinländer nicht gewogen war, schrieb sich mehr von der Verschiedenheit ihrer Naturen als ihrer Ansichten her; denn obwohl er die Sucht nach Neuerungen, und noch dazu gewaltsam herbeigeführten, mißbilligte, suchte er doch nach seiner großen Gerechtigkeitsliebe stets die Person von ihren Meinungen zu trennen, und bemühte sich oft, einen Menschen zu schätzen, indem er seine Ansichten bekämpfte. Aber bei der Jugendlichkeit des Rheinländers streiften dessen wie Offenbarungen verkündigte Behauptungen oft an Unbescheidenheit, denn er konnte sie, kaum gründlich erfahren und erprobt, nur eben von der Straße aufgelesen haben. Man merkte ihm an, daß er, auf trockenem, sandigem Boden erwachsen, zum Ungewöhnlichen und Überschwenglichen hinstrebte, ohne etwas Entsprechendes in seiner eigenen Natur zu haben, in der Art, wie verwachsene Menschen oft eine Sucht haben, sich mit buntem, auffälligem Flitter aufzuputzen. Weniger gut kann ich mir erklären, warum Ezard gegen Wendelin zurückhaltend war. Es scheint mir das glaublichste, daß eine gewisse Unkraft und Mittelmäßigkeit in der Natur des Cellisten ihn zu dem Ausspruch bewog, er wolle zwar gern mit ihm scherzen und musizieren, halte ihn aber für keinen wünschenswerten Zuwachs unserer Familie.

Mein Vater bildete sich nun nicht nur ein, Ezard rede und handle so im Hinblick auf Galeiden, sondern ebenso glaubte er von ihr, sie verschmähe ihre Freier um Ezards willen; wenn sie ihn auch nicht liebe, obwohl dies wahrscheinlich sei, so könne sie es doch nicht übers Herz bringen, seinen Wünschen zuwiderzuhandeln. In dieser irrigen Meinung war er vollständig befangen und vertiefte sich mit der Vorliebe gewisser Menschen für ihr eigenes Leiden absichtlich immer mehr hinein, indem er Ezard und Galeiden, wo er nur konnte, unablässig beobachtete und stets neue Bestätigungen seiner Vermutung wahrzunehmen glaubte. Sich selbst aber machte der Unselige mit seinen schwarzen Befürchtungen und Verkündigungen bei uns allen so unwillkommen, wie die Propheten des Alten Bundes dem Volke von Jerusalem waren, und er litt wie diese zwiefach Unerhörtes, einmal durch den Schmerz über das bevorstehende Unglück, an das er selbst fest glaubte, sodann durch die Kaltherzigkeit derer, die ihm nahestanden, und die sich nun, in ihrem bequemen Dahinleben gestört, ihm mehr und mehr entfremdeten.

Lucile hatte während einer großen Hitze mit ihrem kleinen Mädchen einen Landaufenthalt genommen; zu der Zeit war der kleine Harre bei uns, hauptsächlich unter Galeidens Obhut, damit beider Kinder Gegenwart nicht der Erholung der Mutter im Wege stände. Ich mochte ihn auch wohl leiden mit seinen trotzigen Augen; aber sie machten zu Hause allzuviel Wesens und Händeringens um ihn, dadurch wurde er mir verleidet. Mein Vetter hatte wegen der Geschäfte die Stadt nicht verlassen können und war, schon des Knaben wegen, häufig bei uns; fast immer nahm er die Mittagsmahlzeit bei uns ein. Einmal, als wir bei Tisch saßen, beging Harreken eine Ungezogenheit, indem er, anstatt seine Suppe zu essen, mit dem Löffel mitten hineinschlug, daß es spritzte. Er saß zwischen Ezard und Galeiden. Ezard mochte an diesem Tage durch geschäftliche Dinge gereizt sein, denn während er für gewöhnlich nur dann den Erzieher herauskehrte, wenn es durch bedenkliche Unart geboten schien, verbot er jetzt dem Übeltäter sein Betragen in schärfster Weise. Der erschrak über den unerwarteten Überfall seines sonst so freundlichen Vaters und fing an zu weinen; Galeide errötete vor Ärger und Angst um ihren Liebling und zog ihn an sich, um ihn möglichst geschwind zu beruhigen und einer Steigerung des väterlichen Zornes vorzubeugen. Ezard wurde seinerseits rot, als er Galeiden sich gebaren sah, als ob sie gewissermaßen ein näheres Verhältnis zu dem Kinde hätte als er, und empfahl dem Schluchzenden, still zu sein und seine Suppe zu essen. Galeide warf einen kalten Blick auf Ezard, denn um in des Kindes Gegenwart mit ihm über die Erziehung zu rechten, war sie zu klug; jedoch prägte sich der Eindruck, den der kleine Vorfall machte, nun in dem Betragen der übrigen aus, indem der Urgroßvater etwas spöttisch lächelte und Galeiden verständnisvoll ansah, und mein Vater düstere Blicke von einem zum anderen gehen ließ. Ich wollte eben durch eine unschuldige Unterhaltung die Gemüter zerstreuen und wandte mich an meine Mutter, der eine launige Rede auf den Lippen zu zögern schien, als Ezard aufstand, den noch immer leise weinenden, dicht an Galeide geschmiegten Sünder ergriff, in ein anderes Zimmer trug, dann sogleich zurückkehrte und weiteraß. Meine Mutter lachte nun hell heraus, was Ezard liebenswürdig aufnahm, wie er auch auf meine Neckereien in gleichem Tone antwortete. Aber Galeide war ganz blaß geworden; sie blieb indessen doch am Tische sitzen und beteiligte sich an der Unterhaltung. Nachdem die Mahlzeit beendigt war, ging Ezard sogleich zu seinem Kleinen, söhnte sich mit ihm aus, denn er zürnte nie lange, und kam mit ihm auf dem Arme ins Zimmer, wobei das Kind seinen Hals fest umschlungen hatte und mit lustig leuchtenden Augen anzeigte, daß aller Kummer und Hader vergessen war. Da es inzwischen für Ezard Zeit geworden war zu gehen, setzte er Harreken auf Galeidens Schoß und reichte ihr, indem er sich verabschiedete, die Hand, welche sie auch nahm; aber ihre Nasenflügel bewegten sich dabei in der Art, wie es immer aussah, wenn sie sich von oben herab über jemand lustig machte. Mein Vater begab sich voll schwerer Gedanken, die ein jeder von uns außer Galeiden durchschaute und belachte, auf sein Zimmer. Indessen erging sich der Urgroßvater in reichlichen Bemerkungen über den an sich so unbedeutenden Vorfall, beklagte, daß Ezard in ungünstiger Weise von Lucile beeinflußt sei, da er sonst nicht so kindisch gewesen sein würde, auf ein so kleines Kind durch feierliche Strenge anstatt durch Lächeln und spielende Weisheit einwirken zu wollen, und dergleichen mehr. Er sprach auch hernach mit Ezard selbst darüber und hielt ihm vor, wie Galeide sich um das Kind verdient mache und es fast besser pflege als die eigene Mutter, und wie sie nun in ihrem weichen Herzen verwundet sei, obwohl sie es nicht zeige. Dies war nun freilich durchaus nicht wahr; denn Galeide war nicht leicht verletzlich und dachte nichts anderes, als daß Ezard von Kindererziehung nichts verstehe, triumphierte auch vielleicht, wie der Kleine sie doch liebbehalten würde, wenn er ihn ihr auch zu entreißen gedächte. Hingegen litt sie unter der seltsamen Art meines Vaters, die sie sich nicht recht zu erklären wußte, und mochte aus dem Grunde an jenem Tage traurig erscheinen, was sich in ihren weichen, beweglichen Zügen immer so unverhältnismäßig ausprägte, daß sie wie eine Niobe aussah, wenn sie sich über einen Regentropfen ärgerte. Nach des Urgroßvaters Reden mußte Ezard denken, er habe ihr Kummer bereitet, worauf er sofort gewillt war, es wiedergutzumachen. Da sie nun aber nie anders als in den Formen liebenswürdiger Höflichkeit miteinander verkehrt hatten, wußte er nicht recht, wie er es anzustellen habe, und verschob es so lange, bis Galeide den Kleinen zu Bett gebracht und noch neben ihm saß, während er im Einschlafen eine ihrer Hände umklammert hielt. Ezard pflegte, wenn er um diese Zeit zu uns kam, noch in das Schlafzimmer zu gehen und dem Sohne einen Gutenachtkuß zu geben; er setzte sich nun an diesem Tage, nachdem er es getan hatte, zu Galeiden auf den Rand des Bettes, ergriff ihre freie Hand und zog sie an seine Lippen, als wolle er damit um Verzeihung bitten. Sie waren dabei allein, doch habe ich viel später den Vorgang von ihnen erzählen hören; sie wußten beide noch genau zu sagen, wie in diesem Augenblick eine wohltuende Zufriedenheit über sie gekommen sei, so süß zu empfinden, wie sie noch nie zuvor etwas gefühlt zu haben glaubten. Sie blieben nebeneinander sitzen, bis meine Mutter hereinkam, um auch nach dem Kleinen zu sehen, und diese berichtete uns, wie die beiden einander glückstrahlend angesehen hätten, so daß sie sich jedenfalls ausgesöhnt hätten und nun alles in Ordnung sei. Sie erzählte es in Gegenwart meines Vaters und nicht ohne Absicht; denn sie war der Meinung, man müsse seinen unnatürlichen Wahnideen entgegentreten, indem man ihnen mit voller Unbefangenheit das richtige und gesunde Verhältnis, wie es sei und sein dürfe, entgegenhalte. Damit erwirkte sie aber nur, daß mein Vater zusammenzuckte, als ob er gerade das vernehme, was er gefürchtet habe und was ganz in das Muster seiner Ahnung hineinpasse. Zum ersten Male stimmten jetzt seine Befürchtungen mit der Wirklichkeit überein, was aber noch von keinem von uns geahnt wurde, so daß wir ihn noch immer als verblendet und von einem leidigen Hange zur Selbstquälerei befallen ansahen.

Indessen machte sich das seltsame und fürchterliche Schicksal bald für uns alle bemerkbar. An den Tagen, die diesem Unglückstage zunächst folgten, waren Ezard und Galeide von außergewöhnlicher Fröhlichkeit; das Glück strahlte ihnen aus den Augen, was sie auch taten, und wovon sie auch sprachen. Wir gaben uns dem angenehmen Einfluß hin, der von beglückten Menschen ausströmt, und genossen die goldene Laune, ohne ihrem Ursprung nachzufragen. Es konnte aber nicht wohl anders sein, als daß die beiden unseligen Menschen sich allgemach auf sich selbst und das, was mit ihnen vorgegangen war, besannen. Sie mochten sich anfänglich arglos dieser Zuneigung gefreut haben wie einer Blume, die in einer warmen Nacht aufgeblüht ist und am Morgen in ihrer Pracht dasteht, oder wie ein Kind die Weihnachtsbescherung anstaunt, die ihm ungesehene Hände, während es schlief, vor seinem Bettchen ausgebreitet haben. Aber die Liebe ist wahrhaftig einem Feuer zu vergleichen, insofern, als sie sich niemals begnügt, sondern stets mehr Nahrung will, sich reckt und riesenhoch anschwillt zu furchtbarer Schönheit und zum Verderben alles dessen, was ihr im Wege steht. Lucile kehrte bald von ihrem Ausflug zurück, einer Schwalbe gleich, die im Frühling ihr altes Nest aufsucht und es vom Unwetter oder von feindlichen Händen zerstört findet. Zwar empfing sie Ezard vergnügt und herzlich und teilte ihr alsbald mit, wie er endlich auf den rechten Blick für Galeide und ihre Schönheit geraten sei, und daß er nun, den oft geäußerten Wünschen Luciles entsprechend, ihr Freund und Bruder sei, wie Lucile selbst sich früher als ihre Freundin und Schwester betrachtet habe. Die Arme durchschaute besser als Ezard, wie es mit dieser vermeintlichen Freundschaft beschaffen war; sie hätte auch nicht einmal eine solche ruhigen und neidlosen Gemütes ertragen und hatte sie nur herbeigewünscht, weil sie, ihres Glückes sicher, sie sich gar nicht vorstellen konnte; aber es gehörte zu ihrer Eigenart, sich im Geiste untadelige, ja erhabene Rollen spielen zu lassen, denen sie in Wirklichkeit nicht gewachsen war.

Äußerlich ging indessen alles seinen gewöhnlichen Gang weiter, wie sich denn auch das Merkwürdigste und Erschütterndste peinvoller zwar, aber viel gemächlicher und selbstverständlicher erlebt, als es sich erzählt. Denn hernach weiß man bereits, wohin dies und jenes zielte, was man damals übersah oder falsch auslegte. Wenn auf einen hohen und breiten Berg viele Pfade und Pfädchen führen, so gerät man im Besteigen in Verwirrung, wagt bald diesen, bald jenen nicht zu nehmen, da man nicht absehen kann, wohin er einen bringt; unabsehbar scheint das, was vor einem liegt, und der Augenblick, wo man das Ziel erreichen könnte, unerreichbar. Ist man aber oben, so übersieht man das Gewebe der Straßen und entwirrt es; weswegen der eine Pfad vom Gipfel weg führte und der andere zum Gipfel hin, wird einem auf einmal klar, und es erfüllt einen mit Lust und Befriedigung. Man sieht auch, wo man irreging und woran es lag, daß man sich verspätete, daß man aber dennoch wieder auf den guten Weg gelangte. Die Zeit, die man brauchte, erscheint einem kurz, und man denkt, wie so leicht und einfach man das nächste Mal auf den Gipfel gelangen würde.

Damals nun empfanden wir zunächst nichts als ein großes Unbehagen; es war, als ob uns das frühere Glück zwischen den Fingern durchzusickern beginne und im Sande verlaufe. Wenn wir nun, wie es einmal üblich war, uns zu Familienzusammenkünften in den großen Gemächern einfanden, herrschte häufig eine beklemmende Stille, die jeder von uns sich zu unterbrechen bemühte, wodurch eine erzwungene und unerquickliche Lustigkeit entstand. Ezard und Galeide waren die einzigen, die ein vollkommenes Bewußtsein von dem hatten, was die Veränderung verursacht hatte.

Wir andern, unfähig und auch nicht willens, einen vollen Einblick zu gewinnen, beschuldigten zumeist meinen Vater mit seinem vergiftenden und belastenden Argwohn, aber auch Lucile mit ihrer, wie wir zu glauben vorzogen, unberechtigten Eifersucht. Denn Ezard und Galeide gehörten zu jenen glücklichen Menschen, denen man recht gibt und auf deren Seite man sich stellt, aus keinem andern Grunde, als weil das Schicksal und die Natur auf ihrer Seite stehen. Denn diese fragen nicht, wer recht habe nach den moralischen Grundsätzen der Menschen, sondern sie wissen, wer stark und lebensfähig ist, und den begünstigen sie. Daher erscheint der Stärkere oft roh, wenn er sich über ebenso gute oder bessere Menschen aufschwingt und wohl gar die Trümmer ihres Lebens zum Unterbau eines stattlichen Glückes benutzt.

Zuweilen freilich, wenn sich die verhaltene Leidenschaft der beiden Unseligen verriet durch einen Blick oder ein verschleiertes Wort, schrak man zusammen, und ich fühlte dann einen Groll gegen sie aufsteigen, weniger aus moralischer Entrüstung über den Frevel, als aus Ärger über die Friedensstörer. Aber das ging schnell vorüber, wenn sie unbefangen miteinander plauderten, und man gab sich willig von neuem der erwünschten Täuschung hin. Oder aber die innere Leidenschaft und Qual prägte sich auf den beiden ungleichen und doch verwandten Gesichtern so gewaltig und zugleich so vornehm aus, daß man sich erschüttert und zu ihnen hingezogen fühlte und sie gern gebeten hätte, ihren Jammer auszusprechen, damit wir alle den Hohn des Schicksals, das zwei füreinander geschaffen und dann auf ewig getrennt zu haben scheine, als ein gemeinsames Verhängnis beklagten und ertrügen.

Von uns allen war meine Mutter am meisten bedauernswürdig, denn weil sie eine Kinderseele hatte, so litt sie auch nach Art der Kinder, die sich nicht selbst helfen und raten können, trostlos und verschwiegen. Sie besaß auch jene Sehergabe der Kinder, mit der sie oft plötzlich und unabsichtlich Dinge durchschauen, die dem grübelnden Beobachter entgehen. Sie lebte wie Mignon ohne Sorg und Mühe, doch wie jene hatte sie Schmerz genug. Vieles davon aber erfuhr ich nie, doch kann ich es jetzt schmerzlich ahnen.

Krank war sie nie, solange ich zurückdenken kann, doch hatte sie, wie wir wußten, einen Herzfehler, der sich zwar nicht sonderlich fühlbar machte, aber doch bei Aufregung oder irgendwie ungeeigneter Lebensweise plötzlichen Tod herbeiführen konnte. Wir waren deswegen gewöhnt, alles von ihr fernzuhalten, was in ihren gewöhnlichen Lebensgang störend eindringen konnte. Wie nun aber in den letzten Jahren an allen unseren Verhältnissen gerüttelt wurde, konnte es nicht ausbleiben, daß auch sie davon berührt wurde. Mein Vater und mein Urgroßvater wachten allerdings über sie, als wäre sie ein heiliges Kleinod aus zerbrechlichem Glase; aber die angstvolle Besorgtheit meines Vaters bedrückte sie nur und war ihr zur Last, wie ein junger Vogel Licht und Freiheit entbehrt, wenn der mütterliche Flügel ihn allzu dicht und unablässig beschirmen will. Über das, was mit Ezard und Galeiden geschehen war, sprach sie selten, meist nur, um hastig zu betonen, wie gutartig und unschuldig ihr Verhältnis zueinander dem deutlichen Augenschein zufolge sei. Aber man konnte bemerken, daß sie eine heimliche Angst zurückdrängte, es sei doch anders. Sie war wie ein Kind, das nachts im Bette etwas Unheimliches in seiner Nähe wahrzunehmen meint und nicht den Mut hat, sich zu vergewissern, sondern den Kopf ins Kissen vergräbt. Einige Male fragte sie mich in einem Tone, der scherzhaft sein sollte, ob ich nicht finde, daß Ezard und Galeide mit ihrer neugebackenen Freundschaft etwas gar zu prahlerisch aufträten und ähnliches; da ich aber gut bemerkte, daß sie nur ihre Angst beschwichtigt wissen wollte, hatte ich nicht den Mut, etwas Ernstliches zu erwidern, sondern antwortete in der Weise, von der ich wußte, daß sie ihr am wohltätigsten sein würde.

Es war an einem kalten Tage im Monat Januar, daß meine Mutter von einem Unwohlsein befallen wurde, so daß sie sich, da der Arzt Ruhe empfahl, zu Bett legte. Mein Vater war schon seit geraumer Zeit in England, und wir verschwiegen ihm die kleine Erkrankung, da sie zu keiner Befürchtung Anlaß zu geben schien, um so lieber, als meine Mutter sichtbar aufzuatmen pflegte, wenn er die Last seiner Schwermut und seiner Sorgen nicht mehr wie einen schwarzen Trauermantel durch unsere Gemächer schleppte. Es ging jeder von uns seiner Arbeit und seinen Vergnügungen nach. Ich nämlich pflegte mein Leben damals so zu verbringen, daß ich gleichgültig oder widerwillig das Nötigste meiner Berufsgeschäfte erledigte und die übrige Zeit, besonders die Abende, im Kreise meist ziemlich oberflächlicher Bekannten mich auf ziemlich seichte Weise belustigte.

Deutlich erinnere ich mich eines Winterabends, wo der Schnee gleichmäßig vom weißlichgrauen Himmel sank, so daß alles von dem beweglichen, unermeßlichen Tuche verschleiert war, und es einen müde und traurig machte, hinauszusehen. Der Urgroßvater, Galeide und ich saßen am Bette meiner Mutter; Galeide und ich zum Ausgehen gerüstet, sie, um ein Konzert zu besuchen, ich, um an einer von meinen Kameraden veranstalteten Festlichkeit teilzunehmen. Ich hatte ihr angeboten, sie bis zum Konzerthause zu begleiten, was ihr nicht willkommen zu sein schien, so daß ich den Schluß zog, sie habe darauf gerechnet, mit Ezard zusammenzutreffen. Sie nahm meine Begleitung aber doch an, und wir waren zusammen in das Schlafzimmer meiner Mutter gegangen, um ihr gute Nacht zu wünschen. Sie lag lächelnd da und sah uns wohlgefällig an, froh darüber, daß wir unserm Vergnügen nachgingen. Da wir wußten, daß sie sich in Gesellschaft des Urgroßvaters stets am glücklichsten fühlte, verließen wir sie ohne Unruhe, obschon es über alle Maßen trübselig war in dem dämmernden Zimmer, wo jeder vom andern wußte, daß er geheime Angst in der Seele verbarg. Der Urgroßvater ahnte zwar nichts von dem, was Galeiden betraf; aber gewöhnt, die Züge meiner Mutter hinsichtlich ihres Wohl- und Übelbefindens zu beobachten und der geringsten Veränderung in den geliebten Zügen kundig, hatte er etwas darin gesehen, was ihm fremd, neu und schlimmer erschien als alles, was ihre bisherigen vorübergehenden Leiden mit sich gebracht hatten. Auch uns erschien, als wir ins Zimmer kamen, das Gesicht meiner Mutter seltsam und unkenntlich, aber wir schoben es auf das fahle Schneelicht, das durchs Fenster schien. Dennoch kam es mir vor, als sollten wir nicht fortgehen, und auch Galeide zögerte aufzubrechen und streichelte die marmorgelben Krankenhände, die unbeweglich auf der Bettdecke lagen. Der Urgroßvater aber in seiner Unruhe trieb uns zum Gehen an, und Mama nickte langsam zu seinen Worten. Ich fragte, ob ich nicht die Lampe anzünden solle, denn es war mir zuwider, sie allein in der Dunkelheit zurückzulassen, aber Mama wehrte ab, da sie dem Schnee zusehen wollte und den Raben, die am Fenster vorbeiflogen. So standen wir auf und beugten uns über die Kranke und küßten sie, wobei sie uns mit matten Augen gedankenvoll und doch wie aus weiter Ferne ansah, so daß es uns beklommen machte und wir anfänglich schweigend nebeneinander durch den Schnee gingen. Wir trafen bald, wie ich es erwartet hatte, auf Ezard, der uns unbefangen begrüßte und sagte, daß er auch ins Konzert gehe, und zwar ohne Lucile, die zu Hause bei den Kindern habe bleiben wollen. Er fragte sogleich nach Mama und sagte, daß er einem Versprechen gemäß, welches er unserm Vater einmal gegeben habe, in seiner Abwesenheit stets über sie zu wachen, bei dem Arzte gewesen sei; der habe aber nichts Bedenkliches in ihrem Zustande gesehen und ihn für eine Migräne erklärt, die nach seiner Berechnung in wenigen Tagen vorübergehen werde. Die Unterhaltung belebte uns wieder und vertrieb den bänglichen Eindruck, den wir empfangen hatten; doch mußte ich in den ersten Stunden das Bild des dunklen Krankenzimmers und des hohen Fensters, an dem der Schnee und die Raben vorbeiflogen, von meinen Augen wegscheuchen. Allmählich kam es nicht mehr, und die Nacht ging hin wie andere der Art, voll jener lärmenden Lust, die, so laut sie auch ist, doch kein Echo in der Seele haften läßt, das man gern einmal wieder erweckt, um ihm zu lauschen. Ich kam lange nach Mitternacht nach Hause, zwar keineswegs berauscht, aber doch übermäßig angeregt; zwei Freunde begleiteten mich, und wir schlenderten im lauten, lustigen Gespräch durch die Straßen. Vor unserer Gartentür verabschiedeten wir uns mit dem Versprechen, uns am folgenden Morgen in dem Wirtshause, wo wir gewöhnlich verkehrten, zu treffen. Ich war verwundert, die Haustür unverschlossen zu finden, und dachte, Galeide, die ja vor mir gekommen sein mußte, habe sie aus Unachtsamkeit offengelassen. Ich ging leise in mein Zimmer und machte Licht, doch fielen mir die Augen fast zu, und ich warf mich noch halb angezogen aufs Bett, so schwer war ich in allen Gliedern. Gleich darauf kam Galeide in mein Zimmer, blaß wie der Tod, und sagte: »Es ist gut, daß du da bist, Ludolf; es geht Mama sehr viel schlechter.« Ich starrte sie an und sah mit noch dumpfen Sinnen, daß sie mit der einen Hand einen Pfosten meines Bettes umklammerte, daß über ihr Gesicht unaufhörlich Tränen strömten, und daß sie noch das weiße Kleid und den goldenen Gürtel trug, womit sie sich für das Konzert geschmückt hatte. Es wurde mir sehr übel, obwohl ich mich noch nicht ganz auf das besinnen konnte, was am Tage vorgegangen war. Ich wollte fragen, vermochte es aber nicht, sondern schwankte stumm hinter Galeiden her. Als wir in das Krankenzimmer traten, wußte ich, daß Mama tot war, noch ehe ich sie gesehen hatte. In einem Lehnstuhl in der Ecke saß der Urgroßvater und weinte leise in sich hinein, wobei er zwischendurch schluchzte: »Mein Kind! Meine Süße! Meine Kleine! Mein Liebling!« Mir war aber nicht zum Weinen zumute, sondern zum lauten Herausheulen, denn ich wußte wohl, daß mich in meinem ganzen Leben, und wenn ich hundert Jahre alt würde, kein Mensch wieder so lieben würde, wie meine Mama es getan hatte, wie sie mir auch in der verwahrlosesten und wildesten Zeit meiner heillosen Jugend das einzig Himmlische und wahrhaft Geliebte gewesen war, und mir entschwanden fast die Sinne, wie sie nun leblos, nicht mehr sie selbst, dalag. Vor ihrem Bette kniend, verbarg ich den Kopf daran in einem Zustande von Starrheit, wo man lebend wie tot ist und seiner selbst unmächtig, aber der Außenwelt bewußt. Ich hörte Galeiden zu Ezard, welcher auch anwesend war, sagen, er möge das Fenster schließen, und ich begriff, daß es um meines lauten Jammerns willen war; aber es war mir nicht möglich, innezuhalten, noch meine Stimme zu mäßigen, obwohl ich mir vorkam wie ein winselndes Tier und mich vor mir schämte. Zuletzt wimmerte ich nur noch weiter und wußte kaum warum, und ich konnte mich nicht beruhigen, bis der Urgroßvater an mich herantrat, mir mit seiner leichten, zarten Greisenhand die Haare aus der Stirne strich und mit seinem tränenfeuchten Taschentuch mein heißes und ganz überströmtes Gesicht zu trocknen versuchte. Da wurde mir so zumute, als ob ich noch ein kleiner Junge wäre, und ich ließ mich gern von ihm bei der Hand nehmen und in ein anderes Zimmer führen und schlief zuletzt ein, während der alte Mann bei mir saß und wachte; wie er denn niemals unter irgendeinem Schicksalsschlag erlahmte oder sich schwach zeigte, solange ein anderer in seiner Umgebung schwächer und hilfsbedürftiger war.

Am anderen Tage erfuhr ich, daß der Urgroßvater, nicht lange, nachdem er meine Mama verlassen hatte und eingeschlafen war, durch einen schweren Fall in ihrem Zimmer geweckt wurde; da er voll Schrecken zu ihr eilte, fand er sie bewußtlos am Boden liegen in der Nähe des Fensters, das sie kurz vorher geöffnet haben mußte. Eines unserer Dienstmädchen, das sofort zum Arzt eilte, begegnete im Garten Ezard und Galeiden, woraus sich einigermaßen erklären lassen konnte, was vorgegangen war. Denn wir zweifelten alle nicht daran, daß meine Mama, welche vielleicht noch nicht geschlafen hatte oder durch Schritte oder Stimmen der Ankommenden geweckt war, von irgendeinem bänglichen Gefühl bewogen, das Fenster geöffnet hatte, um sie zu sehen. Das Fenster ging gegen die Tiefe des Gartens; es ist möglich, daß Ezard und Galeide, da sie sich allein glauben konnten, dort noch auf und ab gingen in ihrer unseligen Leidenschaft verloren, vielleicht auch derselben in Haltung und Gebärden Ausdruck gaben, und daß Mama sie erkannte; es war eine mondhelle Nacht. Die eisige Winterkälte schlug ihr entgegen, die im leichten Nachtkleide dastand; aber besonders mag ihr die Erscheinung dieser frevelhaften Liebe, mitten in der Nacht im verschneiten Garten furchtbar verhängnisvoll sich darstellend, das Herz zusammengepreßt haben, daß sie die Besinnung verlor. Aber dies waren doch nur unausgesprochene, peinvolle Vermutungen; daß Ezard meine Schwester nach dem Konzert nach Hause begleitet hatte, das einzig Gewisse, war durchaus natürlich und unauffällig. Die beiden besorgten alles, was an Formalitäten mit jedem Sterbefall zusammenhängt; sie sorgten auch dafür, daß unser Vater von dem, was geschehen war, sofort und mit möglichster Schonung unterrichtet wurde, und alles das taten sie mit großer Fassung und in der zartesten Weise, daß es von selbst zu gehen schien.

Mein Vater kam in der Nacht, die dem Begräbnistage voraufging, bei uns an, und seine Gegenwart ließ sich sofort wie ein Alp auf dem schlummernden Hause nieder. Während wir bisher den natürlichen und darum erträglichen Schmerz um den Tod einer angebeteten Mutter empfunden hatten, gesellte sich nun eine dumpfe Beklommenheit dazu. Denn in meinem Vater stellte sich jedwedes Unglück wie in einem vergrößernden und entstellenden Spiegel dar, und da er als das Haupt der Familie unseren Mittelpunkt bildete, konnte es nicht anders sein, als daß sich das entsetzliche Spiegelbild uns fühlbarer einprägte als die Wirklichkeit. Hiervon war zumeist Galeide betroffen, die er nicht von seiner Seite ließ, und die in jener ersten Nacht, da er sich unfähig fühlte zu schlafen, mit ihm wach bleiben mußte, was er zwar auf keine andere Weise als durch einen flehenden Blick oder überhaupt sein ganzes trostlos erschüttertes Wesen von ihr forderte. Da am anderen Tage schon früh Bewegung im Hause und wegen des Begräbnisses vielerlei zu besorgen war, dazu die Gäste zu empfangen waren, was alles hauptsächlich Galeiden zur Last fiel, befand sich diese, als es Abend wurde, in einem Zustande von Übermüdigkeit, daß ihr Anblick einen jeden von uns mit Mitleid erfüllte.

Indessen schien unser Vater in der Übermacht seines Schmerzes nichts davon zu bemerken und saß beständig neben ihr, ihre Hände in seinen haltend, als wäre sie ein Gegenstand, den ihm die Verstorbene als Andenken und einziges teures Vermächtnis hinterlassen habe. Ich hatte schon im Verlauf des Tages bemerkt, daß Ezard dies mit Unwillen ansah und öfters einen Vorwand suchte, um meine Schwester von der Seite des Vaters wegzurufen. Er äußerte auch gegen uns, daß unser Vater sich seiner Meinung nach seinem Schmerze allzusehr und mehr, als einem gesunden Menschen gezieme, hingebe und sich in weichlicher Empfindsamkeit gehenlasse, worin ihm Galeide widersprach und fand, daß es unrecht sei, ihm schon heute seine Tränen nachzurechnen. Dadurch schien Ezard nur noch mehr aufgeregt zu werden, und als Lucile der Kinder wegen am Nachmittage nach Hause ging, konnte er sich nicht entschließen, mit ihr zu gehen, sondern blieb noch bei uns, was auch nichts Auffallendes an sich hatte, da er als unser naher Verwandter wohl das Recht und die Pflicht hatte, uns zur Seite zu stehen. Wir nahmen ein schweigsames Abendessen ein, wobei Ezard Galeiden, die wieder neben Papa saß, unablässig mit flammendem Blick eindringlich betrachtete, außerstande oder ohne den Willen, sich zu beherrschen. Es fiel mir da zum ersten Male auf, wie sehr er sich verändert hatte, und wie die Leidenschaft in seiner ganzen Person, in seinen Gesichtszügen, seiner Haltung zum Ausdruck gelangt war. Als es nun so spät war, daß er nicht wohl länger bei uns bleiben konnte, und unser Vater doch nicht Miene machte, Galeiden von sich zu lassen, entschloß er sich, selbst dazwischenzutreten, wozu ihn auch der Urgroßvater mit beifälligen Blicken ermunterte. Indem er sich an meinen Vater wandte und ihn aufforderte, sich zur Ruhe zu begeben, da es seine Pflicht sei, an seine Gesundheit zu denken, vor allem aber Galeiden zu schonen, die seit dem Tode unserer Mutter kaum geschlafen habe und von der ununterbrochenen Aufregung ohnehin aufgerieben sei, überkam mich ein jähes Erschrecken, so schön und furchtbar sah er aus, wie man sich etwa Luzifer denken mag, den gestürzten Engel. Ich fragte mich: ist es möglich, können in unserem Hause die Gefühle schon so verwildert sein, daß Ezard in frevelhafter Eifersucht gegen Galeidens Vater entbrennt und die Äußerungen ihrer kindlichen Liebe anzusehen nicht mehr ertragen kann? Schon während des Tages hatten mich ähnliche Gedanken versucht, aber ich hatte sie scheu zurückgewiesen. Doch was sich in Ezards Gesicht ausprägte, war nicht zu mißdeuten, und mein Vater erkannte es sofort, wie man seinen Augen ansehen konnte, die er langsam und bedeutungsvoll zwischen Ezard und Galeiden hin und her gehen ließ. Er erhob sich, so daß er Ezard, der ein wenig kleiner, aber nicht so breit gebaut war, dicht und mächtig gegenüberstand, und sagte: »Du sollst mir nicht Mangel an Selbstbeherrschung vorzuwerfen haben, mein Neffe Ezard!« Dann wandte er sich mit einem kurzen Gutenacht an uns, ohne von Galeiden besonders Abschied zu nehmen, und ging schweren Schrittes in sein Schlafzimmer. Galeide sah ihm nach und sagte uns, indem sie aufstand, mit tonloser Stimme gute Nacht, wobei sie Ezard nicht ansah; er rief sie aber bei Namen, als sie schon in der Tür stand, und streckte ihr mit verzweiflungsvoller Gebärde die Hand hin, worauf sie ihm auch schnell und heftig die ihre reichte, dann aber sogleich das Zimmer verließ, wie es uns schien, um ihre hervorbrechenden Tränen zu verbergen. Der Urgroßvater bedauerte sie in zärtlicher Weise und erging sich in tadelnden Bemerkungen über unseren Vater, der sich stets zu sehr in selbstsüchtiger und, wie der Urgroßvater zu sagen pflegte, orientalischer Weise seinen Gefühlen überlasse und die arme kleine Galeide, wie vormals ihre Mutter, mit seiner Liebe erdrücke. Ezard verabschiedete sich nun auch. Aber vom Fenster meines Schlafzimmers aus sah ich ihn durch den verschneiten Garten irren, als wolle er seiner Leidenschaft Herr werden, bevor er zu Frau und Kindern heimkehre, und der Gedanke an den rastlos Umhergejagten dort unten nahm mir lange die Ruhe.

Als ich nach Mitternacht die Gartentür sich leise bewegen hörte, dachte ich, daß er nun gegangen sei, und schlief ein.

Unter den Gästen, die gekommen waren, um meiner Mutter die letzte Ehre zu erweisen, befand sich auch die jüngste Tochter meines Urgroßvaters, welche in einer mitteldeutschen Stadt verheiratet war, mit einer ihrer Töchter, einer Kusine also meiner Mutter, aber erheblich jünger als diese; sie mochte wenig älter als Galeide sein. Sie lebte in ihrer Heimat in einem Kreise, der zwar der guten Gesellschaft angehörte, an echter Bildung aber hinter dem unserigen zurückstand, und da sie, vielleicht von ihrem Großvater, unserm Urgroßvater her, ein reges Streben nach Höherem in sich hatte, fühlte sie sich zu uns hingezogen und dachte sich das Paradies bei uns, um so mehr, als sie nur eine unbestimmte Vorstellung von uns hatte; denn sie war nur einmal als Kind bei uns gewesen. Mir sagte sie nicht sonderlich zu; sie war wohl hübsch, aber mir schien sie zu puppenhaft, und ihr Wesen fand ich kindisch; besonders sah ich ihre Art, allem, was sie für schön oder gebildet oder ungewöhnlich hielt, nachzujagen, für ein Zeichen äußerster geistiger Unreife an. Da es in unserem Hause um die Zeit sehr düster herging, nahm sie gern die Einladungen anderer Verwandten an und war auch häufig bei Ezard und Lucile, welche eine sichtbare Freundschaft für sie entfaltete. Daß sie Eva, so hieß die Kusine, auf alle Art mit Ezard zusammenzubringen suchte, geschah vielleicht einerseits, um den Leuten zu zeigen, daß sie auch auf das hübscheste Mädchen der Welt nicht eifersüchtig sei, sodann aber vielleicht auch in der Hoffnung, Ezard könne durch eine leichte ungefährliche Tändelei von Galeiden abgeleitet werden. Ezard indessen bekümmerte sich nur so viel um sie, wie die Höflichkeit von ihm verlangte, und beschnitt auch das noch so sehr, daß das verwöhnte Wesen, das durch Luciles Verfahren ausreichend Gelegenheit bekommen hatte, Ezards Vorzüge kennenzulernen, sich empfindlich dadurch verletzt fühlte. Da nun auch ich ihr in keiner Weise huldigend begegnete, und der Urgroßvater nicht etwa zu ihren Gunsten davon abließ, Galeiden zu verhätscheln, wurde ihre Eitelkeit aufs ärgste gereizt, und sie klammerte sich an die Aufmerksamkeiten, die ihr von Onkel Harre geboten wurden. Denn dieser pflegte an dergleichen niedlichen Geschöpfen Wohlgefallen zu haben, welche im Grunde doch mehr ihn verehrten, als er ihnen huldigte, da sein Alter und seine geistige Bedeutung eine Überlegenheit mit sich brachten, die nicht einmal durch etwelche Verliebtheit seinerseits auszugleichen war. Die Neigung eines so angesehenen, geistreichen Mannes mochte für ein ehrsüchtiges, unerfahrenes Ding etwas sehr Schmeichelhaftes haben, und abgesehen davon vermehrte sein Alter eher die Anziehung, als daß es sie verringerte; wie denn viele junge Mädchen infolge einer Mißleitung und Verkünstelung der Gefühle das Entgegengesetzte, eigentlich Unpassende lieben, während die weise und reine Natur stets das Gleiche dem Gleichen, die Jugend der Jugend zugesellt. Wie stark Evas Herz überhaupt an dieser ganzen Sache beteiligt war, will ich mich nicht vermessen ergründen zu können; es ist so viel sicher, daß sie selbst danach trachtete, den Onkel an sich zu fesseln, und daß, da sie ihn nach kurzer Zeit als ihren Verlobten aufweisen konnte, in ihrem Wesen mehr triumphierende Eitelkeit als innerliche Beseligung ausgeprägt war.

Wie leicht einzusehen ist, waren wir alle nicht nur nicht einverstanden mit dieser Verlobung, sondern wir betrachteten sie als ein unsinniges Beginnen und eine abscheuliche Lächerlichkeit, ausgenommen Lucile, welche sofort mit ihren Grundsätzen bei der Hand war, denen zufolge man sich in Liebesangelegenheiten nie einzumischen habe, sondern jeden Menschen sich das Glück auswählen lassen müsse, was ihm selbst das angemessenste für sich zu sein scheine. Dies predigte Lucile mit großem Nachdruck zu unser aller unverhohlenem Erstaunen, da sie keinem ihrer Grundsätze so beständig zuwiderhandelte, indem sie alle Menschen nach ihren Einbildungen und Idealen umzumodeln strebte. Nebenbei hoffte Lucile, auch eine Verbündete gegen Galeiden und überhaupt einen Gegenstand zu gewinnen, an dem sie ihr und der ganzen Familie zeigen könne, wie sie eine Freundin behandle, die ihre Neigung verdiente. Über alle Maßen war der Urgroßvater empört, da er ohnehin Onkel Harre nicht leiden mochte, und auch deshalb, weil alles ohne sein Zutun, vielmehr überraschend für ihn gekommen war, was er nicht gut vertragen konnte und als eine Auflehnung und persönliche Kränkung ansah. Er nahm sich nun vor, diese abgeschmackte Verbindung wieder auseinanderzubringen, und glaubte das ohne weiteres durch begründende und andere Worte erreichen zu können. Wie nun das nicht zu dem gewünschten Erfolge führte, vielmehr Eva noch in ihrer Überzeugung bestärkte, daß sie etwas Romantisches, Ungewöhnliches tue, erbitterte er sich mehr und mehr, und weigerte sich in der ersten Zeit, Onkel Harre überhaupt zu sehen, was denn die leidigen Verhältnisse in unserer Familie noch beträchtlich verschlimmerte. Mein Vater stand auf dem Standpunkte, daß es schmählich und gefühllos sei, sich sein Glück gewissermaßen vom Leichenhause wegzuholen, eine Auffassung, die Galeiden und mir so empfindsam erschien – da meine Mutter weder Onkel Harre noch Eva so überaus nahgestanden hatte, und eine Verlobung doch auch nicht als Lustbarkeit oder Vergnügungssucht anzusehen ist –, daß wir geneigt wurden, das Geschehene zu billigen; so kann ein törichter oder für töricht gehaltener Verdammungsgrund zuweilen eine an sich mißfällige Sache wieder beliebt machen.

Je mehr die Brautleute sich angegriffen sahen, desto eifriger betrieben sie ihre Verbindung, und es war ja in der Tat bei dem Alter meines Onkels nicht geraten, dies Ereignis noch weiter hinauszuschieben. Als wir uns zur Trauung in die Kirche begaben, dachte wohl ein jeder von uns an die frohe Gelegenheit, die uns zuletzt an diesem Orte versammelt hatte, die Taufe des kleinen Harre. Dieser trippelte jetzt auf den besonderen Wunsch von Eva und Lucile vor dem Paare her, was uns anderen aufs bitterste zuwider war, da es die unliebsame Vorstellung veranlaßte, daß der Bräutigam des kleinen Blumenstreuers Großvater war. Sie hatten es sich aber nicht ausreden lassen, und Lucile suchte überhaupt etwas darin, zu betonen, daß dies eine Hochzeit sei wie jede andere und auch nach derselben Art gefeiert werden müsse; obwohl doch eine stille und ernste Feier schon deswegen am Platze gewesen wäre, weil alle Verhältnisse im Leben unserer Familie mehr betrübend als erfreulich waren. Mein Vater war nicht zu bewegen gewesen, auch nur an der kirchlichen Feier teilzunehmen, zum großen Ärger des Urgroßvaters, welcher freilich die Heirat noch ebenso mißbilligte, aber doch dem Feste von Anfang bis zu Ende beiwohnte, nicht zum wenigsten, um meinem Vater zu zeigen, wie man die Pflichten gegen die Lebenden und gegen die Toten miteinander in Einklang bringen müsse. Ezard und Lucile schritten hinter dem Brautpaar her, Lucile glücklich, daß sie sich öffentlich am Arme ihres Mannes zeigen konnte, Ezard dagegen sehr ernst; denn er sah voraus, daß diese Heirat seinen Vater nicht dauerhaft befriedigen könne, im Gegenteil unglücklich machen würde; so mißbilligte er die Verbindung aus dem richtigeren und besseren Grunde als wir andern. Dazu kam, daß Galeide an meiner Seite dicht hinter ihm her ging; das mochte ihn in quälende Erregung versetzen. Die Frauen unserer Familie waren der Trauer wegen alle ganz in Weiß gekleidet, ohne irgendeine besänftigende bunte Schleife oder Blume, und dieser Anblick schon war geeignet, die Gemüter niederzudrücken. Indessen war das schlimmste, daß jeder von uns ein schweres Herz hatte, und auch das Glück der Brautleute nicht ganz natürlich erschien, obwohl beide auf eine Art freudig gestimmt sein mochten. Das Essen wurde wie bei der Taufe in Ezards Hause gegeben, weil es Lucile so verlangt hatte, und Ezard, seit er sich wegen seiner frevelhaften Leidenschaft ihr gegenüber schuldig fühlte, ihr weniger als je in ihren Wünschen entgegentreten mochte. Lieber hätte er aus Rücksicht auf meinen Vater den Schein vermieden, als ob er ein Freudenfest veranstalte; freilich ließ sich voraussehen, daß es keineswegs fröhlich dabei hergehen würde. Mir machte es den Eindruck, als ob Eva mit der Liebe ihres Bräutigams großtun wolle, und zwar besonders Ezard gegenüber, den sie zuweilen erwartungsvoll ansah wie ein Kind, das einen tollen Streich ausgeführt hat und dafür getadelt oder bewundert, am liebsten beides zugleich, sein will. Ohne Zweifel mußte sie gewahren, daß er das gar nicht beachtete. Mir wenigstens entging nicht, obwohl er sich Mühe gab, die Pflichten eines Wirtes in liebenswürdiger Weise zu erfüllen und auch den Fernerstehenden aufgeräumt genug erscheinen mochte, daß er im Innern kämpfte und litt. Ich bemerkte auch, daß seine Augen zuweilen mit langem, heißem Blick nach Galeiden hinüberstreiften, die in einiger Entfernung von ihm saß, und daß sie seine Blicke in einer Art erwiderte, die mir unzweifelhaft erscheinen ließ, es müsse ein näheres Einverständnis zwischen ihnen bestehen, als irgendeiner von uns wisse.

So viel wußte ich mit Sicherheit, daß sie sich heimlich zu treffen suchten; denn als ich einmal in der Dämmerung, da es ein feuchter, warmer Märzabend war, auf den Kirchhof zum Grabe meiner Mutter gegangen war, hatte ich auf dem spärlich überwachsenen Hügel zwei Menschen sitzen sehen und erkannt, daß es Ezard und Galeide waren. Ich hätte mich am liebsten entfernt, doch schämte ich mich der Feigheit, ging auf sie zu und sagte mit Schärfe: »Es ist schön von euch, daß ihr so fleißig an Mama denkt.« Sie blieben Hand in Hand sitzen und sahen mich ruhig an, und Galeide sagte, als wolle sie auf den tieferen Sinn meiner Worte antworten, mit trauriger Stimme: »Wir wissen wohl warum«; so daß ich kein herbes Wort ferner über die Lippen brachte und den Blick vor mich nieder auf das Grab kehrte. Ich hatte eine Handvoll Veilchen mitgebracht, die ließ ich nun langsam zwischen den Fingern durch auf den Hügel fallen und sah ihnen zu, ohne zu wissen, was ich tat in meinen finsteren Gedanken. Nachdem ich eine Weile so gestanden hatte, erhoben sie sich, und wir gingen zusammen fort, wobei wir uns von gleichgültigen Dingen unterhielten. Da wurde ich wieder irre und dachte, es sei auch möglich, daß sich ihre Leidenschaft in eine heilige Freundschaft verklärt habe. Immer aber, wenn ich ein Wort oder einen Blick auffing, den sie selbstvergessen wechselten, verstärkte sich mein früherer Verdacht, und so schwankte ich in meinem Urteil unklar hin und her.

Onkel Harre und Eva begaben sich auf eine Hochzeitsreise, die sie lange auszudehnen beabsichtigten. Anstatt dessen kamen sie schon nach kurzer Frist wieder, nicht etwa, weil sie sich nach ungestörtem häuslichem Glück sehnten, sondern um in Arbeit und Geselligkeit die Enttäuschung zu verwinden, die sich ihnen bereits aufgedrängt hatte. Für Onkel Harre war das nicht schwer; denn die Kraft und Lust zur Arbeit, die ihm eigen waren, verschafften ihm so reichliche und edle Genüsse, daß er eine innere Heiterkeit davontrug, ohne vom häuslichen Leben noch Anregung zu bedürfen oder Störungen zu erleiden. Überhaupt war er eine Natur, die allenfalls häuslichen

Lebens und Friedens, nicht aber der Tätigkeit und geistiger Taten entraten konnte. Trübseliger war Evas Los; denn da sich ihre überschwenglichen Träume von der Wonne des Lebens in der Liebe nicht erfüllten, wußte sie nicht aus noch ein, fing bald dieses, bald jenes mit leidlichem Eifer an, wozu sie klug genug war, aber da ihr alle Vorbedingungen fehlten, um es in irgendeiner Sache weit zu bringen, reichte es nicht aus, ihre Seele zu ernähren oder nur wahrhaft zu erquicken.
Infolgedessen nahm die Lust und Zuversicht, die sie ins Leben gesetzt hatte, bald ab, und sie wurde ein zaghaftes Mädchen; denn daß sie Frau war, kam einem gewöhnlich nicht in den Sinn. In diesem Zustande gefiel sie mir bei weitem besser als vorher. Es traf sich eines Tages, daß ich sie allein zu Hause fand, als ich kurze Zeit vor ihrer ersten Entbindung einen Besuch bei meinem Onkel machen wollte. Da saß sie in einem kleinen, buntgestickten Stühlchen, stand nicht einmal auf, als ich eintrat, sondern sah mich hilflos mit weit offenen Augen an, aus denen dicke Tränen so hastig herausstolperten, als ob sie sich schämten und sich verbergen wollten, eine hinter der anderen. Dieser Anblick brachte mich einigermaßen in Verlegenheit, und da ich nichts anderes zu tun wußte, setzte ich mich an den Flügel, der im Zimmer stand, und spielte einige hübsche, sanfte Melodien, drehte mich dann mit dem Klavierstuhl herum, um zu sehen, in welchem Zustande sie nun wohl wäre. Nun weinte sie zwar noch viel mehr als vorher, aber sie lächelte dazu und bedankte sich vielmals und sah mich auch ganz dankbar und froh an. Also fand ich es nun geeignet, sie zu fragen, warum sie denn geweint habe, und ob ihr etwas fehle. Worüber sie rot wurde, dann aber lachte, daß es tönte wie ein liebliches Geläut, und sagte, es sei ihr so angst gewesen, und sie habe sich ausgemalt, daß sie sterben müsse, wenn nun das Kind geboren würde, und habe sich mitsamt dem herzigen Geschöpf im Sarge liegen sehen und die andern darum herumstehen; es habe aber niemand geweint, ausgenommen der Urgroßvater ein ganz klein wenig, und das habe sie so gerührt, daß sie darüber selbst ins Weinen geraten sei. Ich gab ihr das bestimmte Versprechen, in einem solchen Falle nicht nur zu weinen, sondern ein förmliches lautes Schluchzen zu

erheben, worüber sie eine ernstliche Zufriedenheit an den Tag legte, und indem sie mich neugierig prüfend betrachtete, legte sie den Kopf ein wenig auf die Seite wie ein Vögelchen und glich dabei meiner Mama und auch Galeiden. Ich empfand eine wahrhafte Zärtlichkeit für das liebe weiße Gesicht, und die Reue über meine bisherigen ungerechten Auffassungen mischte eine besonders reizvolle Würze hinein. Daneben regte sich sofort ein Groll in mir gegen Onkel Harre, den Urgroßvater, meinen Vater, Galeiden, daß sie sich nicht genügend um das zugeflogene Täubchen bekümmerten. Als ich dies zu Hause zu verstehen gab, erregte ich anfangs einiges Befremden, aber meine Schilderung von dem einsamen Kummer der jungen Tante, dessen Ursache sie mir so treuherzig gestanden hatte, rührte sogleich alle Gemüter zu Evas Gunsten, und sie nahmen Partei gegen Onkel Harre; wie es denn die Art kräftig angelegter Menschen ist, sich in einem Zwiespalt stets desjenigen anzunehmen, der darin den kürzeren zieht, selbst wenn derselbe sein Unglück durch vorhergehenden Übermut oder Schwäche und Hilflosigkeit selbst auf sich herabgezogen zu haben scheint.

Besonders der Urgroßvater und Galeide entfalteten von jetzt an eine werktätige Liebe für Eva, während mein Vater sich mehr und mehr zu Lucile hielt. Denn mit dieser verband ihn der gemeinsame Gram über Ezard und Galeiden, welchen sie zwar beide verschieden auffaßten, indem Lucile alle Schuld auf meine Schwester wälzte, mein Vater dagegen sich überzeugt hielt, Ezard habe sozusagen gewaltsam ihm Galeidens Herz entfremdet. Trotzdem wußten beide, daß sie bis zum letzten Atemzuge der Entwicklung dieser Neigung entgegenstreben würden, und das zog sie zueinander. Indem sie sich nun immer mehr von uns abwandten und Lucile das Gefühl ihres Verlassenseins durch Schärfe und Bitterkeit, mein Vater durch zunehmende Schwermut ausdrückte, wurden sie von uns auch weniger gesucht, so daß sie sich zuletzt wirklich in einer kalten Einsamkeit befanden, ohne doch aneinander viel Trost und Beglückung zu finden. Denn in Wahrheit dachte Lucile beständig an Ezard und mein Vater beständig an Galeiden, jeder an den Menschen, den der andere am meisten auf der Welt haßte. So lebten sie in einem beklagenswerten Zustande, und obwohl ich mir damals, wo ich häufig unter ihrer Gemütsstimmung zu leiden hatte, einzureden suchte, sie hätten das alles selbst verschuldet, kann ich ihrer jetzt niemals gedenken, ohne daß mein Herz sich schmerzlich zusammenzieht; und ich meine, ich müßte vergehen, wenn ich ihnen nicht ein liebendes Wort ins Grab hinunterrufen könnte, daß sie es hörten. Der Lebende in seiner Selbstsucht sucht nicht sowohl die Glücklichen und Unglücklichen auf, die in ihrem eigenen Schicksal versinken, als die weniger oder stiller Erlebenden, die auch noch Teilnahme für andere, nämlich für einen selbst haben. Aber der, welcher verzichtet hat, sieht die Dinge anders an und begreift nicht, wie er so hastig an einem nahen Leiden vorübergehen konnte, nur damit ihm nicht eine salzige Träne in den Becher falle und den guten Wein verbittere. Jetzt würde ich ein Meer von Tränen trinken, wenn ich damit erreichen könnte, daß mein Vater die seinigen nicht geweint hätte, oder daß sie ihm an einem Orte der Seligkeit als Himmelstau wiedergegeben würden. Es ist vorbei. –

Es ist unsäglich, was mein Vater einsam gelitten haben muß. Es soll vorkommen, daß Ärzte aus dem Zustande eines Leichnams, den sie sezieren, den Grad der Schmerzen ermessen können, die der Lebende erlitt; in solcher Weise erkenne auch ich jetzt erst, da ich das Vergangene ganz überblicke, wieviel elender es in ihm ausgesehen haben muß, als wir annehmen wollten. Denn es ist nicht anders möglich, als daß er den Sturz des guten alten Hauses, das seinen Namen trug, lange voraussah, und trotzdem arbeitete er weiter, unermüdlich und bis zur Erschöpfung, und was das bitterste war, ohne Hoffnung. Davon sagte er zu niemandem etwas, was freilich ein Vergehen war, aber welches ihm vorzuwerfen mir, seinem Sohne, nicht ziemt. Was für Menschen müssen wir gewesen sein, daß er nicht wagte, die Standhaftigkeit unserer Liebe in einem Feuer des Leidens zu prüfen! Schienen wir nur den Ernährer in ihm zu schätzen? Es überläuft mich und durchschauert mich bis ins tiefste Mark, wenn ich mir solche Fragen stelle. Damals aber lebten und dachten wir nur von Augenblick zu Augenblick. Galeide und ich atmeten leichter, wenn unser Vater sich des Geschäftes wegen auf weite Reisen begab. Wir waren dann so gut wie allein in dem großen Hause und trieben es, wie es uns behagte. Galeide bekümmerte sich nur ziemlich obenhin um die Haushaltung, las auch viel, besonders aber war ihr die Laune gekommen, das Geigenspiel zu erlernen, und dahinein setzte sie einen auffallend starken und dauernden Eifer. Unser Vater pflegte sie beständig zu bestürmen, daß sie sich von ihm beschenken ließe, und damit wollte er, wenn auch nicht ihre Liebe erkaufen, doch der seinigen Ausdruck geben, und er war überselig, wenn sie einmal einen Wunsch hatte. Zumeist wollte sie aber nichts haben oder nur geringfügige Dinge, denn sie war einsichtig genug, um überflüssige Ausgaben gern vermeiden zu wollen, aber um die Geige und den dazugehörigen Unterricht ließ sie sich zu bitten herbei, ja zu betteln, ängstlich und verschämt wie ein Kind. Papa hätte daraufhin ohne Zögern ein solches Instrument aus dem lebendigen Höllenfeuer herausgeholt, wenn er es anderswoher nicht hätte erlangen können.

In unserer Familie war fast ein jeder musikalisch, und zwar, wie ich wohl sagen darf, in einem besseren Sinne, als er dem Worte gewöhnlich untergelegt wird. Ich weiß nicht, warum es keinem von uns eingefallen war, sich diese Kunst als Beruf zu wählen, es sei denn, daß wir sie zu sehr liebten, um sie ins Alltägliche herabzuziehen. Ezard spielte das Klavier so schön, daß er ohne Zweifel etwas Großes darin erreicht hätte, wenn er neben seiner Ausdauer auch Zeit darauf hätte verwenden können, und mir, wenn ich es auch in meiner Trägheit und Flüchtigkeit nicht dazu brachte, etwas Tadelloses zu leisten, war doch die Musik das Schönste im Leben, die Freundin und Trösterin, vor der ich kniete und in deren Schoß ich mein Haupt legte, ohne mich zu schämen. Anfangs war es mir eine Widerwärtigkeit, daß Galeide das Geigenspiel erlernte; denn es gab nichts als greuliche Mißtöne, und edle, mir werte Lieder als Jugendstücke bearbeitet, mit kärglichem Striche mühselig vorgetragen. Aber es läßt sich nicht leugnen, daß sie rasch auf eine Stufe gelangte, wo es weniger kümmerlich zuging, so daß ich sie nicht ungern auf dem Klavier begleitete, wobei wir immer innig froh und zufrieden miteinander waren. Wir hatten in unserm Hause ein Musikzimmer, in dessen Mitte der Flügel stand, der abends durch einen darüberhängenden Kronleuchter beleuchtet wurde. Die Wände waren abgeteilt in Fenster und hohe Spiegel, welche die ganze Höhe des Zimmers hatten und unser Bild wiedergaben, wenn wir musizierten. Ich erinnere mich, daß ich häufig einen Blick auf Galeidens geigendes Spiegelbild warf, weil sie mir da um vieles besser gefiel als in Wirklichkeit. Das erste Stück, was wir zusammen spielten, war: Lang, lang ist's her! Weil sie den Bogen noch sehr zaghaft führte, klang es, wie etwa wenn einer unter Tränen singt, was sich nicht übel für dieses Lied eignete und die Ursache war, daß ich es nie von ihr hören konnte, ohne tief im Innern gerührt zu werden. In diesem Augenblicke ist es mir, als käme die so oft gehörte Melodie noch einmal durch das offene Fenster zu mir herein mit langgezogenen, betrübten Geigentönen; es ist aber wohl nichts als das Schalmeien eines Hirtenbuben auf den Bergen gegenüber.

In dieser Zeit gerieten Ezard und Galeide immer tiefer in ihre Liebesleidenschaft hinein, was ich zwar damals nur dumpf empfand, aber keineswegs so genau wußte, wie ich es jetzt leider alles weiß. Zuweilen schien es mir, als ob Galeide darauf warte, daß ich fortgehe, damit sie mit Ezard allein zusammen sein könnte, aber ich forschte nicht weiter nach, weil ich mich fürchtete. So waren sie oft in dem großen, fast leeren Hause allein miteinander, zuweilen ganz öffentlich, indem sie miteinander musizierten, zuweilen ohne daß es irgend jemand wußte. In der Zwischenzeit lebten sie in ziemlich guter Haltung dahin und versuchten wie alltägliche Menschen aufzutreten, wodurch sich auch Lucile gern beschwichtigen ließ, so daß sich äußerlich ein besseres Verhältnis herstellte. Aber für Ezard und Galeiden war das nur durch die grausamste Verstellung und beständiges quälendes Ansichhalten möglich, und sie suchten in ihrer Verzweiflung allerhand Auswege, um es sich zu erleichtern.

Es war damals bei Gelegenheit einer Typhusepidemie auf das

schlechte Trinkwasser in unserer Stadt aufmerksam gemacht worden, und der Senat kam überein, daß eine sorgfältige Untersuchung und eindringliche Besserung durchgeführt werden sollte. Zu diesem Zwecke wurde eine Kommission eingesetzt, welche zunächst die Wasserleitungen und diesbezügliche Einrichtungen in anderen Städten studieren und vergleichen sollte; Onkel Harre stand an der Spitze derselben. Er brachte auch gleichzeitig den Gedanken vor, daß die alte Medizinalordnung, welche durchaus nicht mehr genüge, durch eine neue ersetzt werden müsse, und zwar in der Art, daß sie möglichst mit den andern des Deutschen Reiches übereinstimme, soweit sie brauchbar erschienen. Hierdurch kam Ezard auf den Gedanken, seinem Vater einiges von der dazu erforderlichen Tätigkeit abzunehmen; daß er sich dazu mancherlei neue Kenntnisse erwerben mußte, zog ihn besonders an, da es ihm anregende Beschäftigung zu versprechen schien, ganz besonders aber dachte er, die Reisen, die in dieser Angelegenheit gemacht werden mußten, zu unternehmen und für seine persönlichen frevelhaften Zwecke auszunützen. Er sagte sich nämlich, daß er einen Vorwand haben würde, zu allen Zeiten abwesend zu sein, was er dann öfters benutzen könnte, um Galeiden zu sehen, während man ihn außerhalb unserer Stadt wähnte. Da dieser Beweggrund jedermann, außer Galeide, verborgen blieb, erschien es seltsam und willkürlich, daß Ezard sich mit Dingen beschäftigen wollte, die seine bisherige Tätigkeit so hinderlich unterbrechen mußten; man bewunderte von der einen Seite seine Vielseitigkeit und tadelte von der andern seinen Mangel an Ausdauer, alle hielten ihn aber, wie sie es auch beurteilten, für einen auffallenden und unberechenbaren Menschen.

Auf alles dies hörte Ezard nicht im geringsten, obwohl er sonst bescheiden genug war, um auf das Urteil der Menschen zu hören, selbst in Sachen, denen er von vornherein besser gewachsen war als sie. Aber das war nun einmal seine Eigenart, daß sein Wille gewöhnlich ruhte und sich niemals, bei keiner Gelegenheit als unbequemer Eigensinn oder Grille fühlbar machte, dann aber, wenn er einmal rege geworden war, unwiderstehlich auf sein Ziel losging, mit Leidenschaft und Klugheit zugleich. Wie nämlich ein erfahrener Läufer sich niemals überstürzt, sondern mäßig und gehalten sich bewegt in einem Schritt, den er lange auszuhalten vermag und dadurch zuletzt die Unbedachten, bald Ermüdeten weit hinter sich läßt, so handelte er sicher und ruhig, zwar von Leidenschaft bewogen zum Handeln, aber handelnd ohne Leidenschaft. Gerade das war es, was ihn immer, auch wenn er frevelte, überlegen und groß erscheinen ließ, so daß man ihn bewunderte, indem man ihn tadelte.

Bei dieser Gelegenheit befreundete sich Ezard mit dem Ingenieur, der zur Begutachtung der Wasserwerke zugezogen war. Die technische Wissenschaft hatte für Ezards Tätigkeit einen besonderen Reiz, weil sie zu sichtbaren und nützlichen Erfolgen führt, auch weil sie ein gewisses Geschick der Hände erfordert, worin sich frische, arbeitskräftige Menschen gewöhnlich gerne üben. So war der Ingenieur schon darum für Ezard anziehend, weil er ihn in diese Wissenschaft einführen und ihn belehren konnte. Auch hatte er in seinem Fache reiche und glückliche Ideen, womit er Eindruck auf meinen Vetter machte, der sich selbst für phantasielos hielt und jene anmutige Fruchtbarkeit des Geistes, die zwischen dem werktäglichen Getreide des Lebens die roten Klatschrosen aufblühen läßt, an anderen leicht überschätzte. Tatsächlich freilich hatte der Ingenieur so unendlich viel weniger Phantasie als Ezard, daß er ihren Wert und ihre Schönheit nicht einmal einzusehen vermochte, sondern sie nur, wo er ihre Spuren fand, für ein störendes Übel ansah. Nur in seinem Fache war er erfinderisch, weil er folgerichtig war und sich durch nichts ablenken und zerstreuen ließ. Er stammte aus Norwegen und hieß Karlsen. Er trug einen langen gegabelten Bart, den er über die Schultern zurückschlagen konnte, ein Kunststück, das ihn bei Eva und Galeiden beliebt machte, welche beide zuweilen etwas ausgesprochen Kindisches an sich hatten. Ezard nämlich führte ihn alsbald in der Familie ein, wo er wohl aufgenommen wurde, ja er brachte es zu einer kaum je dagewesenen Beliebtheit und gewann besonders auf Onkel Harre einen solchen Einfluß, daß er ihn in vielen Dingen geradezu beherrschte. Da man damals anfing, sich für das Norwegische, das uns durch die berühmten Schriftsteller dieses Volkes nahegerückt wurde, zu interessieren, betrachteten wir ihn als eine willkommene Erwerbung und begrüßten mit Jubel jeden Zug an ihm, der den Ibsenschen oder Björnsonschen Typen zu entsprechen schien. Für manche bei uns einheimischen Begriffe, die mit dem Anspruch auf Allgemeingültigkeit auftreten, als von der edlen Weiblichkeit, der idealen Armut und manchen anderen überirdischen Dingen, hatte er gar kein Verständnis. Verstand und Arbeitstrieb gefielen ihm an jedem Menschen, einerlei ob an Weib oder Mann, am besten, und er hatte deswegen offenbares Mißfallen an Galeide, die er für einen verdammlichen Luxusgegenstand ansah, während er mit Lucile, die beständig im Hause herumwirtschaftete, eine Menge von Tages-, Wochen- und Monatsblättern hielt, um alle Fragen der Gegenwart daraus zu studieren, kurz, vor Eifer und Emsigkeit brannte, wohl zufrieden war, und auch Eva eher gelten ließ, die doch wenigstens ein Kind hervorgebracht hatte. Galeide war stets überglücklich in seiner Gesellschaft, da sie die Meinung, die er von ihr hatte, belustigte; ich meine sie zu sehen, behaglich in ihrem Schaukelstuhl wie ein besonntes Kätzchen, wie sie ihn mit freundlichem Lachen aufforderte, sein Kunststück mit dem Barte zu zeigen. Durch solches Betragen pflegte sie Luciles Tadel hervorzurufen, während Ezard und ich unser Vergnügen kaum unterdrücken konnten. Ich habe noch vergessen, von Karlsens Augen zu sprechen, welche insofern nicht unwichtig waren, als sie neben seinem Verstande die größte Ehrlichkeit ausdrückten und ihm ein Gepräge der Unbestechlichkeit verliehen. Es wäre unmöglich gewesen, den geringsten Zweifel in eins seiner Worte zu setzen, wozu noch beitrug, daß er niemals über Dinge ein Urteil abgab, mit denen er sich nicht gründlich beschäftigt hatte; eine Eigenschaft, die auch meinen Vetter auszeichnete.

Mit diesem Norweger begab sich Ezard nun einen großen Teil des Jahres auf Reisen. Die unstete Lebensweise entsprach ganz dem Zustande seines Inneren, und es tat ihm wohl, daß er den Stürmen, die seine Seele jagten, in der körperlichen Wirklichkeit nachgeben und sich von Ort zu Ort treiben lassen konnte. Denn die Übereinstimmung zwischen dem Körperlichen und

Geistigen tut uns immer wohl, und ein kämpfendes, ringendes Herz schlägt zufriedener in einem tätig bewegten Leibe, als in einem ruhenden.

Das Ansehen, das unser Name, und das im besonderen Onkel Harre und sein Sohn Ezard genossen, war die Ursache, daß mein Onkel es ohne Mühe einrichten konnte, meinem Vetter einen Teil seiner Geschäfte zu übertragen. Er tat das um so lieber, als er anfing, eine Menge Zeit auf das Töchterchen zu verwenden, das ihm Eva geboren hatte. Seine Liebe für die junge Frau vertiefte und verstärkte sich mehr und mehr und ruhte nun auf einem sichereren Grunde als zuvor. Man konnte sich auch kaum etwas Reizenderes denken, als die zierliche blonde Mutter mit dem winzigen Geschöpfchen, das sie zur Welt gebracht hatte; es sah aus, als wenn ein halbwüchsiges Mädchen mit der Puppe hantiert. Dabei war sie aber bei weitem vernünftiger, als der Anschein verriet, und übte alle mütterlichen Pflichten mit der größten Bravheit und Zuverlässigkeit aus. Dagegen war ihr Gefühl für meinen Onkel in der Art, wie sie es anfänglich gehabt haben mochte, ein für allemal erloschen. Wäre sie nicht seine Frau geworden, so hätte sie vielleicht in Ewigkeit eine schwärmerische Verehrung für ihn gehegt; nun aber stand sie ihm dazu zu nahe, und es war noch ein Glück, daß sie den Vater ihres Kindes in seiner Person hochhielt und auch gescheit genug war, um die Bedeutung seines Charakters und seines Geistes nie zu verkennen. Überhaupt war sie keine von jenen Urnaturen, die mit den Elementen zugleich entstanden zu sein scheinen und deren blind und mächtig wirkende Seele haben; vielmehr schien sie eine liebliche Miniaturmalerei Gottes zu sein, von seiner sorgfältig pinselnden Hand an ein feines Plätzchen im Buche der Menschheit gesetzt.

Seit dem Tage, an dem ich Eva so innig weinen gesehen hatte, war ich ein häufiger Gast in meines Onkels Hause, war auch Pate des Töchterchens gewesen und hatte mir geschworen, das zarte Wesen zwar nicht gerade im Christentum zu erziehen, wie ich vor dem Taufbecken versprechen mußte, wohl aber ihm in meiner Person einen zweiten Vater zu bewahren, in dessen Genuß es treten könne, sowie es seiner bedürfe. Es wurde auf meinen Wunsch nach meiner Mama Heileke genannt; fast täglich kam ich, um mich nach seinem Befinden zu erkundigen und es zu betrachten. Eva empfing mich stets mit herzlichem Vergnügen, schmückte sich mit den Blumen, die ich selten vergaß ihr mitzubringen, ließ mich ihr etwas auf dem Klavier vorspielen und bat mich, wenn ich ging, am folgenden Tage wiederzukommen. Onkel Harre sah meine Besuche gern, wie er mich denn von jeher als einen vielversprechenden Burschen begünstigt hatte, lud mich auch oft ein, das Mittag- und Abendessen mit ihnen zu nehmen, was ich aber nie tat, ohne Eva zuvor gefragt zu haben, ob es ihr angenehm sei.

Zuweilen traf ich dort mit Ezard zusammen, der seit jener geschäftlichen Übereinkunft, von der ich erzählt habe, stets vielerlei mit seinem Vater zu bereden hatte, und wenn er ihn nicht zu Hause traf, im Wohnzimmer auf ihn zu warten pflegte. Eva war gegen ihn nicht freundlicher als gegen mich, wohl aber ganz anders; denn während sie zum Beispiel mir die kleine Heileke brachte und mich auf alle Art mit ihr plagte, indem ich sie tragen oder wiegen oder in Schlaf singen sollte, hielt sie sie stets ängstlich fern, wenn Ezard kam, damit er nur ja nicht durch ihre Unruhe gestört wurde (dabei liebte er aber im allgemeinen kleine Kinder weit mehr als ich, wußte auch besser mit ihnen zu verkehren), war überhaupt ganz still und verschlang jedes seiner Worte mehr mit den Augen als mit den Ohren, als wäre es ein Orakel, das man nicht erst auf seinen Inhalt zu prüfen, sondern sogleich gläubig zu verehren habe. Das fiel mir bald auf, und ich ärgerte mich nicht wenig darüber, legte es auch zeitweise Ezard zur Last, obgleich er durchaus nicht schuld daran war; ich muß sogar sagen, daß er Evas Gesellschaft nicht aufsuchte, sondern sie vermied, soviel er konnte, ohne seinen Vater zu verletzen. In dieser Stimmung suchte ich leicht Händel mit ihm, wenn ich bei Eva mit ihm zusammentraf, und so sagte ich denn auch einmal zu ihm im Hinblick auf sein Umherreisen und seine mannigfaltige Tätigkeit, worüber ich mir zwar bisher wenig Gedanken gemacht hatte: »Wie lange werden eigentlich deine Erforschungsreisen noch dauern? Viele Männer von Urteil verwundern sich, daß du deinen ehrenvollen Beruf vernachlässigst, um dich mit Dingen abzugeben, die dir ganz fernliegen. Man erzählt sich, du studierst auch beiläufig Medizin, und betrachtet dich schon ganz als einen Mann, von dem sich lustig reden läßt. Es ist das alles nicht gerade rühmlich und angenehm für unsere Familie.« Daraufhin hätte Ezard mich leicht fragen können, was ich denn schon getan hätte, um den Glanz unseres Namens zu erhöhen; doch unterdrückte er diese allzu naheliegende Bemerkung in der Feinheit seines Denkens und sagte nur, diese Beschäftigung sage ihm zu, und er hoffe, sie werde der Stadt und auch der Familie Nutzen bringen. Er war, sowie ich diesen Punkt berührt hatte, sehr blaß geworden, und sein Gesicht schien sich zu versteinern, gleichsam, als rüste er sich, einen Angriff abzuwehren. Eva betrachtete ihn unverwandt voll hingebenden Mitgefühls und sagte schüchtern: »Wir bedauern es ja nur deshalb, lieber Ezard, weil dich dein jetziges Leben uns so viel entzieht, und wir alle, besonders Lucile, entbehren dich ungern.« – »Es muß ein jeder vieles entbehren lernen«, sagte Ezard kalt. Eva faltete krampfhaft ihre kleinen Hände und sagte noch leiser als vorhin: »Lieber Ezard, wenn ich dir doch helfen und dich so recht glücklich machen könnte. Siehst du, das, was wir für das Allerhöchste und Schöne ansehen, das erwerben wir fast nie im Leben. Aber könnte es dich nicht zufrieden machen, zu wissen, daß deine Frau ihr ganzes Glück in dir findet, und deine Kinder, die ja so lieb und schön sind, unter deinen Augen fröhlich heranwachsen zu sehen? Mehr als das wird so wenigen zuteil, und du sagtest ja eben selbst, es müßten alle entbehren lernen.« Hierauf entgegnete Ezard ungefähr mit folgenden Worten: »Daß es meine Pflicht wäre, mich mehr um Frau und Kinder zu bekümmern, weiß ich gut genug. Ihr tut, wenn ihr es mir vorhaltet, was ihr müßt, und ich tue, was ich kann. Was ich nicht kann, ist: liebevoll scheinen, wo ich es nicht bin. Was ich kann, mag euch wenig scheinen, aber es kostet mich mein ganzes Leben. Wir wollen diese Unterhaltung lieber abbrechen.« Hiermit stand er auf und entfernte sich, und wir beide sahen vor uns nieder, ich mit finsterer Miene, Eva um die Tränen zu verbergen, die über ihr bekümmertes Gesicht liefen. Ich ward ihrer aber trotzdem gewahr und sog meinem Grolle neue Nahrung daraus. Als nun Eva sogar, in kindlicher Ratlosigkeit bestrebt, irgend jemand für alles Unglück verantwortlich zu machen, zu mir sagte, ich hätte von diesen Dingen lieber nicht anfangen sollen zu sprechen, konnte ich vollends nicht mehr an mich halten, sagte noch ein paar bissige Worte und ging im hellsten Mißmut davon. An der Haustür traf ich mit Ezard zusammen, der wohl nicht länger auf seinen Vater warten wollte, und benutzte meine augenblickliche Aufwallung, um ihm alles das vorzuwerfen, wozu ich bei ruhiger Stimmung den Mut nicht fand. Gegen den Willen seines Vaters, sagte ich, habe er Lucile geheiratet; auf einmal habe ihm Galeide besser gefallen, und er habe ihr argloses Gemüt mit Wünschen und Leidenschaften erfüllt, die sie zum Unglück führen müßten. Meinen Vater habe er dadurch seiner letzten Lebensfreude beraubt. Nun werde seine eigene Stiefmutter sich noch in ihn verlieben, und es bereiteten sich durch diese Dinge Greuel in unserer Familie vor, wie sie die sagenhaften Geschlechter des Altertums, die man aber unter einem Fluche der Götter leidend gedacht hätte, bis auf den heutigen Tag furchtbar denkwürdig gemacht hätten. Bereits sei aller Friede und alle Vertraulichkeit aus unserem Hause entflohen, und nichts bleibe als Verwirrungen, die ein schreckliches Ende herbeiführen würden. Ezard hörte das alles ruhig an und erwiderte: »Ja, das ist alles wahr, und ich wünsche dir nur, daß du dir niemals in langen schlaflosen Nächten solche Sachen selber sagen mußt. Was aber Eva anbetrifft, so mag es wohl sein, daß sie mich liebhat, jedoch nicht mehr als dich, und ich sehe zu meiner Freude, daß mein Vater sich täglich glücklicher und zufriedener mit ihr fühlt. Es kann nicht ausbleiben, daß ihr das nach und nach auch Befriedigung gewährt, die sie ja übrigens jetzt schon in ihrem Kinde findet.« Er sagte dann noch kurz: »Grüße Galeiden!« und verabschiedete sich.

Zum ersten Male kam es mir in den Sinn, warum eigentlich ein solches Elend, wie es Ezard und Galeide durch ihre Liebe trugen, durchaus bestehenbleiben müsse. Ich vergegenwärtigte

mir ihre beiden hohen, kräftigen Gestalten, wie ich sie öfter nebeneinander gesehen hatte, und konnte nicht anders als ein Wohlgefallen dabei empfinden, was jede völlige Harmonie in der Seele erweckt. Wenn zwei so füreinander bestimmt zu sein scheinen, dachte ich, ist das nicht ein Fingerzeig Gottes oder der allweisen Natur, daß sie zusammen sein sollen? Ist solch eine Leidenschaft etwas anderes als der Wille der Natur, der sich zuerst durch liebliche Anzeichen verkündet, dann aber, wenn man ihm widersteht, verheerend dahinfährt? Das nennt man Verhängnis und Schicksal. So sind im Grunde nicht sie es, die sündigen, sondern die Menschen, die nicht erkennen, was aus ihnen spricht, und ihre erkünstelten Formen an die Stelle des Natürlichen gesetzt haben.
Mit diesen Gedanken im Sinne richtete ich Galeiden meines Vetters Gruß aus, worüber sie zuerst errötete und glücklich lächelte; dann aber, wohl bedenkend, daß er neben mir gegangen, ihr so nah, und doch so unerreichbar weit war, verfiel sie in Traurigkeit. Um sie zu trösten, forderte ich sie auf, da ich nichts Besseres wußte, mit mir zu musizieren. Sie ging darauf ein, aber sie spielte so seelenlos, daß ich mich verwundert nach ihr umsah, und da bemerkte ich im Spiegel, daß ihr Gesicht denselben versteinerten Ausdruck angenommen hatte, den ich vorhin an Ezard beobachtet hatte. Ja, dachte ich, diese Liebe ist kein Frevel, sie ist Verhängnis. Sie sind von Gott ergriffen so gut wie die Propheten, und man steinigt sie wie jene. Ich hatte aber nicht den Mut, irgend jemandem gegenüber für sie einzutreten, sondern ließ die Dinge weitergehen, wie sie zuvor gegangen waren, und fühlte mich wie ein Weltweiser, der zwischen flutenden Ereignissen steht und nichts verurteilt, weil er alles versteht.

Diejenigen, welche mit ihrer Habe den äußerlichen Zierat der Welt einbüßen, lernen gerade dadurch oft kennen, was das eigentlich Wertvolle des Lebens ist: nämlich die treue Liebe der Nächsten, welche dann Gelegenheit findet, sich herrlich zu bewähren, den nächtlichen Gestirnen gleich, die desto goldiger blinken, je mehr die Nacht sich verdunkelt. Indessen sah mein Vater zugleich mit den äußeren Stützen seines Lebens diejenigen sinken, auf die sein Herz gebaut hatte. Das war wohl zu einem Teile seine Schuld, indem er nicht den Mut hatte, nach diesen Stützen zu greifen, nämlich die Treue seiner Kinder und Freunde anzurufen. Wer aber will sich vermessen, zu sagen, er würde anders gehandelt haben, wenn er alles wüßte und alles empfinden könnte, was er wußte und empfand. In seiner Not klammerte er sich an die jammervolle Hoffnung, die innerlichen Güter durch die irdischen erhalten zu können, die ihm doch auch gerade jetzt entwichen. Wie ein Irrlicht tanzte das Gespenst des Reichtums vor ihm her und lockte ihn verderblichen Regionen zu. Bald dies, bald jenes schleppte er Galeiden herbei, um sie zu erfreuen, bald eine seltene Blume im Winter, bald einen schön gefaßten, funkelnden Edelstein, und das arme Kind quälte sich zum Dank und zum Lächeln, ohne verhindern zu können, daß er das Erzwungene ihrer Freude empfand. Es war ein Schauspiel zum Erbarmen. Obwohl nun mein Vater die Kraft nicht hatte, sein Betragen dem Stande der Dinge in anderer, wie viele denken mögen, würdigerer Weise anzupassen, so ermannte er sich doch zu dem Entschlusse, unsere Heimat auf längere Zeit zu verlassen. Die Lage seines Geschäfts veranlaßte eine Reise nach drüben – so drückte man sich in unseren meergewohnten Hansestädtchen aus, wenn man von Amerika spricht. Er wollte noch einen Versuch, eine letzte Anstrengung machen, den Untergang seines Hauses abzuwenden, oder er mochte denken, den fürchterlichen Schiffbruch am Steuer arbeitend eher ertragen zu können.

Als er uns zuerst von seiner Absicht sprach, ohne aber die sehr bedrohliche Lage des Geschäfts zu erwähnen, beobachtete er Galeiden mit selbstquälerischer Aufmerksamkeit, um den Eindruck wahrzunehmen, den die Nachricht auf sie mache. Sie sah ihn wohl traurig an, aber es war nicht der schlichte Ausdruck vom Schmerz eines Kindes, das seinen Vater entbehren soll, der sich dreist in Klagen kundgibt; denn für sie bedeutete seine Abwesenheit eine Erleichterung, ja, sie ermöglichte ihr, Ezard, der ihr das Höchste auf der Welt geworden war, häufiger als sonst zu sehen. Aber gerade dies Bewußtsein, daß sie in ihrem wilden Sinne als ein Glück ansah, was ihr unschuldiges Kinderherz gern als Leid empfunden hätte, verursachte ihr eine Pein, dem Schwerte vergleichbar, das die Brust des verworfenen Liebespaares in Dantes Gedichte durchbohrt und ihrer verruchten Seligkeit ein unablässiges Weh gesellt. Indessen war mein Vater in seiner Liebe zu Galeiden zu schwach, um die weichere Abschiedsstimmung nicht zu genießen. Er ließ sie nicht von seiner Seite, bezeigte aber auch mir innigere Zärtlichkeit, als er sonst zu tun pflegte. Da der Urgroßvater den Entschluß zu dieser Reise als ein mutiges Durchbrechen des schwermutvollen Dahinbrütens der letzten Jahre begrüßte und bewunderte, lebten wir in gegenseitiger Zufriedenheit miteinander, und die letzten Tage, die mein Vater bei uns zubrachte, sind mir als gute und versöhnende im Sinne geblieben. Es gelang sogar den Überredungskünsten des Urgroßvaters eines Abends, meinen Vater zum Singen zu bewegen, so daß er uns einige Lieder vortrug, was er seit Jahren nicht getan hatte. Er hatte eine nicht allzu hohe Tenorstimme von weichem Klange und durch edlen Schmelz auf das Herz wirkend, dazu sang er nach alter, schlichter Schule und brachte Kraft und Ausdruck weniger durch künstliches Heben und Senken der Stimme hervor, als durch das seelische Mitempfinden, welches alle Töne hörbar durchdrang. Ich begleitete den Singenden auf dem Klavier und konnte von meinem Platze aus den Urgroßvater sehen, welcher in einer Sofaecke saß und sann, während Galeide, in der Fensterbank lehnend, in den tiefen, dunklen Garten hinausblickte. Mein Vater sang neben andern ein altmodisches Lied, welches beginnt: Möchte wissen, wenn ich bald begraben werde sein; des Inhalts, daß einer in der Ahnung eines baldigen Todes die wehmütige Frage stellt, ob die einzige, die er auf Erden liebt, wohl seinen Hügel in getreuer Erinnerung zu besuchen kommen wird. Ein freudiger Aufschwung der Melodie begleitet nach vorhergehenden Mollklängen die Schlußworte, in denen der Zweifelnde sich ihres treuen Gedenkens zuversichtlich getröstet. Als mein Vater dieses Lied gesungen hatte, beugte sich Galeide aus dem Fenster vor und bat ihn, es zu wiederholen, blieb auch in dieser Stellung sitzen, während er ihrem Wunsche willfahrte,

und aus ihrem weichen Gesichte blickten ihre Augen so starr nach uns herüber, daß man sie für ein Bild von Wachs hätte halten können.
An einem der Tage, die mein Vater als die letzten seiner Anwesenheit in Europa bezeichnet hatte, waren wir alle noch einmal bei Onkel Harre versammelt. Von uns allen wußte dieser am besten von dem geschäftlichen Unheil Bescheid, das hereinzubrechen drohte, und so war er voll wahrhafter Besorgnis, ja voll Angst, denn er vermochte meinen Vater nicht zu retten, fühlte sich aber doch zu eng mit uns verbunden, um nicht unser Glück als das seinige zu empfinden. Er verbarg seine Stimmung hinter einem aufgeregten Wesen, in das seine natürliche Lebhaftigkeit leicht überging; doch sah man ihn plötzlich auf Augenblicke in ein Brüten verfallen und starr vor sich hin sehen, wobei er die Haltung und das Gesicht eines alten Mannes zeigte. Dann schien er sich zu besinnen, warf sein dichtes, grauweißes Haar zurück und sprang auf, um mit einem von uns eine muntere Unterhaltung anzuknüpfen. Auch mein Vater gab sich Mühe, gefaßt und heiter zu erscheinen, verkehrte sogar in zwar ernster, aber gütiger Weise mit Ezard, was ich ihm besonders hoch anrechnete, der es aber nicht ohne innerliche Pein zu ertragen schien. Vor allem dauerte mich die unglückliche Lucile, welcher es zumute sein mochte, als büße sie nun ihren letzten Hort ein, um allein unter feindlichen Gewalten zurückzubleiben; sie hielt sich immer an meines Vaters Seite und schmiegte weich und hingebend ihren dunklen Kopf an seine Schulter. Als wir uns spät am Abend trennten, nahm mein Vater von Onkel Harre Abschied; die Brüder warfen sich einander in die Arme und schluchzten laut; wir andern wandten uns erschüttert ab und bemühten uns, unsere eigene Rührung zu unterdrücken. Beim Gutenachtsagen küßte mein Vater uns mehrere Male schnell hintereinander, besonders Galeiden preßte er an sich, als wollte er ein Stück von ihr behalten und mitnehmen. Wir waren aber zu übermüde, um etwas Ungewöhnliches aus seinem Benehmen zu schließen. Indessen erwachte ich am Morgen, als es etwa vier Uhr sein mochte, aus wüsten Träumen, und da ich mich besinnen konnte, hörte ich Galeiden aus offenem Fenster

»Papa! Papa!« rufen. Ich kleidete mich in Hast an, um zu sehen, was es gebe, und eilte in den Garten, der ganz fahlgrau dalag; es herrschte die Kühle, die dem Sonnenaufgang voraufzugehen pflegt, und mich fröstelte. Galeide, die aus dem Fenster lehnte, schien nicht verwundert, mich zu sehen, und sagte: »Er ist fort! Geh du ihm nach, ich kann ja nicht.« Bei diesen Worten brach sie in Tränen aus und warf ihren Kopf auf die Fensterbank, daß die gelösten Haare nach vornüber fielen.

Es war uns nun wohl ersichtlich, daß mein Vater sich und mehr noch uns die Pein des Abschiednehmens ersparen wollte, aber wir beschlossen doch, zur Zeit der Abfahrt des Dampfschiffes, mit dem er reisen mußte, an den Hafen zu gehen, um ihm vom Lande aus noch einen Gruß zuzuwinken. Das führten wir auch aus, und da wir seiner gewahr wurden, schien er uns gefaßter zu sein, als er am Abend vorher gewesen war. Er nickte mir ernsthaft und milde zu, als wollte er mir empfehlen, alles, was nun komme, mit männlicher Haltung zu ertragen, ja, als vertraue er mir nicht nur Galeiden, sondern auch sich und sein Gedächtnis an. Als er aber den Blick auf meine Schwester wandte, nahm sein Gesicht einen ganz anderen Ausdruck an, den ich nicht beschreiben kann, so voll Traurigkeit und gelinden Vorwurfs. Galeide erwiderte seinen Blick unbeweglich, solange er noch sichtbar war auf dem langsam weichenden Schiffe; sie sah aus, wie ich sie noch niemals gesehen hatte, mehr einer steinernen Sphinx als einem lebendigen Menschen gleich, wie wenn sich ihre Seele im Busen entseelt hätte, um das Unerträgliche tragen zu können.

Manchem mag es unglaublich erscheinen, daß sie ihrem Vater und Lucile zuliebe die Leidenschaft nicht von sich tun konnte, die die beiden ihr teuren Wesen so elend machte, nicht einmal in diesem Augenblicke sich das Herz zu dem Vorsatz faßte, den lassen zu wollen, den Himmel und Erde ihr versagten. Auch will ich diesen Frevel ihres gewalttätigen Gemüts nicht beschönigen, ich muß aber sagen, daß es mir zuweilen ihrer selbst würdiger erschien, daß sie sich mit sehenden Augen und bewußten Willens in den Abgrund warf. Das verschmähte sie, einer gerührten Stimmung des Augenblicks sich hinzugeben, und die Wollust, die Bittenden und Leidenden durch ein tröstliches Versprechen, wenn auch nur vorübergehend, beglücken zu können, verlockte sie nie dazu, sich selbst zu betrügen; beständig wußte sie, daß sie alles würde tun und alles leiden können, außer an Ezard vorüberzugehen.

Als das Schiff zu einem tanzenden Punkte vor unseren Augen geworden war, kehrten wir uns vom Wasser ab, gingen noch eine Weile schweigend nebeneinanderher und trennten uns dann, Galeide, wie ich mich nicht zurückhalten konnte zu denken, um Ezard zu begegnen.

Es begann für uns nun ein eigenartiges Leben in dem großen Hause allein; denn der Urgroßvater bewohnte den obersten Stock, der kleiner war als die übrigen, wo er sich einbilden konnte, ganz für sich zu sein, wie es seinem eigensinnigen Selbständigkeitssinne zusagte. Galeide und ich belustigten uns zuerst damit, alle Türen zu öffnen und aus einem Zimmer ins andere zu gehen, um uns dadurch unsere Einsamkeit recht zu Gemüte zu führen. Denn als wir klein waren, hatte uns als Schönstes und Wünschenswertestes vorgeschwebt, einmal ganz und gar allein zu Hause zu sein, womit wir freilich durchaus keinen besonderen Zweck verbanden. Es liegt aber für kindliche Gemüter ein großer Reiz in leeren Räumen und der Ausmalung, was man daselbst an Tanzen, Springen, Falschmünzen und Unfugtreiben im weitesten Sinne des Wortes vornehmen könnte. Für diesen Reiz waren Galeide und ich damals noch gar nicht unempfindlich. Indessen hatte es doch auch seine Schrecken, zumal wenn wir uns vergegenwärtigten, wie wir vor Jahren als Kinder in diesen licht- und lustvollen Räumen unter den Augen angebeteter, jugendlicher Eltern umhergejubelt hatten. Der Urgroßvater entfaltete eine liebenswürdige Laune; Gott weiß, wie er sich mit allem drohenden Elend, wovon er doch einige Kenntnis hatte, abzufinden wußte. Er bezeigte große Lust zur Geselligkeit und setzte es durch, daß der Rheinländer häufig eingeladen wurde, mit dem er sich über die modernen Strömungen unterhielt. Obwohl von uns allen bei weitem der Älteste, ging er am feurigsten auf diese merkwürdigen Dinge ein, wobei jeder, der ihn kannte, sich freilich hinzudachte, daß sie ihm nur in seinem Kopfe gefielen, wo bekanntlich die Gedanken leicht beieinanderwohnen.

Ich hatte damals die vertrackte Gewohnheit, immer gerade das herabzusetzen, was andere leidenschaftlich erhoben; denn mir schien nichts einer ungemischten Begeisterung wert, und so gereichte mir jede, die ich bei anderen sich äußern sah, zum Widerwillen und Gelächter. In Galeiden war ein ziemlich planloses Gemenge von Altem und Neuem, so daß sie bald eine gepuderte Rokokodame, bald eine Amazone der französischen Revolutionszeit oder auch eine Walküre aus nordischem Heidentum hätte sein können, was anderen vielleicht reizvoll und wunderbar erschien, mich aber aufs empfindlichste erzürnte, indem man nie einen festen Punkt gewann, von dem aus man sie widerlegen und tadeln konnte. Sie unterhielt sich aber nicht gerne allzulange von wissenschaftlichen oder sozialen Dingen, denn sie war nicht so emsigen und strebsamen Geistes wie der Urgroßvater oder zum Beispiel Lucile, welche beide beständig etwas zu erfahren und zu lernen suchten. (Freilich ließen sie sich trotzdem nicht gerade willig belehren.) Deswegen forderte mich Galeide häufig auf, zu spielen, und setzte sich zum Zuhören in den Schaukelstuhl oder in die Fensterbank, welches ihre Lieblingsplätze waren, und erschien dann so völlig entrückt und abwesend, daß ihr Gesicht einem Hause mit geschlossenen Läden glich, dessen Bewohner alle verreist oder gestorben sind.

Die Lebensweise brachte trotz unserer Abgeschiedenheit eine ziemliche Unruhe und Aufgeregtheit mit sich, was freilich, soviel es Galeiden anging, noch anderen Dingen zuzuschreiben war, die wir aber nur an der Wirkung bemerken konnten, die sie auf ihr Wesen hervorbrachten. Ezard nämlich war nun auf einmal wieder viel häufiger zu Hause, einzig aus dem Grunde, was uns erst viel später klar wurde, weil er Galeiden oft zu sehen hoffen konnte. Man sah sie zwar selten zusammen, aber wenn man sie sah, so hatten sie meiner Empfindung nach etwas wie einen Mantel von Glut um sich herum, als wäre ein brennendes Feuer in ihrem Innern. Häufig hatte Galeide den kleinen Harre den ganzen Tag bei sich und spielte auf die niedlichste Art mit ihm. Dies war ein Umstand, der stets für sie einnahm, daß die Kinder zu ihr zu halten pflegten, und es war allerdings ein merkwürdiges Schauspiel, wie die beiden stundenlang zusammen auf einem kleinen Sofa sitzen konnten und Bilder besehen, mit glückseligen Gesichtern und dem gleichen unschuldsvollen und zutraulichen Ausdruck darin. Sie plauderten dabei in freundschaftlicher Weise, indem der kleine Harre über alle Dinge zwischen Himmel und Erde Fragen stellte, Galeidens versuchsweise gegebene Antworten genau zergliederte und prüfte, und entweder selbst richtigstellte oder ihr nochmals zu besserer Erledigung vorlegte. Er fragte zum Beispiel, warum seine Mutter ihn weniger liebe als seine Schwester, ob man die kleinen Jungen stets weniger liebe als die Mädchen, oder ob die Väter jene liebten und die Mütter diese, warum man sich nicht auslesen könne, was für Kinder man haben wolle, und dergleichen mehr, was alles zu beantworten Galeiden nicht geringe Mühe verursachte, da sie meinen Rat, ihm jegliches Gefrage einmal zu verbieten, durchaus nicht annehmen wollte. Ich hatte übrigens den kleinen Mann lieb, nur wußte ich nicht, wie ich ihn anfassen, noch was ich mit ihm sprechen sollte.

Es gehen mir viele Erinnerungen aus jener Zeit durch den Kopf, die ich aber nicht aufschreiben kann, denn sie gleichen den Fledermäusen, die blitzschnell aus dem Dunkel aufzucken und wieder darin untertauchen, ehe man sie erfassen kann. Aber einer Nacht entsinne ich mich mit Deutlichkeit, wo der Mond so hell in meine Kammer schien, daß ich unter allerlei Träumen nur leicht schlief und von einem Geräusch geweckt wurde. Es schienen mir Schritte im Musiksaal zu sein, und ich gestehe, daß es mir sehr unheimlich zumute war, und daß ich gern liegengeblieben wäre; doch warf ich einen Mantel über und entschloß mich, hineinzugehen, um mich nicht vor mir selbst schämen zu müssen. Als ich in den Saal kam, sah ich mitten darin Galeiden stehen im langen weißen Nachtkleide, schaurig und seltsam anzusehen in dem weiten, fahl erleuchteten Gemach, wo die hohen Wandspiegel ihre bewegungslose Gestalt vielfach widerspiegelten. Wir erschraken auch beide, als wir unser ansichtig wurden, und ich vermochte kaum zu fragen: »Was tust du hier, Galeide?« Worauf sie mich noch immer starr ansah und erwiderte, es sei ihr gewesen, als habe sie unseren Vater singen hören, und zwar habe sie deutlich die

Worte verstanden: Möchte wissen, wenn ich bald begraben werde sein. So deutlich, sagte sie, habe sie den schmelzenden Klang seiner Stimme erkannt, daß sie überzeugt gewesen sei, er müsse hier im Zimmer sein, obgleich ihr klar bewußt geblieben sei, daß er weit fort, und daß es mitten in der Nacht war. Als sie nun in den leeren, dunklen Saal getreten sei, habe sie sich entsetzt, und die Kerze sei ihr aus der Hand gefallen; die lag auch erloschen neben ihr am Boden. Diese Erzählung berührte mich so eigentümlich, daß ich mich nicht ohne ein leichtes Erzittern auf den Klavierschemel setzte, neben dem ich stand; ich sagte zu Galeiden: »Es hat dir gewiß geträumt?« – »Ja«, erwiderte sie, »das mag wohl sein; aber es war schaurig.« Indem wir uns nun genauer betrachteten, fiel uns jetzt erst der seltsame Aufzug auf, in dem wir erschienen waren, und wir huben herzlich an zu lachen, womit denn der Bann gebrochen war, und jeder von uns kehrte leise in sein Zimmer zurück.

Es fiel mir nachträglich auf, wie verwunderlich es im Grunde sei, daß Galeide, die sonst im Dunkeln furchtsam wie ein Vogel, sich allein um Mitternacht in den Saal gewagt hatte, und es stiegen mir allerhand Gedanken auf, die ich aber nicht zu äußern wagte. Doch machte ich ihr die Bemerkung, wie ich mich darüber wunderte, worauf ein feines Rot in ihre Wangen stieg, aber gleich wieder verschwand, als ob sie vermöge einer ganz ungemeinen Willenskraft den raschen Blutstrom bändigen könnte. Sie sah mir aber ruhig ins Gesicht und sagte: »Es kommt eben darauf an, daß eine andere Empfindung stark genug ist, die Furcht zu überwiegen.« Ja, dachte ich, davon hängt alles ab, welche Leidenschaft die stärkste ist im Menschen. Es haben zwar nicht alle so ausschlaggebende Leidenschaften, daß sie jeden anderen Trieb unter sich beugen; wer sie aber hat, den können sie zum Helden oder zum Schurken machen, je nachdem das Ziel höher oder niederer ist, auf das sie losstürmen in ihrer vernichtenden Wildheit.

Ich gewann es nicht über mich, mit Galeiden offen von ihrem Verhältnis zu Ezard zu sprechen, denn ich gehörte zu denen, welche die Aufregungen fürchten, und die, wenn etwa in ihrer Nähe irgendeine Untat geschieht, womöglich schnell in eine Seitengasse einbiegen, damit sie nicht als Zeugen geladen werden. Indessen teilte ich alle meine Betrachtungen und Beobachtungen Eva mit, was bei weitem behaglicher war und doch auch allgemach zu etwas führen konnte. Ich war auch Mensch genug, um es als einen angenehmen Reiz zu empfinden, wenn ich Eva beweisen konnte, wie Ezard ganz und gar in einer anderen lebte und webte und nicht einen Daumbreit nach ihr fragte, was sie freilich auch ohne mich schon gut genug wußte.

Zwar war ich durchaus nicht in Eva verliebt, sondern hatte so gute und brave Gefühle für sie, daß es mir jetzt noch wohltut, mich daran zu erinnern. Sie ging mit lieblicher Tapferkeit auf mein Gespräch ein und redete mit vieler Herzlichkeit von Galeiden, was ich ihr besonders hoch anrechnete, da es schon unter gewöhnlichen Umständen ebenso selten wie erfreulich ist, daß Frauen ohne Hintergedanken Liebes und Schönes voneinander sagen. Mit zarter Schonung teilte sie mir dann mit, daß diese unglückselige Leidenschaft bereits das Gerede vieler Leute in der Stadt geworden sei, da sich Ezard und Galeide mit unbegreiflicher Sorglosigkeit öffentlich zusammen sehen ließen, und daß sie selbst bereits eingesehen habe, daß es die Pflicht der Verwandten sei, etwas zu tun, wodurch größeres Verderben abgewendet werde. Hierbei überlief es mich heiß, wie man denn einen unglücklichen oder unrechtmäßigen Zustand erst recht als solchen empfindet, wenn er einmal durch den Mund der Leute gegangen und dadurch zu einer geschichtlichen Tatsache geworden ist, die man objektiv betrachten kann. Daran dachten wir aber beide nicht, etwas Rechtes und Ordentliches zu unternehmen, wodurch die ganze Sache zum Austrag käme, sondern wir wollten sie von hintenher eindämmen und flicken, soviel als möglich wäre. Nun hielten wir das für besonders schlimm, daß Galeide immer so allein war, und wir meinten, es wäre gut, wenn noch jemand in unserm Hause wäre, mit dem sie sich beschäftigen müsse, so daß ihr auf sanfte Weise Zwang angetan würde, die Begegnungen mit Ezard zu unterlassen. Eva hatte sich bereits alles ausgedacht, nämlich daß ihre älteste Schwester Anna Elisabeth uns besuchen könnte, wozu sich viele Gründe oder Vorwände finden ließen: sie konnte kommen, um den Urgroßvater oder Eva zu sehen, und die Gelegenheit unseres fast leerstehenden Hauses benutzen, oder auch, um ein wenig für unseren Haushalt zu sorgen, denn Galeide stand in dem unerschütterlichen Rufe, daß sie davon nichts verstehe. Wie sich das, nebenbei gesagt, eigentlich verhielt, kann ich nicht mit Bestimmtheit sagen, doch muß ich gestehen, daß mir im Grunde nichts abging, solange ich die Oberaufsicht führte, und ich fand es lobenswürdig an ihr, daß sie kein großes Wesen davon machte, wenn etwas nicht in Ordnung war, sondern es gelassen und vergnügt nachholte oder irgendwie wieder einbrachte, so daß man jedesmal dachte, es müsse so sein oder sei sogar noch viel besser so.

Anna Elisabeth hatte ich nur ein einziges Mal vor langen Jahren gesehen, und sie schwebte mir als etwas sehr Feines, ja Königliches vor, weshalb mir der Gedanke an ihr Kommen keineswegs unangenehm war. Indessen lag es mir doch schwer auf der Seele, wie ich den Plan Galeiden mitteilen sollte; denn obgleich es etwas völlig Harmloses und Natürliches sein konnte, machte mich doch das Bewußtsein des Zweckes befangen, so daß ich nicht glaubte, es ihr ohne Erröten vortragen zu können.

Es war damals Spätherbst. Dessen entsinne ich mich aus dem Grunde, weil ich um diese Zeit einmal einem Auftritte im Garten beiwohnte, und mir noch wohl die neblige Luft, die fallenden Blätter, die auflösende Schwermut der Natur vergegenwärtigen kann, die ich dabei wahrnahm. Es war in der Tiefe unseres Gartens ein grottenartiger Platz, dem breite Kastanien einen waldähnlichen Schatten verliehen. An dem Nachmittage freilich, an den ich jetzt denke, waren ihre Äste gelichtet, und man konnte durch sie hindurch die Türme der Stadt und hohe Fabrikschornsteine ragen sehen. Ich schlenderte, von einem Spaziergange kommend, durch den Garten, um mir noch eine reife Pflaume oder Reineclaude zu suchen, und gewahrte nun auf diesem Platze zwei Gestalten, die ich für Galeiden und Lucile erkannte. Galeide saß auf einem vorspringenden Steine der Grotte und hatte Lucile, die beträchtlich kleiner war, auf ihrem Schoß, so daß sie recht zärtlich verschlungen dasaßen. Ich dachte voll Ärger: Galeide hat es ihr wieder einmal angetan; denn so lieb sie sich beide früher gehabt hatten, hatte Lucile doch in den letzten Jahren einen Haß auf meine Schwester geworfen, was denn auch begreiflich und verzeihlich genug war. Ich kam nun näher heran und konnte den Ausdruck von Schmerz und Liebe in Galeidens Zügen deutlich wahrnehmen, mit dem sie zu Lucile aufsah. Lucile wandte sich nach mir um, als sie meine Schritte hörte, und ich sah, daß sie Tränen in den Augen hatte; sie kehrte sich gleich wieder zu Galeiden, als ob ich gar nicht da wäre, sagte zu ihr: ich habe deine lieben Haare naß geweint, und suchte sie mit den Händen zu trocknen, wobei sie Galeiden anlächelte. Ich hatte es bereits in der Gewohnheit, zu tun, als ob manches ganz selbstverständlich wäre, was ich im Grunde höchst auffallend und wunderbar fand, und so brach ich denn flink eine gleichgültige Unterhaltung vom Zaune, worauf die beiden auch ebenso eingingen.

Hernach, als Lucile fort war, fragte ich aber doch meine Schwester, ob etwas zwischen ihnen vorgefallen sei, worauf sie antwortete: »O nein, wir sprachen von den früheren Zeiten, und Lucile beklagte sich, daß ich nicht mehr so zärtlich gegen sie sei wie damals.« – »Warum bist du es denn nicht?« fragte ich. »Sie würde mir's ja doch nicht glauben, jetzt oder später«, antwortete Galeide und starrte trostlos ins Leere. »Aber ihr schienet doch sehr liebevoll gegeneinander zu sein, als ich in den Garten kam«, fuhr ich fort. »Ich konnte nicht anders«, sagte Galeide, als ob etwas dabei zu entschuldigen sei. Ich erkundigte mich auch, ob sie von Ezard gesprochen hätten, wobei Galeidens Gesicht sofort jenen versteinerten Ausdruck annahm, den ich schon kannte, und sie sagte kalt und ruhig: »Sie fragte mich, ob ich ihn liebte.« – »Und was sagtest du?« fragte ich. »Ich sagte nein«, gab sie mir zur Antwort. Ich versuchte mir klarzumachen, warum sie wohl nein gesagt habe, und was wohl Lucile im Sinne gehabt hätte, zu tun, wenn die Antwort anders ausgefallen wäre. Als ich über das letztere Galeiden nach ihrer Meinung fragte, sagte sie: »Vielleicht hatte sie sich vorgenommen, in diesem Falle zu sagen: Nimm ihn, er soll frei sein, ich verzichte auf ihn! Aber das hätte sie in Wirklichkeit doch nicht vermocht. Also was hätte es geholfen?«

Was eigentlich Ezards und Galeidens Wünsche und Pläne waren, konnte ich mir weder hieraus noch überhaupt ganz erklären, und ich erkundigte mich auch nicht danach, weil ich selbst nicht wußte, was ich hätte raten oder widerraten sollen. Ich nahm mir nun von Tag zu Tag vor, mit meiner Schwester von Anna Elisabeth zu sprechen, mit welcher Eva und ich bereits in briefliche Unterhaltung getreten waren, ob sie mit Anbruch des neuen Jahres kommen wolle. Es wurde mir aber desto schwerer, je mehr ich es hinausschob, und der Gedanke setzte sich in mir fest, dies würde den Anstoß zu irgendeinem traurigen oder schrecklichen Ereignis geben, von dessen Art ich freilich durchaus keine Vorstellung hatte. Als Weihnachten herankam, nahm ich mir vor, erst das Fest vorbeigehen zu lassen oder aber eine Gelegenheit zu benutzen, wo die Stimmung ohnehin ernsthaft wäre, daß es in einem hin ginge. Ich war dadurch in diesen Tagen sehr bedrückt und dachte öfters an das Märchen vom eisernen Heinrich, der sein Herz in Bande geschlagen hatte; denn so war mir zumute. Vollends verstört war Galeide, und ich sah sie oftmals, wenn sie sich auf der Geige üben wollte, den Arm mit dem Bogen langsam sinken lassen und mit Augen voll Angst und Weh wesenlos ins Weite starren, als wäre sie ein verlorenes, heimatloses Kind, um das man den Mantel schlagen möchte, um es mit sich nach Hause zu nehmen und zu pflegen. Gegen mich war sie von ausgesuchter, zarter Freundlichkeit und machte auch Anstalten, daß wir ein anmutiges Weihnachtsfest verleben sollten, worin ich ihr mit gleichem Bestreben entgegenkam. Wir kauften einen schön gewachsenen, stattlichen Tannenbaum, stellten ihn im unteren Saal auf und beschlossen, ihn mit buntem Zuckerzeug und vielen farbigen Kerzen aufzuputzen, wie wir es als Kinder am liebsten gehabt hatten, kauften alles das zusammen ein und waren so vergnügt dabei wie junge Eheleute, die zum ersten Male einen Baum für ihre Kinder machen. Wir richteten alles aufs behaglichste ein, legten das Zuckerzeug und eine Menge goldiger und silberner Glaskugeln in einen großen Korb und setzten ihn am Vorabend des Weihnachtstages, nachdem wir gegessen hatten, auf den Tisch. Der Urgroßvater war mit diesem Beginnen sehr einverstanden und ging auf alle unsere Wünsche ein, blieb bei uns sitzen und ließ sich von uns necken, weil er nicht ein einziges Stück kunstgerecht am Faden zu befestigen wußte, während wir in derselben Zeit deren zehn fertig hatten, und erzählte uns dabei aus seiner Jugend, wozu er ein liebenswürdiges Talent besaß, so daß man alles hätte niederschreiben mögen, damit es aufbehalten bleibe. Er erzählte auch allerhand Stücklein, die wir in unserer Kinderzeit verübt hatten, oder lustige und ernste Dinge von unseren Eltern und deren Eltern, und zwischenhinein flocht er feine, sinnige Betrachtungen wie Arabesken und Vignetten zwischen den einzelnen Kapiteln einer alten Chronik. Nachdem er zu Bett gegangen war, blieben wir noch sitzen, bis alles gerichtet war, daß wir am Morgen den Baum nur mit den bunten Sachen zu schmücken brauchten. Dann standen wir auf, und ich wollte mich zur Ruhe begeben, allein Galeide schien dazu noch nicht gelaunt zu sein; sie reckte sich, stellte sich vor einen der hohen Spiegel und schüttelte ihre Haare, die bei der Arbeit in Unordnung geraten waren, dazu lachte sie hell und sagte, sie wollte nun noch ein wenig träumen und den Weihnachtsbaum betrachten. Ich ging und ließ sie allein, aber es war mir auffällig, und ich konnte mich des Gedankens nicht erwehren, als hoffe sie, Ezard an diesem Abend noch zu sehen. So waren die Verhältnisse unseres Lebens, daß, wie wir eben noch friedlich wie Kinder miteinander geplaudert hatten, ein Wort, ein Hauch plötzlich den ganzen Wust von Argwohn und Qual in Bewegung bringen konnte, daß er verheerend auf uns hereinzubrechen drohte. Ein Zorn stieg in mir auf, daß diese hartnäckige Leidenschaft unser Leben so rücksichtslos verderben sollte, und ich dachte, dies sei die Gelegenheit, wo ich mich einmal gründlich mit Galeiden aussprechen und ihr sagen könnte, ich habe dafür gesorgt, daß sie nicht länger den unerhörten Eingebungen ihres rasenden Herzens sich hingeben könne. Ich grübelte mich immer mehr in einen Groll hinein, während ich am Fenster stand, um alles zu sehen, was vorgehen würde, und nicht mehr der dumme Betrogene zu sein. Auf einmal sah ich Ezards kräftige Gestalt den Promenadenweg herkommen, so leichten Schrittes, daß der Schnee kaum unter seinen Füßen knirschte; er sah an unserem Hause hinauf. Dabei mochte er wohl Galeidens gewahr werden, denn er bewegte ein wenig nickend den Kopf in der Richtung des Saales und trat dann in den Garten ein. Es war weit und breit eine kalte, tote Stille; aber dennoch war dies Beginnen maßlose Kühnheit und konnte, wenn der Zufall einen späten Nachtschwärmer vorbeiführte, zum peinlichsten Verderben für uns ausschlagen. Mein Herz schlug in raschen Schlägen in meiner Brust, als ich ihn sah, wie er sich dem Hause näherte und sich an der Mauer hinaufzuschwingen begann. Dies alles ist mir jetzt, als ob ich es geträumt hätte, denn seltsam und unbegreiflich genug nahm es sich aus in der starrenden Winternacht. In meiner Entrüstung war mir ein aufregender Auftritt jetzt gerade recht, und ich eilte die Treppe hinunter und in den Saal hinein. Der war nur durch zwei kleine Weihnachtslichter erleuchtet, die Galeide wohl in der Zwischenzeit am Tannenbaum befestigt und angezündet hatte. Sie und Ezard standen dicht am Fenster, noch glühend und zitternd von der stürmischen Begrüßung, aus der mein Eintreten sie aufgeschreckt hatte, wie ich wohl sehen konnte. Indessen war ihre Haltung keineswegs die ertappter Sünder, sondern sie standen hoch aufgereckt und majestätisch da, wie etwa ein Steuermann auf einem untergehenden Schiffe, der die verschlingenden Wellen herankommen sieht und unerschüttert auf seinem Platze ausharrt. Dies empfand ich wohl, aber es empörte mich zwiefach, sie so in prangender Lebenslust dastehen zu sehen, ungeachtet des armen Lebens, das sie mit ihren Füßen zertraten, und ich besann mich nicht, ihnen das alles ins Gesicht zu sagen, obschon ich anfing, mir mehr wie ein lästiger Störenfried als ein berufener Rächer vorzukommen. Galeide kam rasch auf mich zu, legte ihre Hand auf meinen Arm und sagte: »Sprich nicht so laut, Ludolf, damit der Urgroßvater dich nicht hört.« Sie schien zwar sehr erregt zu sein, dabei aber völlig unbefangen, desgleichen Ezard, welchen ich niemals so schön gesehen zu haben glaubte. Er sagte zu mir: »Wenn du willst, laß uns morgen weiter davon sprechen, Ludolf. Ich werde jetzt gehen, und du kannst ruhig sein über den Verlauf, ich werde sorgen, daß mich niemand sieht. Laß aber Galeiden jetzt schlafen, das fordere ich.« Galeide lächelte ihn an und sagte: »Beunruhige dich nicht darum, geh nur jetzt.« Darauf sahen sie sich noch einmal fest und mit einer seltsamen Kraft an, als ob ein geheimer Zauber dabei wäre, gaben sich aber weder die Hand, noch küßten sie sich, und Ezard schwang sich auf die Fensterbank und ließ sich an der Mauer hinab. Galeide blickte ihm nach, und nach einer Weile, wahrscheinlich nachdem er unbemerkt und unbeschädigt auf dem Promenadenweg angelangt war, wandte sie sich nach mir um, mit den Worten: »Ich will dir sagen, das nimmt nun alles bald ein Ende, denn nach Weihnachten gehe ich fort.« Ich war völlig und fassungslos überrascht. »Du?« sagte ich. »Fort? Wohin?« Sie sagte: »Entweder nach Wien oder nach Genf auf ein Konservatorium, um mich in der Musik ausbilden zu lassen.« Ich wußte nicht, was ich denken sollte. »Du allein?« fragte ich. Sie sah mich halb lächelnd und halb angstvoll an, und ich glaube, daß mein Erschrecken ihre eigene Bangigkeit vermehrte, aber sie suchte sie zu unterdrücken und sagte: »Ja, es muß sein und muß gehen!« Sie warf den Kopf mit einer raschen Gebärde zurück, wie einer tut, der ein aufquellendes Schluchzen in sich unterdrücken will, dann reichte sie mir die Hand und sagte: »Gute Nacht, Ludolf!«, wobei sie mich so eigen und lieblich ansah, daß ich nicht anders konnte als sie zu küssen, obwohl ich mit ganz anderen Absichten gekommen war. Ich erinnere mich mit Deutlichkeit, daß ich, indem ich aus der Tür gehen wollte, die beiden Kerzen brennen sah und einen Schritt zurücktrat, um sie auszulöschen; dann aber dachte ich: Wozu? sie sollen nun leuchten, solange sie können, und ging hinauf. Als ich im Bett lag, mußte ich beständig an die beiden Kerzen denken, wie sie so allein in dem weiten, leeren Saale brannten, und da ich sehr ermüdet und zugleich aufgeregt war, gingen mir die Gedanken durcheinander, und ich hatte kein Bewußtsein mehr davon, ob es Kerzen oder Menschen waren, und fing aus Mitleiden zu weinen an und weinte mich in den Schlaf, wie ich zuweilen als kleiner Junge getan hatte, wenn es mir so traurig und unbegreiflich in der Welt zu sein schien. Nun brauchte ich Galeiden nichts mehr von Anna Elisabeth zu sagen, und Anna Elisabeth brauchte nun gar nicht mehr zu kommen. Ja, aber wer sollte denn das Hauswesen regieren? Alles, was ich dachte, führte mich wieder auf das große, leere Haus und an den langen Tisch, um den einst eine zahlreiche fröhliche Gesellschaft versammelt gewesen war, und an dem künftig der Urgroßvater und ich einander allein gegenübersitzen sollten. Ich hatte noch niemals so empfunden, wie vergänglich alles das ist, was den Kindern heilig und ewig zu sein scheint, und ich fühlte mich in einem Augenblicke steinalt und lebensmüde und im andern winzig und hilflos, daß ich laut hätte rufen mögen, bis einer käme, mich zu trösten. Es war mir auf einmal, als sei Galeide das Allerschönste und Allerliebste, was ich auf Erden hätte, obwohl wir gar nicht so traulich und innig miteinander verkehrt hatten, wie manche Geschwister tun. Daß ich sie zurückhalten könnte, daran kam mir kein Gedanke, denn sie tat das Richtige und Vernünftige, indem sie ging, und was hätte sonst noch werden sollen? Es war eine trostlose Nacht, wie ich mich kaum einer andern entsinne. Wenn man in der Mitte der Ereignisse ist, so hat man alle Hände voll zu tun und erträgt vieles, ohne es zu wissen; aber dazwischen gibt es Ruhepausen und Augenblicke, wo man gleichsam das graue Gespenst des künftigen Unheils aus der Ferne winken sieht, und das sind die allerschlimmsten; sie schließen sich an jene, wo man das längst Durchlebte und Durchlittene rückblickend noch einmal erleidet, wie dieser einer ist. Jetzt ist das Blatt, auf dem ich schreibe, von meinen Tränen naß, wie in jener Nacht das Kissen, auf dem ich lag.

Das Allerschwerste, was nun bevorstand, war, dem Urgroßvater Galeidens Entschluß mitzuteilen, und der Abschied von dem alten Manne. Während wir den Weihnachtsbaum schmückten, sprachen wir davon, desgleichen von meinem Vater.

Galeide sagte, er dürfe von ihrer Entfernung nichts erfahren, weil es ihm die für seine Tätigkeit nötige Ruhe nehmen würde; sie werde ihre an ihn gerichteten Briefe an mich schicken, damit ich sie von hier aus mit den meinigen zugleich abgehen ließe. Mir leuchtete das ein, auch vermied ich, länger davon zu reden, da ich sah, wie es Galeiden quälte. Sie erklärte, daß sie es am folgenden Tage dem Urgroßvater sagen wolle, wurde aber ganz blaß dabei, so daß ich ihr die innere Angst wohl ansehen konnte. Der Urgroßvater kam in demselben Augenblicke ins Zimmer, und Galeidens Traurigkeit sogleich bemerkend, umarmte er sie zärtlich und sprach ihr zu wie einem Kinde. Er mochte es dem allgemeinen Zustande zuschreiben, der Sehnsucht nach dem abwesenden Vater und so manchem anderen, was er wohl ahnte. Uns war den ganzen Tag über die Kehle wie zugeschnürt, ja, Galeide kämpfte fortwährend mit Tränen, so daß es eine Pein war, sie zu beobachten. Wir brachten den Abend bei Onkel Harre zu, wo jedermann von Galeidens bevorstehender Abreise wußte, aber des Urgroßvaters wegen wurde nicht davon gesprochen. Als wir spät am Abend nach Hause kamen, setzten wir uns unter den Weihnachtsbaum, ohne aber die Lichter anzuzünden. Plötzlich, nachdem wir einige Augenblicke schweigend dagesessen hatten, sprang Galeide auf und lehnte sich an den Sessel, auf dem der Urgroßvater saß, schlang beide Arme um seinen Hals und sagte rasch: »Großvater, morgen gehe ich fort!« Im ersten Augenblick faßte er den Sinn ihrer Worte nicht ganz, dennoch mußte er etwas Ähnliches schon geahnt haben, wie er denn stets von den Dingen um sich her mehr wahrnahm, als er für gut fand sich anmerken zu lassen, denn bald hatte er begriffen, um was es sich handelte. Aber obwohl er nun einsehen mußte, wie angemessen ein solcher Schritt war, so gab er doch vernünftigen Erwägungen nicht im mindesten Raum; denn er war wie ein Kind in seinem Herzen, das meint, durch Flehen und Trotzen selbst die Sterne vom Himmel erlangen zu können. Er faßte Galeiden fest und sagte hastig und nachdrücklich: »Nein, du gehst nicht! Glaube nicht, daß ich dich lasse! Du Kind, allein in die Welt hinaus? Wenn einer von euch gehen muß, so mag Ezard gehen! Er mag gehen, wohin er will:

Er hat uns alle ins Unglück gestürzt durch seine wahnwitzige Heirat. Du bleibst bei mir. Was sollte ich in der Welt ohne dich? Ich bin jetzt schon zu alt zum Leben, aber ich lebe, weil du mich brauchst, und werde leben, solange du mich brauchst, aber nicht ohne dich. Schwöre es mir augenblicklich, daß du mich nicht verlässest.« Galeide versuchte, ihm auf alle erdenkliche Weise zuzureden, sagte, daß sie das müßige Leben nicht länger ertrage, daß sie etwas leisten und tun wolle, nicht nur um Geld zu verdienen, sondern auch, damit er vielleicht noch einmal stolz auf sie werden könne. Aber was war ihm das? Er wollte sie bei sich haben und weiter nichts. Hätte er noch stolzer auf sie werden können, als er schon war? Hätte sie in irgendeiner Sache noch vollkommener werden können, als sie jetzt schon war? (Denn so verblendet war er!) Und sie komme ja wieder, sagte Galeide. Aber er wurde immer heftiger und sagte: »Wenn du gehst, so kommst du nicht wieder, das weiß ich. Was wird aus dir hilflosem Kinde in der Fremde? Nein, du kommst nicht wieder. Und wenn du mir nicht versprichst, hier bei mir zu bleiben, so schwöre ich dir, daß ich sterben werde, und daß du mich getötet haben wirst.« Je mehr er sich erregte, desto kälter wurde Galeide und setzte ihm eine steinerne Unbeweglichkeit entgegen, daß es einem hätte grauen können. Der Urgroßvater war aufgestanden, und seine eingesunkenen blauen Augen blitzten wie Funken in einer dämmerigen Höhle. Er stellte sich dicht vor Galeiden und rief: »Wenn du nicht bei mir bleibst, so fluche ich dir und ihm! Ja, ich alter Mann verfluche dich! Mögt ihr zugrunde gehen, wie ihr uns zugrunde richtet in eurer rasenden Leidenschaft.« Sie hörte alles an wie einen Sturm, den man vorüberbrausen läßt, und erwiderte nichts. Nun aber bemerkte der Urgroßvater, wie er alles ins Leere sprach, und in seiner Herzensangst schrie er: »Galeide, verlaß mich nicht!«, warf sich vor ihr auf die Knie nieder und umklammerte sie. Es war ein Anblick, einem das Herz im Leibe umzukehren. Galeide regte sich aber nicht und sagte: »Laß das, Großvater; es muß sein.« Aber sie war durchaus nicht ohne Herz und Erbarmen, vielmehr mochte es elender in ihr aussehen als in dem alten jammernden Manne, ja, ich hatte wirklich größeres Mitleiden mit ihr als mit ihm. Von dem, was an jenem Abend noch gesprochen wurde, ist mir nichts weiter in Erinnerung geblieben. Am anderen Tage aber war der Urgroßvater ganz verwandelt. So war nämlich seine Art, daß er, wenn er einmal etwas als unabänderlich erkannt hatte, sich in bewunderungswürdiger Weise hineinzufinden wußte und einem jeden als Vorbild hätte dienen können in der schlichten Heiterkeit, die er dem Schwersten entgegenzusetzen vermochte. Sein Gesicht war nun ganz ruhig und freundlich, und gegen Galeiden war er voll zarter Liebesbezeigungen. Er half ihr die Koffer packen und trug dies und jenes herbei, wovon er glaubte, daß es ihr Freude machen könnte. Er rief auch mich und ließ mich auf einen Stuhl steigen, um verschiedene Süßigkeiten vom Weihnachtsbaume abzunehmen, die er sorgfältig in ein Kästchen legte und in ihrem Koffer verbarg. Ja, er mutete mir sogar zu, in die Stadt zu gehen und himmelblaue und dunkelrote Bänder für sie zu kaufen, welche sie gut kleiden würden, damit sie sich in der Fremde damit schmücken könnte, was ich aber rundweg abschlug.

Obwohl sich der Urgroßvater nun beschwichtigt hatte, war damit doch noch keine Ruhe erlangt, und es blieben noch die unleidlichsten Stunden durchzumachen. Lucile nämlich hatte durch irgendeinen müßigen Schwätzer erfahren, daß Ezard und Galeide sich hie und da ohne ihr Vorwissen gesehen hatten. Sie hätte zwar ohnehin schon lange bemerken können, wie es mit den beiden stand, aber sie hatte sich gewaltsam vor der Einsicht verschlossen, weil sie sich davor fürchtete. Ohne Zweifel war sie wohl befugt, Galeiden zu hassen, aber dennoch mußte ich mir Zwang antun, um ihr recht zu geben, als sie nun in ihrem ungebändigten, ohnmächtigen Zorne vor Galeiden hintrat, um ihr ihre Frevel vorzuhalten. »Du hast mir«, sagte sie, »erst mein Kind entfremdet, dann meinen Mann an dich gerissen; wie konntest du noch wagen, mich betören zu wollen, die du so unerhört beleidigt und betrogen hast.« Daß dies alles so sei, mochte Lucile wohl in ihrem kranken Herzen wähnen, aber ebenso sicher konnte meine Schwester sich sagen, daß sie keineswegs eine solche Hexe und Verführerin sei, als welche diese Worte sie darstellen sollten. Sie verteidigte sich aber nicht, denn sie kannte ihre Schuld, wenn sie auch anders geartet war, als Lucile meinte, sehr wohl und sah die ehemalige Freundin nur traurig an. Hingegen fühlte ich mich bewogen, Galeiden gegen solche Angriffe in Schutz zu nehmen und sagte: »Daß du entrüstet bist, Lucile, ist berechtigt, auch daß du in deiner Erregung mehr sagst, als du weißt und wolltest. Aber ich muß dich dahin berichtigen, daß Galeide niemanden an sich gelockt hat, daß vielmehr dein Kind und dein Mann sich zu ihr hingedrängt haben, also deines Zornes zum mindesten ebenso wert sind wie sie.« Ich wollte noch mehreres in diesem Sinne sagen, aber Galeide legte zitternd ihre Hand auf meinen Arm, wofür ich ihr hernach dankbar war; denn es hätte mich gereut, die unglückliche Lucile in ihrer Verlassenheit noch durch ein liebloses Abwürgen ihrer Rechte zu kränken, und so verließ ich das Zimmer, um nicht länger Zeuge eines so peinlichen Auftritts sein zu müssen.

Nachdem Lucile sich entfernt hatte, ging ich wieder zu Galeiden und fand sie noch an demselben Platze und in derselben Stellung sitzen wie zuvor. Sie sah vor sich hin, und mir war bange, sie würde in Tränen ausbrechen; anstatt dessen wandte sie plötzlich ihren Kopf gegen mich und sagte mit einem süßen, traurigen Lächeln: »Weißt du noch, wie sie von der Hochzeitsreise zurückkam und mir ein goldenes Kettchen um den Hals hängte und sagte: Ich habe immer an dich gedacht, mein Liebling, selbst als ich mit Ezard vor dem Altare stand; und wie wir beide weinten vor Freude.« Die Erwähnung dieses Umstandes nahm mich wieder für Lucile ein, und ich sagte: »Und dies ist nun das Ende. Aber es ist doch deine Schuld!« – »Ja«, erwiderte sie, »das weiß ich wohl.« Was ließ sich dazu noch sagen? Sie wußte es, und doch tat sie es, das entrüstete mich bald, und bald wieder überwältigte es mich, und ich sagte mir: Was sie tut, muß sie tun, wie ein Wasserfall stürzen und ein Feuer brennen muß; denn sonst würden Reue und Gewissensqualen ihr weiches Herz zermalmen.

Ezard brachte, ohne noch auf irgend jemand Rücksicht zu nehmen, die letzten Stunden bei uns zu, und es schien sie beide auch nicht zu stören, wenn wir in ihrer Gesellschaft waren. Auch hatte ihr Betragen gegeneinander nichts Anstößiges, vielmehr dachte man, es sei ganz in der Ordnung und das rechtmäßigste Verhältnis von der Welt. Ich bemerkte, was mir einen besonderen Eindruck machte, daß Ezard es ängstlich vermied, auch nur in die leiseste Berührung mit Galeiden zu geraten, als wäre sie von Feuer und würde alles in Brand setzen, wenn er sich ihr näherte. Niemand, der ihn in diesen Stunden gesehen hat, würde ihn je als Frevler verurteilen können, eine solche Gewalt und Hoheit der Leidenschaft zugleich war in seinen Zügen. Wie soll ich es beschreiben? Es war, als ob sein Gesicht durchsichtig wäre, und man sähe die heiße Seele durchleuchten. Auch wagte keiner, ihm einen Vorwurf zu machen oder überhaupt etwas Ungelindes zu ihm zu sagen; der Urgroßvater behandelte ihn mit ebenso großer Zartheit und Rücksicht wie Galeiden.

Ich hatte meiner Schwester angeboten, sie eine Strecke weit zu begleiten, was sie auch angenommen hatte. Kurz ehe wir uns zum Bahnhof begeben mußten, stand Ezard plötzlich auf, da wir mitten im Gespräch waren, wechselte einen langen Blick mit Galeiden und ging fort. Wir dachten anfänglich, er würde noch einmal zurückkommen, aber es zeigte sich, daß dieser Blick der ganze Abschied dieser beiden so eng verbundenen Menschen gewesen war. Galeiden war nichts anzumerken, als daß sie um etwas blasser geworden war. Da sie sich nun aber von dem Urgroßvater trennen sollte, zerfloß sie in Tränen, daß man hätte meinen können, sie würde sich in einen rieselnden Quell auflösen wie jene Undine. Desgleichen preßte er sie immer wieder an sich und nannte sie bei den kindlichen Kosenamen, die er ihr zu geben pflegte, und dazwischen rief sie: »Großvater, laß mich los! laß mich los!«, während sie sich doch selbst nicht aus seinen Armen zu reißen vermochte. Als wir aber im Eisenbahnzuge waren und die Stadt einmal hinter uns lag, faßte sie sich bald und fing von allerlei Dingen mit mir zu reden an. Sie bat mich auch, nicht zu weit mitzufahren, da ihr der Gedanke an die Einsamkeit des Urgroßvaters in dem großen, leeren Hause allzu schrecklich sei. So nahmen wir Abschied voneinander, und ich sah sie in die weite, unbekannte Ferne hinausfahren, und etwas in meinem Herzen sagte immer: Da fährt meine Kinderzeit hin! Da geht mein Kinderglück, da verschwindet es! Es kommt nie mehr, nie mehr! Die Augen standen mir voll Tränen, und ihr Gesicht, das mir aus dem entweichenden Zuge zunickte, erschien mir durch diesen Schleier wie das des kleinen Mädchens, das mir so oft entgegengelaufen war, wenn ich aus der Schule kam. Gute, kleine Galeide! flüsterte ich; aber zurufen konnte ich es ihr nicht, denn mir war sehr weh und übel zumute.

Unterdessen war Anna Elisabeth zu Hause angekommen und hatte Galeidens Zimmer bezogen. Ihre Gegenwart machte sich sofort auf das erfreulichste fühlbar. Wo sie war, konnte es weder traurig noch langweilig sein. Ja, bezaubernd konnte sie sein, obgleich sie viel zu träge und zu vornehm war, um es darauf abzulegen. Sie erinnerte mehr als ihre Schwester Eva an meine Mama und an Galeiden, aber sie war schlanker in allen Verhältnissen und ätherischer; ihre Hände waren das Weißeste, Schlankste und Feinste, das man sich denken kann. Sie war einige Jahre älter als ich und liebte es, mich zierlich neckend wie einen Knaben zu behandeln, was mich wohl sehr verdrossen hätte, wenn ich einer gewesen wäre, so aber kam es mir höchst anmutig vor, und ich ließ es mir gerne gefallen. Sie wußte mit allen Menschen in der für sie passendsten Art zu verkehren und zeigte für alle ein gemäßigtes Wohlwollen; niemals war sie, wie so viele Frauen sind, eifersüchtig auf die Vorzüge der andern, sondern freute sich aufrichtig an denselben, was sie wohl konnte, da sie unter den Allerschönsten und Allerliebenswürdigsten noch prächtig zur Geltung kam, und zwar ohne daß sie selbst das mindeste dazu zu tun schien. So war sie die Ursache, daß das Leben in unserem Hause ein gefälligeres Aussehen gewann, besonders, nachdem der Weihnachtsbaum entfernt war, der noch immer einen Duft trauriger Erinnerung um sich verbreitet hatte. Als man ihn fortgenommen hatte, sagte der Urgroßvater: »Nun sitzt das Kind nicht mehr unter dem Baume«; womit er Galeiden meinte, die er wohl im Geiste noch immer dort gesehen haben mochte.
Ezard sahen wir nun nur noch selten; unser Haus mochte ihm öde erscheinen, seit Galeide es verlassen hatte, auch hatte

Lucile den Plan gefaßt, ihn durch ein wechselreiches Gesellschaftsleben zu zerstreuen. Hieran fand sie zugleich selbst Vergnügen, was sie aber sich selbst sowenig wie irgend jemand anders eingestanden hätte; mein Vetter dagegen hatte die mäßige Lust, die er an der Geselligkeit gehabt hatte, nun vollends verloren, betrug sich indessen so vergnügt und unterhaltend, wie es anständig war, und lebte überhaupt äußerlich so weiter, als ob die Abreise Galeidens ihn nichts angehe oder doch keinen Einfluß auf ihn habe. Er fuhr noch fort, sich hie und da auf Reisen zu begeben, obwohl kein eigentlicher Grund mehr dazu vorlag; wenigstens in Ansehung der Wasserwerke war man allmählich zu einem Schlusse gekommen, der für uns alle von großer Wichtigkeit war.
Der Norweger, von dessen Beliebtheit in unserer Familie ich gesprochen habe, hatte den Plan zu einer Wasserleitung entworfen, wobei ein von ihm selbst erdachtes System zur Anwendung kommen sollte, das an Güte und Brauchbarkeit, wie er versprach, alles bisher Bekannte übertreffen würde. Es gelang ihm, Onkel Harre vom Werte seiner Erfindung so vollkommen zu überzeugen, daß derselbe sich zu einer gewagten Unternehmung hinreißen ließ. Der Senat nämlich zögerte trotz aller gemachten Vorbereitungen, etwas Gründliches zu tun; besonders aber stieß er sich an dem Umstand, daß Karlsen ein Fremder war, während man den mit dieser Anlage verbundenen Ruhm und Gewinn einem Einheimischen lieber zugewendet hätte. Auch hatte Karlsen nicht verhehlt, daß es großer Summen bedürfte, bis alles in den richtigen Gang gebracht sein würde, welche zu wagen unser Rat in allzu großer Vorsicht und Bedenklichkeit Scheu trug. Dagegen machte er dem Norweger den Vorschlag, er möchte die Ausführung seines Planes auf eigene Hand unternehmen, in welchem Falle er, der Senat, sich zur Übernahme des Ganzen gegen eine beträchtliche Summe und Rückerstattung der Kosten verpflichten wollte, sowie die Brauchbarkeit der Wasserleitung sich erwiesen habe. Ezard war von uns der einzige, der das Technische der Angelegenheit in etwa zu beurteilen verstand, allein er war sich wohl bewußt, daß er einen großen Teil seiner Kenntnisse eben durch des Norwegers Vermittlung gewonnen

hatte und kaum befähigt war, ihn zu übersehen. Er verhielt sich deswegen der Sache gegenüber zurückhaltend, während Onkel Harre seinen Glauben an die Persönlichkeit des jungen Ingenieurs unbesehen auf seine Erfindung übertrug, von der er im Grunde sowenig verstand wie vom Ding an sich oder von der Dreieinigkeit. Ohne irgend jemand zu fragen, noch auf jemand zu hören, warf er den größten Teil seines Vermögens in diese Unternehmung, für deren Gelingen er keine andere Bürgschaft hatte als die zuversichtliche Haltung des Norwegers, welcher aus eigenen Mitteln nicht imstande war, seine Erfindung ins Leben zu rufen, aber aufs bestimmteste versicherte, in wenigen Jahren würde Onkel Harre seine Einlage vervielfältigt zurückerhalten. Nachdem mein Onkel einmal diesen Schritt getan hatte, hielt es Ezard für das einzig Richtige, nun alle denkbare Kraft auf ein rasches Vorwärtsschreiten des Werkes zu richten, damit es nicht durch nachlässige Handhabung ins Stocken gerate. Zu dem Zweck beteiligte er sich nicht nur gleichfalls mit Geld an dem Unternehmen, sondern er warf seine übrigen Berufsgeschäfte nunmehr gänzlich beiseite und widmete sich lediglich der Förderung dieser großartigen Anlage. Die lebhafte Tätigkeit, zu der ihn dies veranlaßte, befriedigte ihn zunächst und erfüllte ihn mit Hoffnungen auf Gelingen des Planes und günstige Verwertung des daran gewagten Kapitals. Je nachdem aber Stockungen oder Schwierigkeiten in der Sache an den Tag traten, konnte man ihm auch eine innere Unruhe anmerken; ja, immer häufiger hatte er ein zerstreutes, rastloses Wesen an sich, das durchaus nicht seiner wahren Natur entsprach. Er machte sich dann Vorwürfe, daß er seinen Vater nicht gewaltsam zurückgehalten hatte, sein Vermögen aufs Spiel zu setzen; denn wenn das eingebüßt wurde, so mußte allerdings ein unabsehbares Unglück entstehen.

Onkel Harre nämlich hatte in der letzten Zeit so merklich gealtert, daß es selbst für uns, die wir ihn fast täglich sahen, auffällig war. Zwar erfreute er uns noch immer durch die straffe Haltung und den elastischen Gang, womit er jünglingshaft einherschritt, aber seine Arbeitskraft hatte nachgelassen, und ebenso erlahmte der Übermut seiner früheren Lebensauffassung. Während er sonst meinen Vater gern geneckt hatte wegen seiner Schwarzseherei, vermochte er jetzt oft selbst nicht einen tiefen Trübsinn von sich abzuschütteln, plagte sogar nicht selten seine junge Frau mit solchen düsteren Anwandlungen. Freilich bestand noch der Unterschied, daß an ihm krankhaft erschien, was meines Vaters natürliche Art war. Auch verlachte er sich selbst und bekämpfte es mannhaft, und als ihm das auf andere Weise nicht gelang, suchte er es auf dem Wege ärztlicher Behandlung zu bessern. Man pflegt zu sagen, daß die geschicktesten Ärzte in bezug auf sich selbst blind seien. Dies traf nicht ganz in bezug auf meinen Onkel zu, wenigstens hatte er Augenblicke, wo er seinen eigenen Zustand aufs deutlichste erkannte. Aber er hatte eine Theorie, wonach man körperliche Leiden mehr als durch Arzneien mit dem Willen bekämpfen sollte und besiegen könnte, eine Auffassung, zu der ihn seine starke und vielvermögende Natur gebracht hatte und die auch manches Korn Wahrheit in sich haben mag, die aber für einen Arzt, wenn er ihr grundsätzlich anhängt, doch mitunter gefährlich werden kann. Es kam auch wirklich vor, daß er darüber die rechtzeitige Anwendung derjenigen Mittel vernachlässigte, welche den Leidenden durch Einwirkung auf den Körper heilen sollten. Als es ihm nun allmählich klar wurde, daß bei ihm der Wille nicht mehr das ausrichtete, was er von ihm verlangte, verzweifelte er im innersten Bewußtsein völlig an einem Wiedererlangen der richtigen Gesundheit und Kraft, fing aber doch an, sich zu den verschiedensten Kuren herbeizulassen und besuchte bald dieses, bald jenes Bad, kehrte aber, da er ohne rechtes Zutrauen war und sich deshalb gar nicht an die vorgeschriebene Lebensweise hielt, stets mit noch mehr zerrütteten Nerven zurück. Es paßte auch wirklich seine Theorie auf ihn so gut wie vielleicht auf keinen sonst, und daß sein Geist das Krankhafte in ihm nicht bemeistern konnte, war ein Zeichen, daß eben der Geist selbst nicht mehr gesund war, sei es nun, daß Alter oder daß ein anderes Leiden ihn abschwächte. Diese Erkenntnis war denn auch meinem Onkel viel eher gekommen, als er sich merken ließ, und tat ihm die furchtbare Möglichkeit auf, bei zunehmendem Alter geradezu einer Geisteskrankheit zu verfallen. Er sprach nun sogar zuweilen davon, aber nur dann, wenn er bei sehr lustiger, ja übermütiger Laune zu sein schien, so daß man es für Scherz und Unsinn wie anderen halten konnte. Er pflegte dann etwa zu sagen: »Ihr jungen Leute, du, Ezard, oder du, Ludolf, bewährt euch in einem solchen Augenblicke als wahrhaft freie und großdenkende Menschen und drückt mir eine Waffe in die Hand, damit sich der körperliche Tod dem geistigen sofort anschließt. Denn es ist die Pflicht eines Menschen, der Söhne und Töchter hat, ihnen nicht nur einen guten Namen, sondern auch das Bild eines kräftigen und tüchtigen Vaters zu hinterlassen, damit sie sich seiner erfreuen und er ihnen eine wohltätige Erinnerung sei, nicht aber ein Popanz, der sie für ihre eigene Zukunft fürchten macht.«

Mit solchen Reden entsetzte er die unschuldige Eva und ebenso Lucile, die sie um so mehr für frevelhaft und vermessen ansah, als sie sie für bloße Worte ohne tiefere Meinung hielt, noch mehr aber den Urgroßvater, nach dessen Ansicht der Selbstmord eine Todsünde war, wovon er nicht einmal reden zu hören ertragen konnte. Der Urgroßvater nämlich, der sich in einem philosophisch verbrämten Christentum gefiel, sah Gott gewissermaßen als die höchste Weisheit und Zusammenfassung alles Guten in der Welt an, dem es vorbehalten bleiben müsse, mit dem Leben der Menschen zu schalten. Der Selbstmörder war in seinen Augen ein ruchloser Aufwiegler, der in die Rechte der Allmacht eingreift, ein Prometheus, der dem Licht- und Lebensverleiher einen Funken entwendet, und für den keine Strafe dort und kein Urteil hier zu schmachvoll sei.

Anna Elisabeth hatte einen weit schärferen Blick als ihre Schwester Eva und viel weniger Vorurteile als ihr Großvater und faßte deswegen Onkel Harres Andeutungen einerseits ernster auf als Eva, anderseits beurteilte sie sie weniger streng als der Urgroßvater. Aber sie wandte sich von allem ab, was häßlich und trübselig war, und verstand es, mit großer Geschicklichkeit derartige Gespräche in das Geleise spielender Plauderei überzuleiten und nichts von ihren tieferen Gedanken zu verraten. Indessen bekümmerte sie sich viel um Onkel Harres und Evas Vermögensverhältnisse mit einem Verständnis für Geldangelegenheiten, das mich in Erstaunen und Bewunderung versetzte, und machte Eva Vorstellungen, daß sie sich mit diesen Dingen beschäftigen müsse, da sie nicht erwarten könne, daß ihr Mann das völlige Erwachsensein ihrer Kinder erlebte (freilich hatte sie bis dahin nur eines, und es blieb auch dabei) und sie dann für die fernere Erziehung aufzukommen habe. Zu mir sagte Anna Elisabeth einmal: »Lieber Ludolf, es war recht unklug, daß sich eure Familie mit der unserigen verband. Denn wir Olethurms stellen das weibliche Prinzip dar, ihr Ursleuen das männliche: Nun sagt man, daß der Mann erwerben, die Frau das Erworbene zusammenhalten müsse. Was kann aber wohl Gutes daraus entstehen, wenn beide das sie Treffende gerade am mindesten verstehen? Eigentliches Erwerben, worunter zu verstehen ist, rastlos und fleißig einen gediegenen Taler zum anderen fügen, das könnt ihr nicht; wir aber, wie ich dir gerne zugestehen will, hätten noch längst den einen ausgegeben, ehe der folgende dazukäme. Kurz, wir können nichts, als in ausgesuchter Weise uns zu gegenseitigem Verderben in die Hände arbeiten. Hätte ich euch alle früher so gut gekannt, wie ich euch jetzt kenne, so hätte ich nie zugegeben, daß Eva noch durch den Gemahl an euch gekettet würde.«

Eva suchte sich nun zu verteidigen und kramte die Grundsätze, nach denen sie ihren Haushalt eingerichtet hatte, stolz vor uns aus; sie waren auch nach meinen Begriffen achtbar genug, aber Anna Elisabeth lachte und sagte: »Du Goldkind, jedes deiner Worte bestätigt nur, was ich sage. Das also hältst du Arglose für Sparen und Zusammenhalten? Wenn man dir nun sagen würde: Aber dies und dies und jenes wäre doch überflüssig!, so würdest du antworten, gerade wie der Großvater: Ja, das muß sein! Das ist anständig und menschenwürdig! Das ist einfach notwendig!« Ich sah wohl ein, daß Anna Elisabeth gut beobachtete und im ganzen recht hatte, dennoch taten mir ihre Worte weh, und zwar, wie ich jetzt klarsehe, weil sie zu beweisen schienen, wie wenig sie an eine nochmalige Verbindung unserer Geschlechter untereinander dachte. Ich sagte hierauf, daß mir scheine, mit der Erkenntnis dieser

Schwächen wäre zugleich der Grund zu ihrer Besserung gelegt, und wenn man einmal wisse, daß man irregehe, könne man auch mit einiger Anstrengung auf den rechten Weg gelangen. Da sah mich Anna Elisabeth lächelnd an und sagte: »Lieber Junge, wenn du jemals wie ein tauglicher Bürger Geld verdienen und anhäufen kannst, so hast du deine schönsten Talente bisher mit mehr Verstellungskunst vor mir verborgen, als ich dir zugetraut hätte. Ich bekenne von mir, daß ich mehr Kraft in mir fühle, die Schätze des Königs von Siam zu vergeuden, als das Einkommen unseres eben angeführten Bürgers auf den Jahresring zu verteilen; und diese Selbsterkenntnis rechne ich mir zum Verdienst an, denn sie allein unterscheidet mich von den übrigen Olethurms und bewahrt mich vor unklugen und verderblichen Handlungen.«
Es vermehrte meine Bewunderung für Anna Elisabeth, daß sie so außerordentlich recht hatte, aber ich behielt mir vor, ihr einmal durch die Tat zu beweisen, daß sie mich doch nicht so völlig durchschaut hätte, wie sie glaubte, und ich genoß im Geiste schon die bescheidenen Freuden eines schlichten und arbeitsamen Lebens. Allein an dieser Vorfreude ließ ich mir genug sein und verschob den wirklichen Beginn dieses verbesserten Wandels auf einen Zeitpunkt, den ich mir merkwürdigerweise immer in einer gleichbleibenden Entfernung vorstellte. Ich war aber dabei überzeugt, daß ich eines Tages die Welt durch plötzliche Entfaltung der trefflichsten bürgerlichen Tugenden überraschen würde, und freute mich darauf wie auf die Taube, die dem Schlaraffen gesalzen und gebraten vom Himmel her in den offenen Mund fliegt.

Wir hatten nun wohl gedacht, es würden klägliche Briefe von Galeiden kommen, aus denen das Heimweh herausquellen würde wie goldgelbes Harz aus einer Tanne. Gott bewahre! Sie waren meist so eilig geschrieben, daß man Mühe hatte, sie zu entziffern, und da war bald die Rede von dem blauen Genfer See (denn nach Genf hatte sie sich begeben) und den weißen Schneebergen, von ihren Abenteuern beim Französischreden, von den neuen Bekanntschaften, von ihrer Tätigkeit und vielen Arbeit, und alles in einem so heiteren Tone, daß man oft glaubte, sie zwischendurch lachen zu hören. Daraus schöpfte der Urgroßvater sogleich die Hoffnung, daß sie darauf und daran sei, Ezard zu vergessen oder mindestens zu verschmerzen, und da er daneben überzeugt war, daß ein jeder, der sie kenne, sich in sie verlieben müsse, formte er geschwind die prächtigsten Heiratspläne. Mir leuchtete das wenig ein; denn ich kannte den erbitterten Eigensinn, den Galeide bei aller ihrer Sanftmut besaß, und daß sie von Ezard niemals lassen würde, stand mir fest wie eine ägyptische Pyramide. Ich verschwieg aber meine Überzeugung dem Urgroßvater und ließ ihn sich an seinen Luftschlössern vergnügen.

Mir verging damals die Zeit schnell und leicht, was ich Anna Elisabeth zu verdanken hatte, die mir täglich neu und reizend erschien, so daß ich mich des Abends darauf freute, sie am folgenden Morgen wiederzusehen, und des Morgens, ihr mehrere Male am Tage gegenübersitzen zu dürfen oder sie ihre lange, zierliche Schleppe anmutig durch unsere Gemächer schleifen zu sehen. Zuweilen stand es ganz fest in mir, daß ich sie liebte und sie heiraten müsse. Aber dann kam mir wieder in den Sinn, was sie über die Eigenart unserer Familien gesagt hatte, und daß wir einander doch nicht glücklich machen könnten. Ich vertraute alle meine Zweifel Eva an, welche mir verständig und wichtig zuhörte und jedes Für und Wider mit mir erwog wie ein feiner Diplomat mit dem europäischen Krieg in der Toga. Manchmal wenn ich sie so dasitzen sah, die Arme auf den Tisch gestützt und das Kinn auf den gefalteten Händen ruhend, rührte es mich, daß sie in ihrer Jugend die Vertraute meiner Liebesleiden sein sollte wie eine gute, zurückgesetzte Tante, und ich sagte dann wohl zu ihr: »Nicht wahr, Eva, wenn du Kummer hast, so vertraust du es mir auch an?«, worauf sie lächelnd erwiderte: »Du Einfältiger, ich bin ja längst verheiratet!« Aber ich sah, wie es dabei heimlich um ihre Lippen zuckte, fragte indessen nicht weiter nach, da es ja Leiden gibt, die sich nicht verflüchtigen, wenn man sie klagt, sondern anwachsen, und Tränen, die das Weh nicht wegwaschen, sondern vergiften.

Unversehens war der Augenblick da, wo mein Vater von drüben zurückkehren sollte. Es war, wie wenn sich Wetterwolken am Horizonte auftürmten, als von seiner nahe bevorstehenden Ankunft die Rede war. Vornehmlich war unsere Sorge, was er zu Galeidens Entfernung sagen würde. Niemand wollte der sein, der es ihm zuerst mitteilte, und ich fing an, erbittert auf sie zu werden, daß sie uns in diese Not gebracht hatte, anderseits sie zu beneiden, daß sie zu gelegener Zeit den Staub der Heimat von den Füßen geschüttelt hatte. Der Urgroßvater gab indessen vor, ihm sei es keineswegs bange, denn Galeide habe das einzig Richtige und Gute getan; er hatte völlig vergessen, wie heftig er ihrem Plane anfänglich entgegengetreten war, und sah das Ganze nun etwa so an, als ob es sein eigener Einfall und längst gehegter Wunsch gewesen sei. Wir hielten es aber doch für das geratenste, meinen Vater allmählich vorzubereiten, und wiesen Galeiden an, ihm alles zu schreiben, bevor er bei uns einträfe. Sie sah auch ein, daß sie es uns schuldig sei, uns die bevorstehenden peinlichen Tage einigermaßen zu erleichtern, und schrieb ihm einen langen Brief, worin sie ihm ausführlich erzählte, wie das alles gekommen sei, wie gute Früchte es zu tragen scheine, und wie sich dadurch alles zum Guten kehren werde. Ob sie davon so gänzlich überzeugt war, weiß ich nicht; jedenfalls waren es lauter leere und vergebliche Worte für meinen Vater, der nichts weiter daraus las, als daß ihm sein Kind entrissen sei, durch eine frevelhafte Leidenschaft von Haus und Hof gejagt, schutzlos in die ferne Schweiz, die er als ein barbarisches und gottvergessenes Land betrachtete, hauptsächlich aus dem Grunde, weil sie Galeiden an sich gezogen hatte und für sie die Fremde war. Wie dem nun auch sein mochte, es war sicherlich eine traurige Heimkehr. Wir hatten uns vor leidenschaftlichen Ausbrüchen der Verzweiflung und Anklage gefürchtet, aber dergleichen erfolgte nichts. Er begrüßte uns gütig und liebevoll, fragte nicht nach Galeiden; aber als er in das Wohnzimmer kam, sah er nach dem Platze, wo sie gewöhnlich gesessen hatte, setzte sich müde in eine Ecke des Sofas und weinte. Nun hätte ich lieber gewollt, daß er laut klagen und jammern möchte, denn dieses lautlose Rinnen der Tränen war ein Anblick, um das Herz zu zerreißen; sie schienen von selber und ungeheißen zu fließen wie ein Bergwasser den Felsen hinunter, wie posthume Tränen, die sich noch immer nicht gebieten lassen, obwohl der Weinende den Schmerzen schon erlegen ist, die sie ihm erpreßten. Er blieb auch ferner weich und innig gegen uns alle, nur Ezard weigerte er sich zu sehen, weil er ihn als den Zerstörer seines liebsten Glückes betrachtete. Von dem geschäftlichen Erfolge seiner Reise sprach er nicht, und wir drangen auch nicht sonderlich in ihn; denn wie ich schon öfter angedeutet habe, der Urgroßvater und ich fanden es natürlich, daß stets genügend Geld da war, fragten aber nicht viel danach, wie es beschafft würde. Ich bezog nun allerdings als Verwaltungsbeamter ein leidlich gutes Gehalt, aber für meine mannigfachen Bedürfnisse war es doch gering, um so mehr, da ich es zum Teil verwenden mußte, um alte Universitätsschulden abzutragen. Also verbrauchte ich gedankenlos von dem Gelde, das mein Vater nicht nur mit dem Schweiße seiner Arbeit, ich kann vielmehr wohl sagen, mit seinem Herzblute verdiente. Denn dem Unglücklichen eröffneten sich stets bereitwillig neue Kredite, einesteils seines alten und guten Namens wegen, dann aber auch, weil seine Persönlichkeit überall Vertrauen erweckte und niemand für möglich hielt, daß eine in seiner Hand liegende Sache unsicher sein könne. Es war dahin gekommen, daß seine Verbindlichkeiten zu bedeutend geworden waren, als daß er sich jemals völlig daraus zu lösen hoffen konnte; denn das Geschäft, das jetzt zum großen Teil mit fremdem Gelde arbeitete, war auf keine Weise mehr in den früheren blühenden Stand zurückzuführen. Unausgesetzt erwog er in seinen Gedanken, wie er sich, vorzüglich aber uns, aus dieser Verstrickung retten könnte, und so mag es ihm zuletzt als die einzig mögliche Erlösung erschienen sein, daß er selbst aus dem vergeblichen Kampfe und aus dem Leben zurücktrete.

Wenn ich mir vorstelle, daß ein anderer, der uns nicht gekannt hat, diese Blätter lesen würde, befällt mich eine Unruhe, daß derselbe nach der unüberlegten, kindischen Art der Menschen ein rasches Urteil über meinen Vater sprechen könnte, wobei ich nicht gegenwärtig wäre, um ihn zu verteidigen, und ich frage mich, ob meine Liebe mir nicht verbieten sollte, diese Dinge niederzuschreiben. Hinwiederum sage ich mir: Nur wenn man alles, auch das Letzte, von einem Menschen weiß, versteht man ihn ganz, und jeden Menschen, auch solchen, den man gemeinhin schlecht nennt, liebt man desto mehr, je mehr man ihn kennt und versteht, was für die Menschheit ein gutes Zeichen ist. Mir aber, und dieses schreibe ich mir zur Erbauung und Freude, erwächst das Bild meines Vaters, indem ich es Strich vor Strich aus der Erinnerung entwerfe, treu und ausdrucksvoll vor den Augen und deutlicher, als ich ihn im Leben begreifen konnte. Ein Kind bewundert Gott in seinen scheinendsten Werken, dem gewölbten, wolkigen Himmel, der Sonne und den nächtlichen Gestirnen; das Alltägliche oder gar das Mangelhafte in der Welt der Erscheinung, dessen Folgerichtigkeit es noch nicht einzusehen vermag, läßt es sich nicht einfallen, mit Gott in Verbindung zu bringen. In ähnlicher Weise bewunderte ich als Kind meinen Vater wegen seiner Allmacht, Allwissenheit und Unverletzlichkeit (was ich ihm alles zutraute); nun aber, da ich mir den Kampf seines hochgestimmten Herzens mit den Schwächen seiner Menschlichkeit vergegenwärtigen kann, liebe und verehre ich ihn deshalb nicht weniger, vielmehr mit um so innigerem Verständnis und tieferer Demut.

Für uns zu arbeiten hatte mein Vater sich niemals gescheut: was hatte er anderes getan lange, schöne Lebensjahre hindurch? Allein das mochte ihm unerträglich scheinen, dem Tadel und der Geringschätzung der Welt zu trotzen, vor allem aber in den Blicken seiner Kinder, die ihm jetzt schon so oft der schuldigen Liebe zu ermangeln schienen, etwa einen kalten Vorwurf zu lesen. Vieles wird er berechnet und erwogen haben: daß er, unzuverlässig geworden in den Augen der Menschen, uns nicht mehr nützen, nur noch schaden könne, daß sein Unglück unseren Lebensweg verdunkeln werde, während ein Toter, als der Geist, der er ist, keinen Schatten mehr wirft. Ich denke mir, daß er vor allem auch hoffte, ich würde mich, wenn die Not und schwerer Ernst schroff vor mich hinträten, mannhafter zeigen als bisher und das Bewußtsein meiner Pflichten lebhafter begreifen. Am meisten quälte ihn wohl der Gedanke, daß wir nicht nur von seinem Bruder, sondern auch von Ezard würden Wohltaten annehmen müssen; denn es verstand sich von selbst, daß die ganze Familie sich zusammenscharen würde, um das Unglück zu mildern, das sie nicht hatte abwenden können. Wenn ich versuche, das, was er gedacht und gefühlt hat, nachzufühlen, so kommt mir dieses; doch mag sich noch vieles und Furchtbares dazugesellt haben, wovon ich nichts weiß. Denn ausgesprochen hat er von diesen Dingen nie ein Wort; er war sehr still und erschien uns allen verändert. Seine hohe und breite Gestalt war zwar noch keineswegs die eines alten Mannes, was er ja auch den Jahren nach nicht war; doch war sein dichtes schwarzes Haar stark gebleicht, und eine gramvolle Müdigkeit schien beständig seine Augen zu bedrücken. Er war unseren Bemühungen, ihm das Leben freundlicher zu gestalten, so sanft zugänglich wie lange nicht, und ging sogar auf unseren Vorschlag ein, eine kleine Erholungsreise mit mir anzutreten. Das offenbare Leiden seines Gemütes, welches wir hauptsächlich Galeidens Entfernung zuschrieben, glaubten wir, würde sich durch die Einwirkung der Natur am ehesten mildern lassen. Als geeigneten Aufenthalt schlug ich ihm, da die Zeit meines jährlichen Urlaubs kam, das nicht allzu ferne Harzgebirge vor, wo wir schon zu verschiedenen Malen in unserer Kinderzeit gewesen waren, und wohltuende, freundliche Erinnerungen zugleich mit dem würzigen Duft der Tannenwälder seine Seele erheitern konnten. Bereitwilliger als ich erwartet hatte, erklärte er sich damit einverstanden und bedang sich nur aus, daß der kleine Harreke uns begleiten sollte. Mit diesem nämlich verband ihn eine zärtliche Freundschaft; es schien, als habe er auf Ezards Sohn alle Liebe übertragen, die er einst für diesen selbst gefühlt, nun aber ihm um einer furchtbaren Verirrung willen entzogen hatte. Es war aber noch etwas, was diese beiden aneinanderfesselte: Während die Erwachsenen Galeidens Namen aus Rücksicht auf alle, die unter seiner Erwähnung litten, fast nie mehr aussprachen, trug ihn der kleine Harre treuherzig auf den Lippen, ohne daß man es ihm zu verbieten sich getraute. Auch bemerkte er ohnehin mit dem tiefdringenden Blick der Kinder, wo es nicht anging, diesen allzu geliebten Namen zu nennen, doch er hatte bald herausgefunden, daß meinem Vater kein Gespräch willkommener war, und zwar gerade dann, wenn er mit dem Kleinen

allein war, der mit ihm die Sehnsucht nach Galeiden teilte, aber von aller Bitternis, die mit ihr verknüpft war, nichts ahnte.
So strichen diese beiden, als wir uns an einem besonders lieblichen Ort im Harze niedergelassen hatten, täglich Hand in Hand waldeinwärts, wobei mein Vater sich etwas gebeugt halten mußte, damit der kleine Mann ihn erlangen konnte. Zuweilen begleitete ich sie; allein mein Vater ermunterte mich, größere Ausflüge zu unternehmen, was ich denn auch tat, ganz allein, aber von angenehmen Bildern begleitet und unterhalten, die alle auf Anna Elisabeth Bezug hatten. Es behagte mir, mich an der Ausmalung bevorstehenden Glückes zu ergötzen, aber doch noch die Freiheit zu behalten, es herbeizuführen oder nicht. Freilich wußte ich ja durchaus nicht, wie sie mein Geständnis aufnehmen würde, aber ich traute meiner Liebe zu, wenn ich nur erst mit Bestimmtheit wollte, ihr Herz zu meinen Gunsten zu bewegen. Die Trennung von ihr würde mir schwerer geworden sein, wenn sie nicht versprochen gehabt hätte, uns in Bälde zu besuchen; so war der Schmerz, sie zu entbehren, mit der schmeichelnden Erwartung verbunden, es würde aus der kurzen Winterszeit dieser Trennung plötzlich ein wunderbarer Lenz hervorblühen. Als nun eines Tages eine Besucherin gemeldet wurde, schlug mein Herz froh, und ich dachte nicht anders, als daß ich im nächsten Augenblick Anna Elisabeth begrüßen würde. Es war aber Lucile, welche gekommen war, um Harreken zu holen, da sie es ihren Erziehungsgrundsätzen nicht gemäß fand, ihm ein Vergnügen überreichlich zuzumessen. Der Junge empfing seine Mutter mit nicht minderer Enttäuschung als ich, wenn auch aus anderen Gründen. Er verstand sofort, daß er nun aus dem guten grünen Walde und von dem liebreichen Großonkel wegsollte, und packte sogleich dessen Hand, als könne er sich daran festhalten. Der war selbst betrübt, daß er das Kind hergeben sollte, aber er wagte nicht, Luciles Willen entgegenzureden, und sprach dem Kleinen nur begütigend zu, um ihm das verhaßte Muß schmackhafter zu machen. Das kleine Wesen begriff gut, daß der Großonkel geradesogut für sich selbst predigte wie für ihn, und der Umstand, daß sie beide gleich litten, schien

ihn am allermeisten zu trösten, obgleich er anderseits die Wehmut verstärkte. Am Abend nahm mein Vater ihn auf den Arm und trug ihn selbst ins Bett.

Lucile sagte währenddessen zu mir: »Ich liebe deinen Vater, als wäre er der meinige; aber er hat eine Art, die Kinder weniger noch zu verwöhnen als zu verweichlichen durch seinen Gefühlsüberschwang, die ich durchaus mißbillige.« Im Innersten mußte ich zugeben, daß Lucile nicht unrecht hatte. Da ich es aber nicht gut ertragen konnte, jemanden sich tadelnd über meinen Vater äußern zu hören, mich jedoch auch mit Lucile nicht in einen peinlichen und vergeblichen Streit einlassen wollte, begab ich mich in das Schlafzimmer des Knaben, wo ich Papa sitzen fand, mit seiner großen, edel gebildeten Hand die kleine braune umschließend, die noch voll Grübchen war. Bislang war es mir noch nie in den Sinn gekommen, daß mein Vater sich vielleicht mit noch anderen, entscheidenderen Gedanken trug als nur mit solchen der Sorge und des Kummers, aber als ich jetzt den bitterlichen, ja erhabenen Schmerz in seinen Zügen sah, fiel es mir auf, wie wenig derselbe einer flüchtigen Trennung von dem Kleinen angemessen wäre, und eine Ahnung sank mir schwer aufs Herz, so daß ich in der Tür stehenblieb und kein Wort zu sagen vermochte. Papa nickte mir freundlich zu, stand auf und beugte sich über den Jungen, der sich schlaftrunken erhob, um den Scheidenden noch einmal zu umarmen und sich dann willig aufs Kissen zurücklegen ließ. Mein Vater küßte ihn zweimal auf die Stirn und ließ einen Augenblick seine Hand auf dem dunklen Kopfe ruhen, was mir wie eine Gebärde des Segnens erschien und den unheimlichen Eindruck verstärkte, den ich empfangen hatte.

Am folgenden Morgen in der Frühe reiste Lucile mit Harreken ab. Obwohl mein Vater schon aufgestanden war, lehnte er es ab, den Jungen noch einmal zu sehen, gab aber Lucile einige Zweige von Tannen, Buchen und Eichen, die er selbst noch am Abend vorher gepflückt haben mochte, mit der Bitte, sie ihm als einen letzten Gruß zu übergeben. Lucile hatte inzwischen ihre Worte vom gestrigen Abend bereut (von denen mein Vater zwar nichts erfahren hatte); denn ebenso leicht wie zu unüberlegten verletzenden Reden wurde sie auch dazu bewegt, sie wiedergutzumachen, meinem Vater gegenüber um so mehr, als sie wohl daran dachte, was für ein treuer Hort und Beschützer er ihr stets gewesen war. Sie bat ihn, ihr nicht zu zürnen, daß sie den kleinen Harre mit nach Hause nähme, worauf er mit Güte erwiderte; in dieser weichen Stimmung sowie stets betrüglichen Hoffnungen und Vorspiegelungen hingegeben, wagte sie die Frage, ob sie auch Ezard einen Gruß bringen dürfe. Aber augenblicklich verdüsterte sich seine Miene, und er schüttelte den Kopf und wollte sich abwenden. Nun warf sich Lucile schluchzend in seine Arme, und er, selbst heftig erschüttert, streichelte zärtlich ihre schwarzen Haare, bis sie sich von ihm losriß und aus dem Zimmer eilte. Ich folgte ihr und begleitete sie zum Bahnhofe, bemüht, sie durch gleichgültige Unterhaltung zu beruhigen, was mir auch gelang; indessen trabte der kleine Harre, mit festgeschlossener Faust seinen grünen Wald umklammernd, neben uns her und veränderte seine trauervolle Miene nicht, wie wir ihn auch zu trösten suchten. Als der Zug sich in Bewegung setzte, bog er sich aus dem Wagenfenster und erwiderte mein Nicken nur durch einen ernsthaften Blick, bewegte dagegen seinen dunklen Strauß langsam auf und nieder, daß es mir fast wie eine geheimnisvolle Zeichensprache erschien, womit er meinem Vater einen von niemand anders verstandenen Gruß bestellen wollte. Denn das Kind hatte einen seltsamen Zug zum Dunkeln und Mystischen, den es kaum von den Ursleuen, aber auch nicht von seiner Mutter ererbt hatte. Ich schlenderte in meiner gedankenvollen Stimmung in den nächsten Wald, und inmitten des leisen, gemächlichen Rauschens und der unhörbar tanzenden Sonnenringe verwandelte sich die beklemmende Angst, die seit dem gestrigen Abend in mir aufgestiegen war, in die gewohnten leichten Liebessorgen, die wie bunte Vögel vor mir her gaukelten, so daß ich, ihnen willenlos folgend, immer tiefer und tiefer in den Wald geriet. Da befand ich mich mit einem Male an einem verschwiegenen Platze, wo ich noch nie gewesen war, und wohin ich später nie mehr gegangen bin, den ich aber noch wohl aus dem Gedächtnis malen könnte, wenn ich diese Kunst verstände. Es lief da ein plätschernder Bach, über den ein schmales Steglein führte; auf das setzte ich mich, so daß ich meine Füße auf einem der Steine ruhen lassen konnte, die aus dem Wasser hervorragten. Eichen und Buchen standen um mich herum, dazu einige gewaltig hohe Tannen; die standen mehr einzeln, von uralten bemoosten Steinen umgeben, dazwischen eine hochaufgeschossene Fingerhutpflanze voll rosenroter Blüten. Je länger ich das alles betrachtete, desto seltsamer und ungewöhnlicher erschien es mir, und besonders konnte ich mich nicht mehr von dem Fingerhut abwenden, in der Meinung, mit ihm müsse sich zuerst etwas Unerhörtes begeben. Da fiel mir, ich weiß nicht wie, Anna Elisabeth ein, und ich dachte, das würde das allerliebste und allerschönste Wunder sein, wenn sie auf einmal mit ihrer schlanken Wohlgestalt zwischen den Bäumen hervorträte. Wie hätte das blonde Haar auf dem dunkelgrünen Grunde geschienen, und wie wäre das lange Schleppgewand über das krause Moos geglitten! Je mehr ich mir das ausmalte, desto gewisser wurde es mir, daß sie kommen müsse, und ich beschloß in meinem klopfenden Herzen, daß ich diesen Augenblick als ein Geschenk und Zeichen des Himmels betrachten und ihr meine Liebe warm und ehrlich gestehen würde. Konnte sie nicht geradesogut heute kommen wie gestern Lucile? Warum sollte das Schicksal sie nicht an diese Stelle führen können, da es sie doch von viel weiter her auf meinen Lebensweg geleitet hatte? Ich saß über dem fließenden Wasser und wartete und wartete; aber allgemach entschwand mir die Zuversicht, die ich anfangs gehabt hatte, und als ich sah, daß die Sonne sich schon gegen Abend neigte, und sie war noch nicht gekommen, stand ich mit leerem, enttäuschtem Herzen auf und ging langsam den Weg zurück, den ich gekommen war. Obwohl nun im Grunde dadurch nichts anders geworden war, konnte ich mich doch nicht von der Empfindung lösen, als habe das Schicksal ein Nein gesprochen und als sei es nun aus mit meinem Liebestraum, was ich ferner auch beginnen würde. Ich habe einmal ein Märchen gelesen von einem Königssohn, der die verzauberte Prinzessin nicht zur rechten Stunde in den Brunnen warf, weil er sich kein Herz dazu fassen konnte, und darum sie und das Glück niemals erhielt, wonach er ausgezogen war; so, war es mir, wäre für mich, freilich ohne meine Schuld, die Stunde auf ewig vorüber, wo ein Wunder hätte geschehen und mich glücklich machen können. Es half mir nichts, daß ich hundert vernünftige Gründe gegen diese Einbildung setzte; sogar jetzt kann ich mich des Gedankens noch nicht erwehren, den meine Vernunft nicht billigt, daß weder ich noch irgend jemand sonst die Brücke im Walde wiederzufinden vermöchte, auf der ich an jenem Sommertage gesessen und den roten Fingerhut betrachtet habe.

Als ich aus dem Walde kam, müde wie ein alter Mann, fühlte ich mich zu dem Vater hingezogen, dessen einsames Leiden mir auf einmal sehr verständlich erschien, und ich war geneigt, mich zu wundern und mich zu tadeln, daß wir so lange dicht nebeneinander gelebt hatten, ohne uns in rechter Freundschaft aneinanderzuschließen. Da ich in unserer Wohnung nach ihm fragte, sagte man mir, er sei ausgegangen. Ich erinnere mich nicht mehr, welchen Eindruck diese Mitteilung auf mich machte und was mich bewog, mich in mein Zimmer zu begeben. Sogleich fiel mir ein geschlossener Brief ins Auge, auf dem mein Name stand, mit den großen, deutlichen Schriftzügen meines Vaters geschrieben. Da wußte ich mit einem Schlage alles, was geschehen war und was nun folgen würde, alles in einem Augenblick, und es befiel mich ein Zittern, so daß ich eine geraume Weile warten mußte, bis ich den Brief eröffnen konnte. Es stand vielerlei darin, was ich damals nicht las und nicht verstand vor Erregung; ich nahm nur das in mich auf, daß ich meinen Vater an einer Stelle im Walde, die er mir bezeichnete, tot finden würde. Wenn ich mich recht besinne, so scheint es mir, als hätte ich anfangs nichts empfunden als ein blindes Entsetzen, daß ich allein war. Ich ließ sogleich ein Telegramm an Ezard besorgen, des Inhalts, mein Vater sei todkrank, und er solle unverzüglich kommen. Als ich mich aber aus der Ortschaft entfernt hatte und in den Wald kam, fand ich mich wieder, erfaßte nun alles mit sehendem Herzen, und alle Furcht verlor sich in grenzenlosem, überwältigendem Weh. Je mehr ich zur Besinnung kam, desto mehr beschleunigte ich meine Schritte, in der Hoffnung, ich könnte etwa noch zeitig genug kommen, um die geliebte Hand in ihrem schrecklichen Beginnen zu hemmen. Ich raste wie ein Verfolgter zwischen den Bäumen hin, und auf einmal stand ich außer Atem und ganz in Schweiß an der Stelle, wo ich ihn finden sollte. Im selben Augenblick sah ich auch den bewegungslosen Körper im Moose daliegen, und da mein Blut ohnehin von dem rasenden Laufe in höchster Wallung war, schwindelte es mir nun, und alles versank vor meinen Augen, und ich ließ mich neben dem Toten niederfallen. So blieb ich eine Weile, nur halb meiner selbst und des Geschehenen bewußt, bis die Sehnsucht, meinen Vater zu sehen, allzu stark wurde, so daß ich mich aufraffte und dicht zu ihm hinschleppte. Es waren aber noch so viel Spuren des kaum entwichenen Lebens in seinem Gesicht, daß ich mich entsetzte und scheu wartete, ob nicht plötzlich eine Bewegung durch den Leichnam zucken würde. Während ich mit Schmerz und Grauen die teuren Züge anstarrte, bemerkte ich das schnelle Herabsinken der Dämmerung und machte mich eilig auf, um Leute herbeizuholen, damit der Tote die Nacht über nicht im Walde liegenbleibe.

In dem Wirtshause, welches wir bewohnten, sagte ich, daß mein Vater in der krankhaften Schwermut seines Gemüts Hand an sich gelegt habe, was man mir auch ohne weiteres glaubte, da seine beständige Melancholie und sein schweigsames Wesen wohl für eine Art geistiger Umnachtung hatte gelten können, und außerdem die Ehrfurcht, die seine Erscheinung erweckte, bei den gewöhnlichen Leuten jeden Gedanken an etwas verscheuchte, was sie frevelhaft und verwerflich genannt hätten. Indessen scheute man sich doch, durch die Anwesenheit einer Leiche im Hause die übrigen Gäste zu beunruhigen, was ich auch wohl einsah; ich ging deshalb auf den Vorschlag ein, daß mein Vater in einem kleinen Häuschen gebettet werden sollte, welches zu bequemerem Genießen einer Aussicht leicht aus Holz gebaut war und mit einem Schlüssel, den unsere Wirte aufbewahrten, verschlossen werden konnte. Ich hatte anfänglich im Sinne, bei meinem Vater, nachdem er wirklich dorthin getragen war, zu wachen, aber ich schämte mich beinahe des Einfalls als eines übermäßig sentimentalischen und begab mich, da es allerdings schon ziemlich spät in der Nacht war, nach Hause. So lag er dort allein, umsaust von den schwarzen Tannen, wo wir noch vor wenigen Tagen in Betrachtung des hügeligen Landes umher und der sanft wogenden Wipfel dicht unter uns nebeneinander gestanden hatten, er mit dem unnennbaren Geheimnis auf der Seele, das sein erstarrter Mund mir nun verraten hatte.

Ich hatte auch Galeiden sofort benachrichtigt, und es kam so, daß sie und Ezard sich an dem Leichnam unseres Vaters zuerst wiedersahen. Dies verursachte mir ein seltsames Empfinden, wenn ich bedachte, wie der Tote nun so still zwischen ihnen lag und ihnen nicht wehrte, sich voll ins Auge zu blikken, was doch im Leben sein bitterstes Weh gewesen war. Es war nicht anders möglich, als daß die beiden Ähnliches bei sich bedachten, aber die Betrachtung schien sie nicht zur Scham oder Reue zu stimmen, vielmehr lag in ihren Augen, wenn sie einander ansahen, ein erhabenes Bewußtsein und ein stolzes Leuchten, als hätten sie einen Triumph errungen. Ob sie nun das berauschte, daß sie in ihren Mienen das Bekenntnis einer durch die Trennung nicht gebeugten, vielmehr erhöhten Liebe lasen, oder ob sie den Tod meines Vaters als eine Offenbarung des Schicksals ansahen, womit es für sie entscheiden wollte, getraue ich mich nicht zu entscheiden, doch glaube ich, daß dieses beides im Spiele war. Ich empfand einen tiefen Groll über ihre aufrechte Haltung und sagte mit Bitterkeit, indem ich mich zu ihnen wendete: »Es scheint mir, ihr empfindet weniger, daß er uns entrissen ist, als daß er euch im Wege stand und nun hinweggeräumt ist.« Sie ließen diese Bemerkung vorübergehen, ohne sich zu verteidigen, vielmehr schien es, als ließen sie mich reden, weil ich ja doch nicht wissen könne, was in ihrem Innern vorgehe. Hingegen hatten meine Worte einen Gedankengang in Ezard angeregt von so merkwürdiger, ja unheimlicher Art, daß ich auch jetzt nicht davon schreiben kann, ohne mich zu fragen, ob dies nicht ein Traum oder sonst eine Ausgeburt meiner eigenen Phantasie sei. Er sagte nämlich, nachdem er eine Weile meinen Vater angestarrt hatte, als ob er sich auf etwas besänne oder sich an etwas erinnerte, halb vor sich hin und halb zu Galeiden: »Es ist der erste!« Ich wartete, ob er diesen zunächst unverständlichen Worten noch etwas hinzufügen würde, was er aber nicht tat, so daß ich nicht anders denken konnte, als er habe gemeint, mein Vater sei der erste von mehreren, die sterben müßten, bis irgend etwas, das er im Sinne hatte, geschehen müßte oder geschehen könnte. Ich forschte in seinem Gesicht, ob das mir etwas gestände oder verriete; wie war es ebenmäßig und von edelster Harmonie! Zugleich aber lag der Ausdruck einer Entschlossenheit darin, die ich bald übermenschlich, bald unmenschlich nennen zu müssen glaubte. Ich hätte ihn gern gefragt, ob ihn etwa ein Traum oder ein anderes vermeintliches Vorzeichen dazu verführt habe, auf das Hinsterben seiner Blutsverwandten zu lauern, damit seine verdammliche Leidenschaft sich voll ausrasen könne? Aber ich gewann es nicht über mich, gerade weil es mir immer gewisser wurde, daß es so war. Auch Galeide war über Ezards Worten, deren Sinn sie vielleicht besser als ich verstand, erblaßt und sah ihn mit großen, bangen Augen an; sie schien ein plötzliches Grauen zu empfinden, aber wohl ebensosehr vor sich selber wie vor ihm.

Die beiden machten, soviel ich bemerkte, keinen Versuch, sich allein, ohne meine Gesellschaft zu sehen; Galeide erklärte, noch an demselben Tage nach Genf zurückkehren zu wollen, während wir den Toten im Sarge nach unserer Vaterstadt überführten. Die Eisenbahnzüge, die uns nach entgegengesetzten Richtungen bringen sollten, standen einander gegenüber; der unsrige ging um einige Minuten eher ab. Ich beobachtete Ezard und Galeiden unausgesetzt, weniger wie ein getreuer Eckart, um sie vom Bösen zurückzuhalten, als aus Eifersucht meines Vaters wegen, den sie mit jedem Gefühl, das nicht ihm galt, um den ihm gebührenden Zoll zu betrügen schienen. Dennoch konnte ich wieder nicht umhin, ihre herbe Kraft bei ihrer Leidenschaft zu bewundern; denn sie reichten sich zum Abschied weder Hand noch Mund (wie sie sich überhaupt während des ganzen Tages nicht mit der leisesten Berührung gestreift hatten), sondern grüßten sich nur mit den Augen und mit einem tröstlichen, guten Lächeln, das mir unter diesen

Verhältnissen besonders rührend und auffällig war, wie etwa, wenn einer in dem brennenden Sande einer afrikanischen Wüste ein duftendes Veilchen oder eine Anemone fände.

Als wir zu Hause ankamen, war Anna Elisabeth bereits abgereist, was mich nicht überraschte, mir vielmehr nur die Bestätigung meiner Ahnung oder Berechnung war. Sie hatte einen teilnehmenden, sehr liebevollen Brief für mich zurückgelassen, und ich zweifelte keineswegs, daß sie aufrichtiges und ernstliches Mitleid mit uns hatte. Aber sie konnte die Trübsal nicht ertragen, wie manche Leute die Kirchenluft nicht ertragen können, das wußte ich wohl, und ich konnte ihr deshalb nicht zürnen; sogar gefiel es mir Unglücklichem, daß sie gar nicht anders erscheinen wollte, als sie war.

Sie hatte ganz recht gehabt. Es kamen nun wahrhaft elende Zeiten für uns, denn die allergemeinste Sorge, mit der mein Vater so lange Brust an Brust gerungen hatte, stand nun, da er niedergeworfen war, mit ihrem großen, grauen Leibe vor uns und sah uns dreist ins Gesicht. In dem meinigen konnte sie nicht viel anderes lesen als unendliche Verachtung ihres frechen Dirnenblicks, die noch bei weitem stärker war als meine Angst; dagegen Kampflust und Tapferkeit hatte ich kein Fünkchen in mir, schon deswegen, weil es mich zu sehr vor ihr ekelte. Ungefähr so ging es dem Urgroßvater. Derselbe nämlich hatte den größten Teil seines Vermögens in meines Vaters Geschäft gehabt und dasselbe nun eingebüßt. Aber er ertrug es gelassen und bekümmerte sich nicht sonderlich darum, was nun werden solle, einzig Galeiden und mich beklagte er; denn wir seien, dies sagte er nicht ohne Stolz, durchaus nicht dazu gearbeitet, uns praktisch im Leben umzutun und zu erwerben. Es gehörte ihm aber noch das Haus, das wir bewohnten, und das er stets Galeiden und mir zugedacht hatte, weil er wußte, daß wir es mit andächtiger Liebe hegen würden; seßhafte Geschlechter pflegen ja ihr Wohnhaus einem Tempel gleich zu ehren. Obwohl es für keinen Einsichtigen eine Frage sein konnte, daß das Haus nun verkauft werden mußte, wagte doch anfänglich niemand davon zu reden, bis eines Tages Ezard es uns in ruhiger Weise auseinandersetzte, zugleich auch, daß er bereits Schritte getan habe, um einen vorteilhaften Verkauf zuwege zu bringen. Er erschien mir im ersten Augenblick hassenswürdig, da er ohne jedes Zurschautragen von Wehmut oder Mitleid sprach; der Urgroßvater hingegen pflichtete ihm sogleich bei und dankte ihm sogar für seine Umsicht, was er denn freilich auch verdiente. Zu meinem unsäglichen Ingrimm mußte ich nun fremde Menschen unser Vaterhaus betasten und bekritteln sehen. Ich haßte und verachtete sie alle zum voraus, schon um des schmählichen Geldes willen, das ihnen ermöglichte, sich in Besitz unserer guten Habe zu setzen und uns von unserer Schwelle zu vertreiben. Es war mein einziger Trost, sie in Gemeinschaft mit dem Urgroßvater, der dazu nicht wenig Talent und Neigung hatte, zu verspotten und lächerlich zu machen, obwohl wir im Grunde gar nichts von ihnen wußten, und sie gewiß auch alle ehrbare und gutartige Leute waren. Stundenlang konnte ich bald in diesem, bald in jenem Zimmer sitzen und mich in Tränen verlieren darüber, wie es früher hier gewesen war, und wie ich gewähnt hatte, daß es einst sein könnte, und wie anders es nun geworden war.

Indessen ließ ich Ezard für uns sorgen und handeln, was er auch, ohne ein Wort zu fragen oder zu sagen, tat, und ich glaube, daß er es in seinem einfachen Herzen voll Kraft und Güte wirklich für selbstverständlich hielt und mich kaum der Trägheit zieh, oder daß ich mich in meinem Gram allzusehr gehenließe. Er ordnete auch die Angelegenheiten meines Vaters und fertigte den einzigen Gläubiger, der aus den Ergebnissen des aufgelösten Geschäftes nicht ganz befriedigt werden konnte, mit einer Summe ab, die für seine damaligen Umstände sehr bedeutend war. Denn um diese Zeit begann der Gang der Dinge in Hinsicht auf die Wasserwerke bereits sehr unsicher und bedenklich zu werden, so daß er sich mit ernstlichen Sorgen deswegen trug, wovon er uns aber nichts sagte, wie ich denn auch von dem eben erwähnten Opfer, das er uns und dem Andenken seines Vaters brachte, erst viel später etwas erfahren habe.

Wir brauchten so notwendig Geld, daß das Haus in Eile und unter seinem Werte verkauft werden mußte. Der Urgroßvater, der stets sehr wechselnd in seinen Stimmungen und Auffassungen war, überhäufte nun Ezard, welcher alles besorgt hatte, mit gereizten Vorwürfen. »Es versteht sich von selbst«, sagte Ezard, ohne Empfindlichkeit zu zeigen, »daß ich nicht zum Verkaufe gedrängt haben würde, wenn ich in der Zwischenzeit aus eigenen Mitteln für euch alle hätte sorgen können. Aber ich stehe selbst schlecht. Die Wasserwerke arbeiten nicht, wie sie sollten; wenn nicht bald eine neue Kraft eintritt, die uns ermöglicht, die notwendigen Verbesserungen vorzunehmen, so wird eine Stockung in der Arbeit eintreten müssen, und ich weiß noch nicht, was dann werden soll.« Wir begriffen den schlimmen Stand der Dinge noch besser aus Ezards niedergeschlagenem Gesicht, als aus seinen Worten. Des Urgroßvaters Stimmung schlug sogleich um, und er redete auf meinen Vetter ein, er möge den Erlös des Hauses für sich verwenden, obschon, da man ihn selbst doch nicht aussetzen und dem großen Geiste anvertrauen konnte wie einen Indianergreis, nicht viel damit geholfen gewesen wäre. Auch wußte er in seinen Trostreden der Sache eine solche Wendung zu geben, daß alle Schuld auf Onkel Harre fiel, der ja, wie jeder wisse, Ezard zu einer so waghalsigen, rasenden Unternehmung veranlaßt habe. Ezard schüttelte traurig den Kopf. »Das ist es gerade«, sagte er, »was mich am meisten peinigt. Ich kannte ja meinen Vater! Ich hätte ihn gewaltsam zurückhalten, es nie so weit kommen lassen sollen. Anstatt dessen begab ich mich mit ihm in die Gefahr, so daß nun keiner dem andern die Hand zur Rettung bieten kann. Handelte es sich jetzt nur noch um mich, so wäre mein Herz leichter, da ich für meine Familie allein schon sorgen könnte, selbst wenn ich auf einmal von vorn anfangen müßte. Aber mein Vater, der eine junge Frau und ein kleines Kind hat, altert mit jedem Tage; er fühlt es und ich sehe es, wie seine Kräfte abnehmen. Wenn er jetzt alles verliert, wie könnte er daran denken, es wieder einzubringen in der kurzen Frist, die er noch vor sich haben mag? Ich muß ihm täglich schlimme Nachrichten bringen; er erschrickt bei dem bekannten Klang meiner Schritte. Ich bin oft so müde, daß ich sagen möchte: ich kann nicht mehr!, wenn ich mir nicht rastlos vorspräche: ich muß!«

In seinem Bestreben, den Unglücklichen zu trösten, fing der Urgroßvater schließlich, da nichts anderes verfangen wollte,

von Galeiden zu sprechen an, holte ihre Briefe hervor und las einige Stellen daraus vor, die von ihrer Tätigkeit und ihren Fortschritten handelten. Es hieß da ungefähr folgendermaßen: »Geliebtester Großvater, ich arbeite wie eine Biene und eine Ameise, meine Arme schmerzen mich des Abends, wie wenn ich ein Waschweib wäre. Aber ich sage Dir, ich werde es auch einmal zu etwas bringen. (Verlaß Dich immerhin nicht allzu fest darauf!) Zuweilen weiß ich es so gewiß, daß ich meine Geige in die Ecke werfen möchte vor Wonne. Aber ängstige Dich nicht, mein Herz, in Wirklichkeit tue ich das nicht, sondern lasse den Verstand walten und packe sie jeden Abend in ihren Kasten und lasse Dich zu mir sagen: Was bist du für ein gutes Kind geworden, du böse Galeide.« Der Urgroßvater sah Galeidens Briefe für etwas Kostbares und eine wahre Fundgrube an, legte noch doppelt soviel hinein als eigentlich darin war, und erwiderte sie so regelmäßig, als ob es gelte, einen Briefwechsel berühmter Zeitgenossen herzustellen.
Obwohl Ezard gewöhnlich weder von Galeiden sprach, noch von ihr reden zu hören ertragen konnte, übte doch diese Briefstelle sichtlich einen guten Einfluß auf ihn aus. Er stand auf und sagte mit freiem Blick gegen uns: »Ja, ich glaube es, daß sie etwas Großes wird. Es war gut, daß sie fortging. Unterdessen wollen wir auch sehen, daß wir uns obenhalten.« Als wir allein waren, bemerkte der Urgroßvater: »Hast du ihn beobachtet, während ich von Galeiden erzählte? Er ist nicht sonderlich erpicht darauf, von ihr zu hören; aber es macht ihm doch Freude, daß es ihr gut geht, und er hält große Stücke auf ihre Begabung, die ja freilich auch für jedermann einleuchtend sein muß. Die krankhafte Leidenschaft wandelt sich unter dem Einflusse der Entfernung und der schweren Schicksalsschläge in eine edle und erlaubte Freundschaft um. So geht es auch ihr. Aus jeder Zeile ihrer Briefe spricht gesunde Fröhlichkeit und die Sicherheit eines mit sich zufriedenen, schuldfreien Gemütes.«
Ich ließ den Urgroßvater seine Gespinste weben, die mir freilich wie Sommerfäden ohne Halt in der Luft zu flattern schienen. So fein der Urgroßvater auch im einzelnen beobachtete, war das Gesamtbild, das er sich von Dingen oder Menschen

machte, doch häufig grundfalsch, indem er alle Erscheinungen an sich maß; für die bei aller Zartheit doch höchst derbe und gewalttätige Natur Galeidens hatte er aber gar kein Vergleichsmaß in sich. Er vergötterte sie und wußte selbst nicht warum. Ebenso sah er auch von Ezard nur die Seite, die ihm selbst am meisten entsprach, und die sich für gewöhnlich in seinem feinen, liebenswürdigen Wesen ausprägte. Von dem schönen, furchtbar unwiderstehlichen Dämon, der in Ezard war, wußte er nichts; mochte doch mein Vetter selbst lange Lebensjahre hindurch, bis zu einem verhängnisvollen Tage, nicht geahnt haben, was für einen Gesellen er im Busen wohnen hatte.
Es kam nun die Zeit, wo wir aus unserem Hause ausziehen mußten. Nicht vieles in meinem Leben hat mir so nachhaltigen Schmerz bereitet, wenn auch manches einen größeren. Man sagt mit Recht, man solle niemand über den Tod eines Geliebten zu trösten suchen, solange noch die Leiche unbegraben vor den Augen der Verwaisten daliegt. Das Haus, in dem ich meine Jugend verbracht hatte, der steinerne Leichnam meiner Kinderträume, den trug niemand fort und begrub ihn in die Erde hinein, damit mein Herz vergessen und sich beschwichtigen könne. Stattlich und gut stand es an der alten Stelle und schien der verlorenen Kinder zu harren, die es verlassen hatten. Ich habe mir vorgenommen, noch einmal vor meinem Tode, wenn anders derselbe mich nicht unversehens überrascht, in meine Vaterstadt zu reisen, nicht, um irgendeinen Menschen, nur um das alte Haus wiederzusehen. Ich will den breiten Weg unter den vielästigen Linden entlanggehen, bis ich das eiserne Gartentor erblicke und durch das Gitter das runde Beet mit dem Kranz weißer Lilien und den üppigen Rasen von gelbem Löwenzahn, vielleicht auch das Fenster geöffnet, aus dem so oft Spiel und Gesang, wie wir es liebten, süß und herrlich in die stillen Sommernächte hinausströmte. Es war ein feuchter Tag im Vorfrühling, als wir auswanderten. Der Schnee glitschte unter unseren Füßen, und der Urgroßvater, ohnehin des Gehens ungewohnt, hing sich fest an meinen Arm. Er versuchte aber auch jetzt noch, sich das Leben interessant zu machen. »Sieh«, sagte er zu mir, »nun versetzt man uns wie Bäume aus unserem alten Garten in ein

neues Erdreich. Du bist noch jung und kannst wieder Wurzel fassen; aber welche Absicht der Gärtner dabei hatte, mich morschen Stamm auszugraben, das weiß ich nicht; es ist ein Wagestück.« Ich sagte grollend und ohnehin stets geneigt, den Urgroßvater in seinen religiös-philosophischen Meinungen anzugreifen: »Ja, es ist so unüberlegt, daß ich nicht einsehe, warum du dem Gärtner eine Absicht zutraust; er heißt Zufall und rauft aus, was ihm zwischen die Finger gerät.« Zum ersten Male, solange ich denken konnte, griff der Urgroßvater diese Herausforderung nicht auf, weniger wohl, weil er durchaus nichts zu entgegnen gewußt hätte, als aus allgemeiner Betrübnis und Müdigkeit. Gleichzeitig bemerkte ich, wie er so dicht neben mir ging, daß er um ein gutes Stück kleiner geworden war in den letzten Jahren; denn er erreichte kaum noch meine Schulter. Ich fühlte mich gerührt und beschämt, bedenkend, wie er sein hohes Alter weder geltend machte, um uns durch die Menge seiner Erfahrungen zu überstimmen, noch um uns durch seelische oder leibliche Gebrechlichkeiten, Trübsal und Todesahnungen eine ehrerbietige Wehleidigkeit aufzunötigen. Da wir unterdessen an der Ecke des Weges angekommen waren, wo wir in eine andere Straße einzubiegen hatten, blieb er stehen und wandte sich noch einmal nach unserem Hause um. »Nun will ich diesen Weg nicht wieder gehen, Ludolf«, sagte er. »Das Leben ist aus für mich, und ich beziehe den Garten der Erinnerung, in dem die Pflanzen mit Tränen begossen werden.« Ja, dachte ich, wer wird sie weinen müssen? Du oder ich? Denn ich traute ihm nicht zu, daß ihm der Aufenthalt zwischen besagten Friedhofskräutern auf die Dauer zusagen würde. Ich sagte aber nichts dergleichen, weil ich gleichwohl in diesem Augenblicke sehr ergriffen war und mir außerdem soeben vorgenommen hatte, der Person des Urgroßvaters nicht mindere Ehrfurcht entgegenzubringen, als sie der Gebildete vor Altertümern anderer Art: Ruinen, Pergamenten oder sonstigen Zeugen der Vergangenheit zu haben pflegt.

Es ging nun schlimmer und schlimmer in allen Dingen. Die Arbeit an den Wasserwerken geriet wirklich ins Stocken, da weder der Senat noch Privatleute sich mit den nötigen Geldmitteln beteiligen wollten. Wenn man ein gründliches Vertrauen in das ganze System gehabt hätte, so würde es schwerlich dazu gekommen sein. Nun aber hatten sich allerlei Gerüchte erhoben, daß etwas Schwindelhaftes dabei sei, welche einen gewissen Grund darin hatten, daß die Anlage nicht buchstäblich nach dem Programm verlief, welches Karlsen aufgestellt hatte, indem sich im Praktischen Schwierigkeiten auftaten, die er nicht vorausgesehen hatte, die er aber überwinden zu können fest behauptete. Durch alles dies wurden Onkel Harre und Ezard, welche das Unternehmen befürwortet und eingeleitet hatten, gleichfalls in ein zweifelhaftes Licht gestellt. Der Norweger, welcher nicht durch vaterländische Anhänglichkeit an unsere Stadt gebunden war, ließ seinem Groll in mehreren Druckschriften, die er veröffentlichte, freien Lauf. Darin sagte er dem Senate sehr scharfe und unliebsame Dinge über seine Saumseligkeit und Gleichgültigkeit gegen das allgemeine Wohl, sprach davon, wie er das Geld aufhäufe, wie ein jeder von ihnen täglich nicht nur sein Huhn, sondern seinen Aal in der Suppe habe, wie sie durch ihr eigenes Wohlleben dem Staate einen Anstrich von Behäbigkeit zu geben wüßten, was aber alles nur äußerliche Ausstaffierung und Überladung mit unechtem Golde sei; denn inzwischen mangle es am Notwendigsten, und der arme Mann müsse in seinen engen, schmutzigen Häusern nicht nur unreine Luft atmen, sondern sogar faules Wasser trinken.
Solche Angriffe erbitterten die Behörden nur um so mehr, und sie glaubten, einem Fremden, der ihnen so unwirsch seine Meinung sage, müsse man zeigen, daß man sich nicht einschüchtern lasse. Ähnliche Auslassungen gegen den Senat erhoben sich auch von einer anderen Seite, diese aber richteten sich zugleich gegen meinen Onkel und meinen Vetter, während Karlsen im Gegenteil mit ihnen verbündet erschien. Jener Rheinländer nämlich, namens Philipp Wittich, den ich früher als einen Anbeter Galeidens erwähnt habe, hatte aus praktischen Gründen, oder vielleicht weil die Modernen sich

damals überhaupt mit Vorliebe mit der Analyse des Körperlichen abgaben, das Studium der Medizin ergriffen, glücklich zu Ende geführt und sich zunächst als freiwilliger Assistenzarzt am Spitale unserer Stadt niedergelassen. Seine sozialistischen Ideale hatten unter der medizinischen Wissenschaft keineswegs gelitten; er war, wie dies sein Beruf mit sich bringen mochte, bedeutend schneidiger, rücksichtsloser und ich möchte sagen noch beschränkter geworden, indem es nun mit seelischer Eigenart behaftete Menschen gar nicht mehr für ihn gab, sondern nur noch nach dem Zweck variierende Organismen, denen man, wenn man sie zum Beispiel in der Längsrichtung auszudehnen wünschte, dazu nur den Brotkorb immer höher und höher hängen müßte. Die wichtige und vielbesprochene Angelegenheit der Wasserwerke veranlaßte ihn, in voller Rüstung auf den Kampfplatz zu springen. Gegen den Senat brachte er etwa dasselbe vor wie der Norweger, nur für den Volksgeschmack mit großen Übertreibungen dargestellt, zugleich aber wandte er sich an die Unternehmer, die eine gemeinnützige Anlage für sich hätten ausbeuten wollen, weswegen es nicht schade um sie sei, wenn sie nun jämmerlich darin steckenblieben, was sie aber leider wohl nicht in Wirklichkeit tun würden, denn sie hätten ihr Schäfchen wohl schon ins trockene gebracht. Es unterlag für uns keinem Zweifel, daß der Rheinländer Galeidens wegen einen persönlichen Groll gegen Ezard hatte, dem er bei dieser Gelegenheit Genüge tat; immerhin möchte ich nicht behaupten, daß er seine Überzeugungen danach zugestutzt hatte, es gereichte ihm aber jedenfalls zur Freude, daß sie sich so trefflich mit seiner Rachlust zu einem gemeinsamen Zweck vereinigen ließen.

Während sich Onkel Harre trotz unserer Abmachungen zu hitzigen Entgegnungen herbeiließ, verhielt sich Ezard ganz ruhig, ausgenommen, daß er den Senat durch eindringliche Vorstellungen und vernünftiges Zureden dazu zu bewegen suchte, er möchte eine an sich ausgezeichnete, der Stadt höchst notwendige Anlage nicht zugrunde gehen lassen, sondern in seine Hand nehmen, da sie private Kräfte übersteige und ohnehin ihrer Natur nach in das Bereich des Staatlichen gehöre. Hierin gab er also Philipp Wittich recht, welcher diesen Fall als ein erwünschtes Beispiel aufgegriffen hatte, wohin es führe, wenn der einzelne an sich risse, was dem Staate gebühre. Alle diese Verwicklungen und Beziehungen schädigten Onkel Harre und Ezard mehr und mehr, und man zögerte nicht länger, das Amt, das Ezard ehemals bekleidet hatte, demjenigen, der es provisorisch übernommen hatte, als Ezard anfing sich mit dem Wasserleitungswesen abzugeben, nun endgültig zu übertragen. Um sich eine Erwerbsquelle zu eröffnen, entschloß sich Ezard nun dazu, Advokat zu werden, wozu ihn seine juristischen Kenntnisse freilich befähigten, wobei ihm aber das Mißtrauen seiner Kollegen sowohl wie des Publikums die peinlichsten Schwierigkeiten in den Weg legte. Viele der ehemaligen Bekannten zogen sich von ihm zurück, andere glaubten ihm mehr Mitleiden als Achtung zeigen zu dürfen, was er aber durch seine stolze Haltung erfolgreich abzulehnen wußte. In seinem Innern sah es allerdings noch viel elender aus, als die Mitleidigen glaubten, denn wie völlig alle seine Lebensverhältnisse zerrüttet waren, wußte man in der ganzen Tragweite doch nicht. Keiner aber von uns allen war so sehr zu beklagen wie die unglückliche Lucile. Denn die Art ihres Unglücks und hauptsächlich die Art, wie sie es ihrer Natur nach auffassen und tragen mußte, entfremdete ihr mehr und mehr unsere Herzen, die wir ohnehin nur allzu geneigt waren, Fremde, die mit unserer Familie in Zusammenhang getreten waren, als unbefugte Eindringlinge zu betrachten. Hätte man durch ihre schönen, trauernden Augen, die zwei beseelte Wesen zu sein und ihre Stummheit und ihr einsames Unverstandensein zu beklagen schienen, geradewegs in ihr Herz sehen können, so würde man ohne Zweifel all das warme Mitleiden empfunden haben, das ihr gebührte und dessen sie bedurfte. Nun aber veranlaßte sie ihre bäuerliche Herbheit und Abneigung, vielleicht mehr noch Unfähigkeit, ihre Gefühle zu äußern, daß sie durchaus nicht als das gequälte und unablässig ringende, fast erliegende Geschöpf erscheinen wollte, das sie in Wirklichkeit war. Hätte sie sich nach irgendeiner Richtung hin wild leidenschaftlich geäußert, sich die Haare gerauft oder Ezard irgend etwas angetan, so würden wir sie vielleicht begriffen und mit ihr gelitten haben. Aber daß sie mit zäher Liebe an

Ezard festhielt, sich dieser Liebe aber doch schämte und sie zu verstecken suchte, ließ sie oft launisch und kraftlos erscheinen: und wer hätte es uns verargen können, daß ihr Haß gegen Galeiden, so natürlich er auch an ihr war, und so berechtigt wir ihn auch fanden, uns verletzte! Sie wollte nicht bedauernswert erscheinen, konnte aber doch die Spuren der Anstrengung, die sie das kostete, Schärfe und Bitterkeit, nicht auslöschen; dadurch fühlte man sich unbehaglich in ihrer Gegenwart und mied sie. Anstößig und befremdend war es auch für uns, daß sie auf Ezards schlimme Vermögenslage keine Rücksicht nahm, vielmehr in derselben Art weiterlebte, einmal, weil er ja alles verschuldet habe, hauptsächlich aber, weil sie ihren Kindern schuldig sei, sie auf anständigem Fuße zu erziehen und sie von früh auf in einer Atmosphäre von Schönheit und Bildung atmen zu lassen. Derartige Anschauungen lagen ihrem ursprünglichen Lebenskreise ganz fern, und sie waren deswegen um so mißfälliger an ihr, weil sie nicht aus ihrer Natur hervorzugehen schienen. Daß Ezard sich Galeidens wegen eines Unrechts gegen Lucile bewußt war, gab ihr eine gewisse Macht über ihn, die sie unter anderem dazu benutzte, um ihn, wo sie nur konnte, zur Teilnahme an Gesellschaften zu veranlassen, während der Unselige nichts als Bilder von Elend und Untergang vor Augen hatte. Sie tat das weniger, weil sie selbst Vergnügen dabei gefunden hätte, als weil sie glaubte, ihn dadurch zu zerstreuen, teils auch, um den Leuten zu zeigen, daß sie keineswegs die bedauernswürdige, vernachlässigte Frau sei, als welche sie selbst sich fühlte.

Ich erinnere mich einer Gesellschaft, die ich mitmachte, wo ich bei Tische meinem Vetter gegenübersaß. Aus seinem blassen Gesicht sahen mich ein Paar heiße Augen an, die mir zu erzählen schienen, wie Nacht für Nacht der wohltätige Samen des Schlafes in ihrer Glut verbrennen müßte. Dabei war trotz des sichtbaren inneren Leidens seine Haltung so starr aufrecht, daß man den Eindruck haben konnte, als trüge er eine ritterliche Rüstung unter dem modischen Frack.

Es war an diesem Abend auch von Galeiden die Rede, die sich bei Gelegenheit eines musikalischen Examens so sehr ausgezeichnet hatte, daß öffentliche Blätter es erwähnt hatten. Viel-

leicht wurde dieser Umstand nicht ohne Absicht in das Gespräch gebracht, indem man nämlich Ezard und Lucile, oder einen von beiden, damit zu verletzen oder sie in Verlegenheit zu bringen gedachte. Es entstand eine Pause, bis Lucile kalt bemerkte, Galeide sei ein reich beanlagtes, sehr bedeutendes Mädchen; sie habe aber trotzdem niemals gebilligt, daß Galeide nach Genf gegangen sei, denn die Pflichten eines Mädchens lägen zunächst im elterlichen Hause; es sei zwar die Pflege eines betagten Urgroßvaters weniger erheiternd und für einen rastlosen Ehrgeiz weniger ergiebig als das Studium der Musik an einem Konservatorium; aber der Ruhm, nach dem die Frau ringen dürfe, habe eben das an sich, daß er nicht nach außen prange. Den habe Galeide verschmäht; so möge sie zwar bei überspannten Menschen Bewunderung erregen, nie aber werde sie wahre Herzensliebe gewinnen.
Während ich mir überlegte, wie ich meine Schwester in der geeigneten Weise verteidigen könnte, nämlich ohne Lucile zu verletzen, und ohne die Peinlichkeit des Gegenstandes für uns der Gesellschaft allzu deutlich werden zu lassen, ergriff Ezard das Wort und sagte, nicht ohne durch eine leichte Unsicherheit in der Stimme seine Erregung zu verraten: »Du scheinst mir in der Beurteilung dieses Falles auf einem ganz falschen Standpunkt zu stehen, Lucile. Wenn eine Frau den Lorbeer, nach dem Männer streben, zu erwerben fähig ist durch ihre Anlagen, so schmückt er sie so gut wie diese; was uns abstößt, ist nur die Ohnmacht, die sich mit vergeblichen Anstrengungen nach Höhen reckt, für die sie zu klein gewachsen ist. Galeide aber in ihrem Falle tat vollends, was sie mußte und sollte, wenn sie sich zum Gelderwerb tüchtig zu machen suchte, da es ihrem Vater nicht vergönnt war, sie in einer so sorgenfreien Stellung zurückzulassen, wie das sein heißester Wunsch und sein beständiges Trachten gewesen ist.«
In der Art, wie Ezard diesen Worten seiner Gesinnung Ausdruck gab, lag eine Rücksichtslosigkeit gegen Lucile, die an Unmenschlichkeit grenzte, wenn man bedachte, daß sie mit unveränderter, ja gesteigerter Liebe an ihm hing, und daß ihr Haß gegen Galeiden, sowie ihre zeitweilige Gereiztheit gegen Ezard nur einer berechtigten Eifersucht entsprang. Ich hebe

das jetzt um der Gerechtigkeit willen hervor; damals stimmte ich in voller Sympathie Ezard zu, und erst meine Überlegung sagte mir: Wenn nun Lucile herb und unleidlich geworden ist, durch wessen Schuld ist sie so geworden, wenn nicht durch Ezards und Galeidens? Wenn ihre Entwicklung nicht gehalten hat, was ihre Anlagen Schönes, ja, ungewöhnlich Reizendes versprachen, hat das Leben ihr gehalten, was es versprach? Und wer wiederum gab ihm die Wendung, die sie aus ihrem Geleise riß?

Im Hause Ezards und Luciles herrschte ein kleinliches, stechendes, unwürdiges Elend, und dazu unabsehbar. Es erstreckte sich auch auf die Kinder, insofern, als Lucile den wackeren Harreken stets weniger liebte, je mehr er Galeiden fest in ehrlicher Erinnerung trug, dagegen das kleine Mädchen recht absichtlich vorzog, welches sich denn auch immer zu ihr hielt, an sie wandte und auf sie stützte, während der Knabe ganz in seinem Vater lebte und webte.

Zu meinem Leidwesen hatte der kleine Harre einen Zug im Gesichte, der mir nicht von uns zu kommen schien. »Junge«, sagte ich einmal zu ihm, »du bist kein echter Ursleu! Woher hast du diese trotzige, vorquellende Lippe und diese breiten Fäustchen?« Es kam mir, indem ich es sagte, in den Sinn, daß ich diese selben Eigentümlichkeiten vor Jahren an Luciles Bruder Gaspard gesehen hatte, den ich, um der Abneigung Ausdruck zu geben, die er mir einflößte, Kasper genannt hatte. Ich äußerte meine Beobachtung gegen Lucile, welche ihre Richtigkeit zufrieden bestätigte. »Er soll ihm nur ähnlich werden«, sagte sie stolz; »mein Bruder ist von anderer Art als ihr Ursleuen, und ein Tropfen von seinem Blute täte euch gut. Was er für Zähne hatte!« fuhr sie nach einer Pause fort, während der sie Bilder der Vergangenheit geschaut haben mochte, »sie sahen so breit, fest und steinern aus, als müsse er Glas damit beißen können. Und ich sage dir«, schloß sie triumphierend, »er würde Glas beißen, wenn er es für nützlich hielte.« Ich sagte: »Ja, das könnten wir Ursleuen allerdings nicht. Aber wir würden es auch nie für nützlich halten.«

Während dieser ganzen Zeit bekam der Urgroßvater regelmäßig die langen, gutgelaunten Briefe Galeidens. Er pflegte sie, nachdem er sie für sich gelesen hatte, sich noch einmal von mir vorlesen zu lassen, was ich aus verschiedenen Gründen nicht immer mit größter Bereitwilligkeit tat. Es war in diesen Briefen ein, allerdings ziemlich gefälliges, Durcheinander von flüchtigen Berichten, Hoffnung, Zärtlichkeit, wenig Heimweh und ungemein viel von dem, was man in einem kurzen Wort Unsinn nennen kann. Denn allem, was durch ihre Hände ging, setzte sie gleichsam ihr Siegel, eine lachende Maske, auf, wie ein Kanzler kein Dokument ohne einen Druck seines Petschafts oder Ringes von sich läßt; und wäre es ein Testament oder ein Todesurteil gewesen, sie hätte es nicht unterlassen können, dies kecke Abzeichen irgendwo verstohlen zwischen die ernsthaften Zeilen zu bringen. Daneben hatten es ihre Briefe an sich, daß etwas wie leichte Bergluft daraus hervorzuquellen schien, so daß mir Neid und Weh ankam um das glückliche Land, in dem sie lebte wie im Schoße des Paradieses. Wenn dann in meine sehnsüchtigen Träume der klotzige Schatten der breiten, gleichmäßigen Häuser um mich herum fiel, erfaßte mich wilder Überdruß und ein Haß gegen meine Vaterstadt, als wäre sie mein Kerker. Das war nun auch insofern richtig, als ich in ihr zu bleiben gezwungen war wie ein Gefangener an seiner Kette, und ich verabscheute das nackte, freche Pflaster nicht weniger, als jener das faulende Stroh, auf dem er liegt.

Ich hatte damals weder einen Gott, noch einen Helden, noch eine Liebe oder einen Freund, zu dem ich mit unbedingter Verehrung aufgeblickt hätte, und da es eigentlich die Andacht ist, welche den Erdensohn beflügelt, worauf er sich wie ein Vogel wiegen kann über unserer einförmigen Kugel, wäre mein Leben ein recht tierisch kriechendes gewesen, wenn die allgütige Natur mich nicht beschützt hätte. Seit jenem Sommer auf den milden Höhen des Harzes war die Liebe zur Natur wieder recht wach in mir geworden, wie man sich etwa auf ein altes Kinderliedchen besinnt, das man einst am Weihnachtsabend oder beim Spiel auf der Wiese mit heller Glockenstimme gesungen hat. Die Erinnerung an jene Zeit, wo ich als Knabe auf dem Wallensee gefahren war, Verse machte und die Schneeberge anstaunte wie uralte Väter oder Götter der Vorzeit, tauchte in meinem Bewußtsein wieder auf, dem versenkten Hort im Strome vergleichbar, der sich zur geweihten Stunde regt, um seine Rubinröte im Scheine des Vollmondes auszuleuchten. Allmählich traten die Bilder der herrlichen Gegenden der Schweiz mit größter Deutlichkeit wieder vor meine Augen, und wie ja alles Schöne miteinander Verwandtschaft hat, erschienen mir die laubigen Hügel im Harze wie die Brüder jener gewaltigeren Felsberge, und ich redete mit ihnen, als sähe ich sie wieder nach einer langen Zeit, während welcher ich mich ziellos und unbesonnen durch Wüsteneien geschlagen hätte, und klagte mich der Saumseligkeit an, daß ich so lange ausgeblieben sei. Aber die Natur ist zu weise, um zu zürnen; ihre Arme sind für jeden, der sie ruft, geöffnet, und für Lippen, die nach ihr schmachten, hat sie immer den Kuß erwidernder Liebe und Versöhnung. Mir war es, als könne sie mich entsündigen und verjüngen, als habe sie jenen Tau, der die Sünde abwäscht, und wäre sie gleich blutrot, und jenes Lethewasser, in dem sich leidende Seelen berauschen können. Zu manchen Bergen und Bäumen stand ich in einem ganz besonderen Verhältnis, und ich konnte mir einbilden, wenn ich in der Stadt war, daß sie über die flache Lüneburger Heide hinüber nach mir auslugten und sich kopfschüttelnd frugen, wo ich bliebe. Dann warf ich mich in Gedanken in das volle Moos hinein und schluchzte: Wißt ihr denn nicht, daß ich arm bin? Ein Bettler und ein Sklave! Und eine solche Bitterkeit ergriff darüber mein Herz, als ob die ganze Welt Weihnachten feiere, und mir allein sei nichts, gar nichts beschert worden. Dann aber hörte ich die Bäume mit tieftönigem Rauschen göttliche Trostesworte zu mir sagen, die mir, wenn auch dies alles nur Träume waren, wirklich in die Seele drangen und sie beschwichtigten.

Noch heute, wo die stolzesten Berge und die grünsten Almen in mein Fenster scheinen, muß ich mir sagen, daß nichts ungerechter und härter zu sein scheint als die Verschiedenheit des Bodens, dem ein jeder entspringt. Manch einer kennt die schönen Wunder der Natur nur aus Büchern, die Beglücktere

davon geschrieben haben, und je besser diesen ihre Schilderungen geglückt sind, desto größer wird die Sehnsucht dessen, der sie liest. Und selbst für den Bevorzugten, der die Länder seines Herzens aufsuchen kann, bleiben sie doch nur eine schöne Fremde, an der er keinen Anteil hat. Es ist wohl empörend, andere prassen zu sehen, wenn man selbst bei redlicher Arbeit und Bemühung darbt; aber nach allem Irdischen, von Menschen Gemachtem, kann man doch ringen und trachten, und darin schon findet sich Beruhigung. Aber wenn die Natur kargt, entweder indem sie uns verkürzt innerlich oder äußerlich, oder indem sie sich selbst uns entzieht, so ist es, als sei uns ein Fluch als Patengeschenk in die Wiege gelegt. Einen solchen vermag wohl der eine oder der andere aus der Kraft seines Geistes heraus zu überwinden; wer es aber nicht vermag, den sollte man nicht schelten oder verachten, denn er war ein ungeliebtes Kind und hat in den Tagen des Wachstums ungedeihliche, kärglich bemessene Milch eingesogen.
Galeiden hatte ihr heller Stern in ein gesegnetes Land geführt, wo alle ihre Säfte frisch zu quellen, und alle ihre Zweige frisch zu grünen anfingen, so daß es ein lustiges Rauschen gab, wenn die Elemente sie bewegten. Zuweilen war ich gesonnen, es ihr zum Vorwurf zu machen, daß sie so prahlerisch in ihren Kräften dastand, und indem sie von der kümmerlichen Bedrängtheit unseres Lebens so weit entfernt war, sich von uns losgelöst zu haben schien. Aber ich sagte mir doch, daß in ihren Briefen wohl nicht alles zu lesen stände, und nicht alles ganz so, wie es war. Obwohl es mir hätte zur Genugtuung gereichen sollen, so hätte ich es im Herzen vielmehr für einen gröblichen Verrat gehalten, wenn sie sich von Ezard losgesagt hätte; aber ich hielt es für nicht anders möglich, als daß sie noch in Verkehr miteinander ständen, wenn ich auch keine Beweise dafür hatte und überhaupt niemals weder Ezard, noch sonst jemand davon sprechen hörte. So sehr schienen sie für jeden, der sie zusammen gesehen hatte, unzertrennlich miteinander verwachsen zu sein.
Meine Vermutung wurde unerwarteterweise durch einen Zufall bestätigt, der mir eines Abends begegnete, als ich zum Kirchhof ging, um die Gräber meiner Eltern zu besuchen. Sie

waren von zahlreichen hohen Rosenstöcken umgeben, die mein Vater selbst nach dem Tode meiner Mutter hatte pflanzen lassen. Um diese Jahreszeit – es war im Sommer – standen sie in voller Blüte und gaben einen starken Duft, um dessentwillen ich eigentlich hinging. An diesem Abend fand ich auf dem Hügel meines Vaters Harreken sitzen, ernsthaft und unbeweglich; in einer Hand hatte er einen dürren Zweig, den ich für einen von denen ansah, die mein Vater an seinem Todestage dem Kleinen zum Abschied hatte reichen lassen. Der Einfall, dies ausgedörrte Holz mit sich herumzuschleppen, erschien mir abgeschmackt romantisch, dabei eigensinnig, und verdroß mich, und ich fragte den Jungen mit einiger Unfreundlichkeit, was er da mache. »Ich warte auf Papa«, sagte er, »er ist bei dem Grabe seiner Mutter.« Ich fragte: »Warum bist du nicht auch da?«, worauf er entgegnete: »Die Frau kenne ich nicht; ich bin beim Großonkel, weil ich den liebe.« Diese Erklärung erbaute mich sehr und stimmte mich milder; ich forderte ihn auf, mich zu seinem Vater zu begleiten. Er schüttelte aber den Kopf und sagte: »Nein, das kann ich nicht. Da gegenüber geht die Sonne unter; ich muß aufpassen, weil ich sehen will, ob es wahr ist, daß sie stillsteht.« Auch sah er mich nicht an, während er mit mir sprach, sondern richtete seine schwarzen, sternglänzenden Augen unverwandt auf den feuerroten Sonnenfleck, den man zwischen den Ästen der Zypressen und Pappeln wahrnehmen konnte. Ich begab mich also allein nach dem an der Mauer des Kirchhofs gelegenen Grabe von Ezards Mutter, und da es ganz von dichtstehenden Bäumen und Gebüsch umringt war, bemerkte ich erst, als ich dicht davor stand, daß mein Vetter mit ganzem Leibe über dem Hügel lag wie ein Toter; sein Kopf war völlig in dem Gewirr des Efeus vergraben. Mich kam ein gewaltiges Erschrecken an, und ich rief mehrmals seinen Namen. Da raffte er sich auf und sah mich an wie einer, der aus dem Grabe wiederkommt, um den Lebendigen das Grauen des Todes zu beschreiben. Ich war erleichtert, da er sich doch regte, und fragte, indem ich näher hinzutrat, was ihm fehle, ob ihm in geschäftlicher Hinsicht etwas Schlimmes begegnet sei. Er schüttelte den Kopf, und es schien mir, als ob er lächelte. Aus irgendeinem Grunde, den ich aber nicht anzugeben imstande wäre, machte mich dies verirrte Lächeln an Galeide denken, und obwohl wir sonst nicht von ihr zu sprechen pflegten, wagte ich in diesem Augenblick die Frage, ob sein Kummer sie betreffe. Da bemerkte ich sofort an dem Ausdruck seines Gesichts, daß ich das Richtige getroffen hatte; denn das vorhin so tote Gesicht beseelte sich, als hätte ich das Weckwort des Jüngsten Tages gesprochen. Ich glaube auch, daß er mir ausführliche Antwort gegeben hätte, wenn nicht gerade der kleine Harre herangekommen wäre, welcher mit Nachdruck verkündigte, daß die Sonne hinunter sei und sich leibhaftig bewege und von der Stelle rücke, was er nun unwiderleglich festgestellt habe.

In meiner Ratlosigkeit begab ich mich zu Eva, an deren Erröten, als ich zu erzählen anhub, sogleich zu bemerken war, daß sie um die Sache wußte. Sie versuchte auch nicht, es mir zu verbergen, sondern gestand mir, daß Ezard vor einigen Tagen bei Gelegenheit einer Geschäftsreise mit Galeiden zusammengetroffen sei, und daß ihn nun, nachdem er zurückgekehrt sei, die Sehnsucht nach ihr in den verzweiflungsvollen Zustand gebracht habe, den ich an ihm soeben wahrgenommen hatte. Etwas Näheres darüber, wie sie es angestellt, und ob sie es schon öfter getan hatten, wußte sie nicht, oder wollte es nicht sagen. Ich fragte, wie es zu erklären sei, daß er sich ihr anvertraut habe, worauf sie erwiderte, er habe in seinem Jammer nicht mehr aus und ein gewußt und wohl gefühlt, daß sie ihn nicht verdammen, nur bemitleiden könne, selbst wenn er noch Schrecklicheres täte. »Was könnte er noch Schrecklicheres tun?« bemerkte ich bitter (denn ich dachte nicht mehr daran, daß ich noch kürzlich gesonnen war, Galeiden einen Vorwurf daraus zu machen, wenn sie etwa Ezard aufgeben sollte); »er richtet uns alle zugrunde.« – »Der Unglückliche!« sagte Eva traurig; »doch auch sich selbst. Vor solcher Leidenschaft, wie in ihm ist, lasse ich die Arme sinken und denke: dawider kann kein Mensch, das kommt von Gott.« Obwohl ich bei mir selbst schon Ähnliches empfunden hatte, konnte ich mir doch nicht versagen, eine mürrische Bemerkung darüber zu machen, was alles man doch dem lieben Gott in die Schuhe schöbe, und was das überhaupt für ein Gott sei, der die Angelegenheiten der Menschen aus Mutwillen oder Unverstand, denn eines von beiden sei doch nur möglich, so in Wirrwarr und Elend setze.

»So sage Schicksal anstatt Gott«, entgegnete Eva geduldig. Da ich für den Augenblick darauf nichts zu erwidern wußte, verließ ich Eva und teilte die ganze Sache dem Urgroßvater mit, was ich allerdings wohl lieber hätte unterlassen sollen. Denn was konnte es ändern oder nützen? Der Urgroßvater hatte längst vergessen, daß er früher einmal der Meinung gewesen war, die Vorsehung habe Ezard und Galeiden füreinander bestimmt; jetzt betrachtete er diese Liebe so, als ob Ezard und Galeide sie aus lauter Trotz, Eigensinn und Frevelmut, ungeachtet des großen Schadens, den sie damit anstifteten, böswillig festhielten, während sie es ebensogut lassen könnten. Er vertiefte sich mehr und mehr in seine Entrüstung, und als Ezard das nächste Mal zu uns kam, begann er sogleich von seinem Wiedersehen mit Galeiden zu reden, ohne indessen zu verraten, durch wen er davon unterrichtet worden war. Ezard hörte still zu und regte sich nicht; in seinem Gesicht war nichts zu lesen als eben der übermenschliche Wille, der es in dieser steinernen Ruhe festhielt. Desto mehr erhitzte sich der Urgroßvater, und in sein welkes Gesicht strömte das schwache Greisenblut, daß es glühte, dazu funkelten seine hellblauen Augen zornig unter den dichten, eisgrauen Haaren hervor.

»Denke, was du warest und was du bist!« rief er. »Ein reiner, liebenswerter Jüngling warest du, ein rechter Liebling Gottes. Nun bist du ein verwüsteter, zerstörter Mensch, ja, und du selbst hast dich dazu gemacht in deiner schmählichen Leidenschaft! Kann ich das Liebe nennen, was seinen Gegenstand in Verderben und Schande reißt? Was hast du gemacht aus meinem süßen Kinde? Wo ist Galeide? Verlassen steht ihr Vaterhaus, fremdes Volk haust darin, und die eigenen Kinder sind tot oder zerstreut und im Elend. Das alles komme auf dich! Fluch, Fluch, Fluch über dich! Glaube mir, ich werde nie nachlassen; noch wenn wir dereinst vor Gott stehen, werde ich Galeidens Seele von dir fordern!«

So mengte der Urgroßvater in seiner ohnmächtigen Verzweiflung das Verschiedenste durcheinander und warf meinem Vetter Dinge als Anklage vor, in denen er sich vielmehr Anspruch auf unseren Dank erworben hatte. Ezard rechtfertigte sich aber nicht, sondern entgegnete nur ungefähr so: »Was du sagst, ist alles vergebens. Ich liebe Galeiden, und sie liebt mich. Und ich werde nie, nie auf ihre Liebe verzichten, selbst wenn ich könnte. Selbst wenn ich mit meinem Willen alles, was geschehen ist, ungeschehen machen könnte, würde ich es nicht tun, noch würde Galeide es wollen. Wir beklagen uns nicht und tragen deinen Fluch. Was ist der gegen den Fluch des Geschicks, unter dem wir leben!«

Ezard hatte uns kaum verlassen, als der Urgroßvater seine leidenschaftlichen Worte bereute. Bei der nächsten Gelegenheit überschüttete er ihn mit Zärtlichkeit, sprach ihm zu und hätschelte ihn wie ein krankes Kind. Ezard verhielt sich dabei ebenso unerschüttert wie vorher den Ausbrüchen des Zornes gegenüber; doch schienen ihn die weniger zu schmerzen als die liebreiche Milde, deren er sich unwert fühlen, oder auf die er verzichtet haben mochte.

Der Senat hatte sich endlich bereit erklärt, sich mit einer ausgiebigen Summe an den Wasserwerken zu beteiligen, so daß die Anlage nun ihren Fortgang nehmen konnte. Dies war ohne Zweifel Ezards unermüdlichem Wirken zuzuschreiben; er arbeitete unter den ungünstigsten Sternen wie Herkules, ohne zunächst durch sichtliche Erfolge gestärkt und angefeuert zu werden. Jetzt allerdings, wo ich von meiner Warte aus die Vergangenheit ganz überblicken kann, sehe ich, daß sich unsere allgemeinen Verhältnisse dank Ezards Bemühungen im Aufstiege befanden. Damals aber konnte man nicht wissen, ob das vielleicht nur eine flüchtige, vorübergehende Hebung des Weges war. Und es sollte auch noch eine Schreckenszeit kommen, die unseren Untergang herbeizuführen schien und von der ich nun zu sprechen versuchen will.

In den östlichen Ländern war die Cholera ausgebrochen. Man las die Berichte in den Zeitungen nicht ohne Mitleid und Schauder, etwa so, wie man furchtbaren Begebnissen auf der Bühne gegenüber erbebt, von denen man mit wohltätiger Bestimmtheit weiß, daß sie einen selbst nicht treffen und nie erreichen können. Als man dann hörte, die Krankheit habe sich in der Hafenstadt Marseille gezeigt – auf ägyptischen Schiffen eingeschleppt –, da überlief es einen dennoch; es war, als habe das Gespenst nun den Boden Europas betreten und hauche seinen giftigen Atem vor sich her. Manche glaubten aber, eine voreilige Angst verlachen zu müssen oder sie verlachten sie wirklich. Zu denen gehörte mein Onkel Harre. Denn seinen bereits erwähnten Auffassungen ganz entsprechend, pflegte er die Verheerungen, die gewisse Krankheiten anzurichten pflegen, zu einem großen Teil auf die unverständliche Furcht der Menschen zurückzuführen. Die ausführlichen Berichte und Schilderungen in den öffentlichen Blättern hielt er für verwerflich, weil sie den Schrecken und die Angst im Volke vermehrten; überhaupt sei es ein Unwesen, von der Cholera in so ganz anderer Weise zu sprechen als von irgendeiner anderen Krankheit. Man stelle sich an, als ob etwas Übersinnliches, Geisterhaftes dabei sei, ein Fluch oder ein Verhängnis, dem man nicht entrinnen könne. Man bekreuze sich und erbleiche, wenn man den Namen der Cholera ausspreche, als wäre sie eine leibhaftige Hexe, die jeden, der ihr mißfalle, vergiften und vergeben könne.

Ich erinnere mich mit Deutlichkeit aller Umstände, womit es anfing. Wir waren im Monat Juni, und es war so heiß, daß selbst die Nächte unerträglich waren. Ich hatte mich gegen Abend zu Eva geschlichen und atmete mit Begier die Luft eines leidlich kühlen Zimmers, in welchem die Läden den ganzen Tag über geschlossen waren. Heileke, das Kind, saß vor einem Tischchen, auf dem ihr Lieblingsspielzeug stand, eine Art von Musikkistlein mit metallenen Tasten, aus denen sie mit einem winzigen Hammer kleine, klingende Töne hervorlockte. Ganz blond und weiß im kurzen Röckchen erschien sie mir wie ein Blumenelf, der vermittels Staubfäden Musik macht, indem er damit an die zarte Wand des Glöckchens klopft, das er bewohnt. Plötzlich betrat Onkel Harre das Zimmer in einer Art, die sogleich die nicht geringe Erregung verriet, in der er sich befand. Ohne mich zu begrüßen, obwohl er mich gesehen hatte, fing er heftig an zu sprechen. »Im Hafenquartier«, sagte

er, »ist ein Todesfall vorgekommen, der der Cholera zugeschrieben wird. Dieser Wittich (der soziale Rheinländer) kam und meldete es mir; nach der Art jener Burschen, die jedes Räuspern einer Fliege sogleich vor das Tribunal des Volkes bringen möchten, verlangte er, daß der Fall sofort öffentlich in den Zeitungen bekanntgemacht werde. Das wäre der Weg, auf dem wir mit Sicherheit die Cholera morgen in der Stadt hätten, wenn wir sie jetzt noch nicht haben.«
Mir war ein bleicher Schrecken ins Mark gefahren, denn ich hatte ein unbeschreibliches Grauen vor ekelhaften Krankheiten, und ich muß gestehen, daß ich nicht ungern sogleich ein Billett gelöst hätte, um nach dem äußersten Pol unseres Erdballs zu entweichen. Eva war gleichfalls erschrocken, sie hielt aber an sich und fragte, ob es denn wirklich erwiesen sei, daß der erwähnte Todesfall durch die Cholera herbeigeführt sei. Onkel Harre zuckte mit den Achseln und sagte, auf den Wittich könne er sich nicht verlassen; denn diese Sozialdemokraten seien so an Übertreibung und Verdrehung gewöhnt, daß sie einen Rausch oder Katzenjammer für die Cholera ausgeben könnten; er wolle sich noch selbst überzeugen. Nun aber erblaßte Eva doch und bat ihn, das zu unterlassen, indem sie einen besorgten Blick auf das Kind Heileke warf. Onkel Harre lachte und sagte: »Da haben wir es! Ich hätte auch zu euch nicht davon sprechen dürfen. Die Angst macht jedermann unzurechnungsfähig. Bedenke doch, wie häufig ich zu Kranken komme, die mir die Keime einer tödlichen Krankheit überliefern könnten. Der Tod ist hundertfach in jedem Mundvoll Luft, den wir einatmen. Wir müssen unsern Körper so halten, daß er das verdauen lernt.« Er setzte sich mit diesen Worten zu der Kleinen auf ihr schmales Kindersofa, nahm sie in die Arme und ließ sie tanzen, worüber sie vergnügt auflachte, denn sie liebte ihren Vater mit besonderer Innigkeit. Ich ärgerte mich über diese rücksichtslose Art, Eva zu quälen, sie hingegen mußte ich um so mehr bewundern; sie verriet mit keinem Worte und keiner Miene ihre innerliche Unruhe, gab sich vielmehr Mühe, die Sache nun ruhig zu besprechen und zu erwägen. Onkel Harre wollte indessen nicht viel davon hören, sondern steifte sich mehr und mehr darauf, daß das Ganze

eine Bangemacherei sei, woran die Sozialdemokraten stets ein besonderes Vergnügen hätten.

In mir aber saß das Grauen fest, und ich hatte in der Nacht einen gräßlichen Traum, von dem ich noch dies weiß, daß ich alle Straßen unserer Stadt überblicken konnte, und daß sie mondhell und ganz still und leer waren bis auf eine einzige hin und her wandelnde Gestalt, von der ich wußte, daß es die Pest war. Sie sah aus, wie ich es einmal auf einem Bilde gesehen hatte, orientalisch angetan, mit einem feuerroten Turban über dem fahlen Gesicht, fürchterlich schön, tödlich aus den bösen Augen blickend. An viele Türen malte sie ein seltsames Zeichen, und ich wußte, daß alle sterben mußten, die in einem solchen Hause lebten. Zuletzt kam sie auch an unser altes Haus, das in meinem Traume wohl wieder uns gehörte, sonst wäre mein Herz nicht so erbebt, als ich das Gespenst sich ihm nähern sah. Lautlos trat es in die Gartenpforte, glitt an dem Beete vorbei, auf dem ich die Lilien blühen und sich auf merkwürdig bedeutungsvolle Art wiegen und neigen sah, malte aber nichts an die Haustür, sondern glitt hinein, da sie sich plötzlich von selbst öffnete und ebenso wieder hinter ihm schloß. In diesem Augenblick wachte ich auf.

In meiner Besorgnis und Ratlosigkeit begab ich mich zu Ezard, indem ich hoffte, er könne mir etwas Tröstliches mitteilen oder würde doch das Richtige zu unternehmen wissen. Mein Bericht von dem vermeintlichen Auftreten der Cholera machte insofern keinen sonderlichen Eindruck auf ihn, als er selbst von Natur keine Furcht vor Krankheiten hatte, indessen beunruhigte ihn das, was ich ihm von dem Betragen seines Vaters in dieser Angelegenheit sagte, und alles, wessen er ohnehin von ihm gewärtig sein zu müssen glaubte. Sowie er Zeit habe, sagte er, würde er ihn aufsuchen, um sich mit ihm zu besprechen und in ihn zu dringen, daß keine Vorkehrungsmittel, soweit solche bekannt seien, außer acht gelassen würden.

Obwohl nun in den Zeitungen nichts von der Cholera erwähnt war, noch einer von uns darüber gesprochen hatte, war schon am folgenden Tage das Gerücht verbreitet, sie sei in der Stadt. Onkel Harre versuchte es uns gegenüber auch nicht mehr zu leugnen, meinte indessen, das Unglück sei nicht so groß, in vielen größeren Städten sei die Cholera jedes Jahr wie irgendeine andere Krankheit, und man denke sich nichts Besonderes dabei. Er äußerte heftigen Groll über Philipp Wittich, welcher ihn bestürmte, die ganze Angelegenheit nun öffentlich zu behandeln; denn schon herrsche überall, sagte dieser, Aufregung und Unruhe, und gerade weil man nichts Bestimmtes wisse, könnten sich die ungeheuerlichsten Gerüchte ungemaßregelt verbreiten. Aber je dringlicher er wurde, desto eigensinniger beharrte Onkel Harre auf der gegenteiligen Meinung, behauptete, Wittichs Eifer sei unvernünftig und habe unlautere Gründe, ja, er habe die Gerüchte aus persönlichem Übelwollen selbst verbreitet, und indem er sich mehr und mehr in diese Überzeugung hineinredete, vergaß er selbst, daß es sich um eine allgemeine Sache handelte, die er vorurteilslos, ohne an sich oder andere einzelne Personen zu denken, zum Besten der Stadt hätte führen sollen.

Die Zahl der Todesfälle nahm nun derartig zu, daß ein Verheimlichen nicht mehr möglich war. Wie ein Feuer, das sich lange Zeit im verborgenen weiterfressen konnte, auf einmal in Flammen von erstaunlicher Gewalt ins Tageslicht hineinschießt, so schien die gefürchtete Krankheit mit einem Schlage übermächtig dazustehen, weil ihre schleichenden Anfänge nicht beobachtet worden waren. Eine rasende Todesangst ergriff nun alle Menschen. Keiner wußte, was er zu tun hatte. Viele ergriffen die Flucht. Die Zurückbleibenden wagten sich zum Teil kaum noch genügend zu ernähren, aus Furcht, etwas Schädliches zu sich zu nehmen, teils lebten sie in prahlerischer Tollkühnheit noch unbedachtsamer als zuvor, wie wenn sie einen persönlichen Gegner vor sich gehabt hätten, dem gegenüber man sich nicht auf einer Feigheit ertappen lassen dürfe. Da man sich ein so plötzliches und allgemeines Unglück nicht erklären konnte, richtete man seinen Blick auf die Behörden, und es wurden bereits Vorwürfe laut, als hätten sie, von dem unheimlichen Gaste bestochen, sein fliegendes Gespensterschiff heimlich bei Nacht und Nebel in den schlummernden Hafen einlaufen lassen.

Onkel Harre, in seiner Stellung an der Spitze des Medizinalwesens, wurde von diesen Vorwürfen besonders betroffen. Ich erinnere mich eines Abends, wo er uns noch zu später Stunde besuchte, was uns um so mehr überraschte, als er nicht die Gewohnheit hatte, sich häufig bei uns sehen zu lassen. Der Urgroßvater saß träumend in einer Sofaecke, während ich im dunklen Nebenzimmer Klavier spielte. Wir empfingen ihn beide mit Teilnahme, die seiner jetzigen schweren und bedrängten Lage galt. Noch sehe ich ihn vor mir mit seiner hohen, schlanken Gestalt, die zwar so aufrecht dastand wie immer, aber weniger durch natürliche Schwungkraft, als durch angestrengten Willen gehalten zu sein schien. Ehe er sich setzte, fragte Onkel Harre, ob wir auch keine Angst vor Ansteckung hätten, da er sonst sogleich wieder gehen würde; sie würde zwar unbegründet sein, indem er stets ausreichende Vorsichtsmaßregeln treffe. Der Urgroßvater verneinte und bat ihn, zu bleiben; auch war er in Wahrheit so furchtlos wie der Ewige Jude, der mit der Pest ins Bett steigen konnte, wie es heißt, ohne zu siechen. Greise pflegen den Erscheinungen der Welt stets eine erhabene Gelassenheit entgegenzusetzen, was sich leicht daraus erklärt, daß sie schon so viele herankommen und auch die furchtbarsten an sich vorübergehen gesehen haben. Ich hingegen setzte mich in nicht allzu auffälliger Entfernung von Onkel Harre. Er fing nun mit außerordentlicher Klarheit von den Zuständen in der Stadt, vom Ursprung und Gang der Krankheit zu reden an. Das Grundübel, sagte er, sei die schlechte Wasserleitung, welche den Krankheitsstoff in jedes Haus einschleppe. Es würde alles anders sein, wenn die neue Anlage bereits fertig und in Gebrauch wäre; die Stadt würde jetzt infolge der Epidemie weit größere Summen ausgeben und verlieren müssen, als eine rechtzeitige, gründliche Anhandnahme der Wasserwerke sie gekostet haben würde. Ferner sprach er davon, wie es an allem Nötigen fehle: an Häusern, wo die Kranken abgesondert werden könnten, an Krankenpflegern, um sie zu pflegen, dazu an nützlichen Bestimmungen, die sogleich in Kraft treten könnten, damit auch die Privatpersonen wüßten, wie sie sich zu verhalten hätten und in ihren Maßregeln überwacht würden. An alledem, sagte er, sei er zum Teil selbst schuld, indessen mehr noch die übergroße Sparsamkeit des Senates, welcher gemeinnützige Einrichtungen meist nur dann gutgeheißen habe, wenn Glanz nach außen damit verbunden gewesen sei, und vollends, wenn kein augenblicklicher Vorteil dabei abzusehen gewesen sei, sie von einem Jahr zum andern verschoben habe. Er erzählte dies alles mit so viel Ruhe, Ernst und Einfachheit, wie es bei ihm nicht gewöhnlich war. Der Urgroßvater hörte gern und mit aufmerksamer Teilnahme zu und erkundigte sich, was mein Onkel nun zu tun gedenke, um das Versäumte wiedergutzumachen.

Onkel Harre sagte: »Ich tue wenig, aber doch alles, was ich kann. Ich stehe mit meiner Person auf dem gefährlichsten Posten. Im Volke heißt es, die Großen dächten nur an sich und ihr ungestörtes Wohlleben und ließen die Armen umkommen in ihren elenden Quartieren. Wer begriffe nicht, daß sie so denken, die Unglücklichen, die ja wirklich die ersten hilflosesten Opfer sind! Retten kann ich die wenigsten. Aber ich bin den ganzen Tag über in den Spitälern; nach Hause komme ich nur auf Augenblicke und zwinge mich, Eva und die Kleine nicht zu sehen, um sie nicht in Gefahr zu bringen. Eva hat es nicht haben wollen, aber sie gibt mir nach, weil sie meine Angst sieht. Vieles, ja das meiste überlasse ich Ezard. Denn mir fehlt die Überlegenheit, die aus innerer Ruhe entspringt, die Sicherheit im Entscheiden, was mit Nutzen zu ergreifen ist, und was mehr ist, die Sicherheit, es zu ergreifen. Ich bin alt geworden. Früher waren mir Anfeindungen ein willkommener Stachel, der mich zu frischerem Handeln spornte; jetzt lähmen sie mich. Aber diese sind auch anderer Art. Jetzt fühle ich einen stetigen, nie weichenden Druck auf mir, und wenn ich mich besinne, was es ist, so klingt mir das Wort Schande im Ohr. Alle Kraft, die ich noch in mir habe, gebrauche ich, um diese ungewohnte Last weiterzutragen – so weit, wie es gehen will.«

Mich ergriff ein grenzenloses Mitleiden, das noch zunahm, als ich des Urgroßvaters bewegte Miene sah und seine gütige Freundlichkeit gegen Onkel Harre, die zum ersten Male seit langer Zeit die alte Abneigung überwand. »Solche Ereignisse«, sagte der Urgroßvater milde, »haben ihr Gutes für die Menschen neben dem Übel. Im gewöhnlichen Lebensgange überläßt sich jeder nur allzusehr dem Alltäglichen und läßt sich gehen, denn das, was täglich von uns gefordert wird, bedingt nur mäßige Kraft, die man leicht in genügendem Maße aufbringen kann. Kommen aber außergewöhnliche Schicksale mit ihren außergewöhnlichen Anforderungen, dann langt der Mensch einmal in seine Brust und holt den Hort hervor, den sonst vielleicht nie jemand zu sehen bekäme. Jede Empfindung und jedes Vermögen wird gesteigert; und ist es nicht zuletzt das Höchste im Leben, wenn man seiner selbst bewußt werden und seine inneren Kräfte ganz entfalten kann?«

In Onkel Harres Augen leuchtete es einen Augenblick auf wie in alten Zeiten, und er sagte feurig: »Ja, das ist schön und ist wahr«; sodann fügte er langsam hinzu: »Aber für mich ist es zu spät. So mag es einem Baume zumute sein, wenn im März die lauen Winde und die starke Sonne kommen, und er kann nicht mehr grünen und knospen wie die andern, weil der Winter ihm zu übel mitgespielt hat. Ich bin alt geworden.« Er sank, nachdem er dies gesagt hatte, in sich zusammen und stützte den Kopf in die Hand. Der Urgroßvater rückte immer näher und legte ihm die Hand auf die Schulter. »Harre«, sagte er gerührt, »du bist vom Schöpfer so verschwenderisch, so groß, so glänzend ausgestattet. Wenn du erkennst oder zu erkennen meinst, daß du diese Gaben nicht immer so weise verwendet hast, wie du hättest können, machst du dir mit einem Male zu eigen, was dir vielleicht noch fehlte. Du bist noch nicht zu alt, um dich nach einer Niederlage noch einmal aufrichten und besseren Tagen entgegensehen zu können.«

»Nicht zu alt«, entgegnete Onkel Harre; »ich bin erst fünfundsechzig, also habe ich mehr als fünfundzwanzig Jahre weniger als du. Aber ich bin anders als du und lebte anders. Du kennst uns ja! Ja, wir sind ein reiches, glänzendes Geschlecht, aber es fehlt uns etwas. Wie soll ich es nennen? Ist es das Maßhalten?, die menschliche Bescheidenheit? Ja, das ist es! Das ließ uns das Alltägliche zu sehr geringschätzen. Wir wollten immer nur auf den Höhen sein; wir wollten nicht von unten herauf dienen. So habe ich mich aufgerieben und überspannt; ich habe schlecht gewirtschaftet mit meinem Kopfe. Mein Gott, mit welchen Hoffnungen stürmte ich in das Leben! Und solange ich noch kräftig war, bemerkte ich nie, ob sie sich erfüllten oder nicht, ich hoffte und stürmte weiter. Gleichzeitig sehe ich nun sie und mich selbst zusammenbrechen. Wie hat mein Bruder geendet? Wie wird mein Sohn enden? Nichts als Trümmer liegen hinter mir, und ich lasse nichts als Trümmer zurück.«

Der Urgroßvater saß sinnend still in einem Stuhle, nachdem Onkel Harre gesprochen hatte. Es schien, als blicke er in jenen Born der Erinnerung aller Dinge, der der Sage nach an den Wurzeln der Weltesche murmelnd entspringt. »Ja«, sagte er nach einer geraumen Weile, »es ist kein Glück mehr bei euch und bei uns. Und da es nach meiner heiligen Überzeugung eine über uns waltende, zwar unbegreifliche, aber unbestechliche Gerechtigkeit gibt, so mögen wir diesen Untergang wohl selbst verschuldet haben.«

Ich war aufgestanden, während der Urgroßvater diese Worte sagte, und stellte mich im Nebenzimmer an das offene Fenster, um eine große Bewegung zu verbergen. Ich hörte von da die beiden leise weitersprechen, ohne aber zu verstehen, was sie sagten. Draußen war es ganz still, es hatte sich seit Wochen kein Luftzug geregt, die Hitze brütete in sich hinein. Nach einiger Zeit ertönte das langsame Rollen eines der Krankenwagen, die beständig in der Stadt hin und her fuhren, um die von der Seuche Ergriffenen in die für sie bestimmten Baracken zu führen. Obwohl man sich an das dumpfe Geräusch und den Anblick dieser Wagen bereits hätte gewöhnen können, berührte es mich doch immer noch in unheimlicher Weise, zum Teil, da es mich an eine Vorstellung aus meiner Kinderzeit erinnerte. Ich hatte mir nämlich als Kind, wenn ich nachts aus der Ferne Räderrollen hörte, ich weiß nicht mehr warum, eingebildet, das sei der Totenwagen; auf dem Bock säße der Tod in einem schwarzen, flatternden Mantel, auf seinem klappernden Schädel einen blanken, niedrigen Hut, wie ich solche an unseren Droschkenkutschern zu sehen gewohnt war, und hole die Menschen ab, da helfe kein Widerstreben, sausend in die schwarze Nacht hinein. Diese Phantasie hatte ich längst vergessen gehabt, bis sie mir nun auf einmal wieder in den Sinn gekommen war, so daß ich die Krankenwagen besonders in der Nacht nie ohne einen ähnlichen Schauer hören konnte, wie ich damals als kleiner Junge empfunden haben mochte; wozu freilich jetzt mehr Ursache war als damals, indem in der Tat nicht viele von denen wiederkehrten, die in die unheilvollen Wagen steigen mußten.

Der Wagen hielt in unserer Straße an, was mir wohl auffallen konnte, da in unserem Quartier die Erkrankungen immerhin noch selten waren. Ich hörte eine Tür gehen und ein Geräusch von wimmernden Stimmen. Onkel Harre, der es auch vernommen haben mußte, trat plötzlich zu mir und bog sich aus dem Fenster, um zu sehen, was es gebe. Ich sagte: »Es scheint, daß man ein Kind holt; vielleicht will die Mutter es nicht von sich lassen.« Er war ganz fahl im Gesicht geworden; ohne ein Wort zu sagen, begab er sich wieder in das andere Zimmer, stürzte schnell ein Glas Wein hinunter, das der Urgroßvater ihm eingeschenkt hatte, und verabschiedete sich dann. Es war ersichtlich, daß er infolge der gegen ihn erhobenen Anklagen, vielleicht auch geheimer Vorwürfe, die er selbst sich machte, anfing, sich gleichsam als Mitschuldiger der Cholera zu fühlen, so daß ihm jeder Laut des Jammers, der durch sie hervorgerufen wurde, so ins Herz traf, als habe er selbst ihn verschuldet. Vielleicht auch hatte er an sein eigenes Kind gedacht, die zarte Heileke; denn er schien die unglückselige Einbildung gefaßt zu haben, dies von ihm am meisten geliebte Leben werde als ein Sühnopfer durch die Krankheit von ihm genommen werden. Ich sah ihm nach, wie er so aufrecht, wie er gekommen war, die Straße hinabging und einen langen, schwarzen Schatten nach sich zog.

Der Urgroßvater saß noch in Gedanken versunken auf demselben Platze, als ich wieder zu ihm trat. »Es ist nur gut«, sagte er, den Kopf erhebend, da er mich gewahrte, »daß Galeide so weit fort ist. Sollte die Krankheit auch in die Schweiz kommen, so könnte sie wohl noch tiefer in die Berge flüchten, wo keine Gefahr mehr ist.« Obwohl ich nun Galeiden ihre Sicherheit wohl gönnte, so entrüstete es mich doch, daß der Urgroßvater, anstatt Mitleiden für so viele Bedrohte, die ihm nahestanden, zu empfinden, sich aus dem Gedanken Genugtuung schöpfte, daß doch Galeiden nichts geschehen könne. Ja, ich bin gewiß, wenn er uns alle hätte hinsterben sehen, so würde neben billigem Bedauern seine nächste Beobachtung gewesen sein, wie groß doch die Gefahr sei, und wie Gott es gut gemacht habe, daß er ihr Galeiden gütig entrissen habe. Um so mehr nahm ich mir vor, über Eva und ihr Kind zu wachen. Wie es in der Vorzeit üblich war, daß an der Schuld eines einzelnen jeder aus seinem Geschlechte Anteil hatte und sich verpflichtet fühlen sollte, sie mit seiner Kraft zu sühnen, so nahm ich mir nun vor, mich an Onkel Harrens Seite zu stellen und allem Ekel und Grauen zum Trotz das mörderische Gespenst, das uns ans Leben wollte, zu bekämpfen.

Ich teilte meine neuen Entschließungen Ezard mit, denn von mir aus hätte ich nicht gewußt, was ich allenfalls für das allgemeine Beste hätte unternehmen können. Ezard dagegen hatte ganz auf eigene Hand, ohne von irgend jemandem Anweisungen oder Ratschläge zu bekommen, denn alle zuständigen Behörden hatten den Kopf verloren, eine wahrhaft staunenswerte Tätigkeit ins Werk gesetzt. Er sorgte dafür, daß in ausreichender Anzahl Krankenwärter vorhanden waren, die zum Teil von auswärts berufen werden mußten, ebenso dafür, daß die Kranken gehörig verpflegt wurden, was alles anfangs in der nachlässigsten Weise gehandhabt war. Es bildeten sich unter seiner Leitung freiwillige Kommissionen, welche dies und jenes überwachten: das Verbrennen der Wäsche von Kranken und Gestorbenen, die Desinfektion der Häuser, die Austeilung gekochten Trinkwassers, welches auf öffentlichen Plätzen unentgeltlich geliefert wurde, sodann die Einholung der Erkrankten und die Ablieferung der Genesenen. In einer von diesen Kommissionen wurde nun auch ich auf meinen Wunsch untergebracht.

Dies alles konnte nicht so auf einmal ins Leben gerufen werden, wie ich es hier aufzähle. Denn Ezard bekleidete damals kein Amt mehr, das ihm ein rasches Durchgreifen ermöglicht hätte, und erst nach Verlauf einiger Zeit sah die Bevölkerung den Wert seiner Bemühungen ein und schloß sich ihnen an.

Allerdings wurde er bald vom Senat, mit einem geeigneten Titel ausgerüstet, an die Spitze der sämtlichen Kommissionen zur Bekämpfung der Cholera gestellt, so daß er nun von Amts wegen mit mehr Nachdruck handeln konnte. Niemand hätte sich besser dazu geeignet. Seine Ruhe wurde durch nichts erschüttert: er zeigte niemals Furcht, Ekel oder Ermattung. Wunderbar war es, wie seine Gegenwart auch die Kranken, obwohl er nicht Arzt war, beruhigte. Übrigens handelte er nicht sowohl aus Menschenliebe, obwohl ich ihm auch solche Empfindungen keineswegs absprechen möchte, als zunächst um seines Vaters willen, indem es sein sichtlicher Wunsch war, daß man alle ihm schuldige Anerkennung diesem zugute schreibe und diesen eines Teiles der gegen ihn erhobenen Vorwürfe um seinetwillen entlaste. Höchst auffällig war in dieser Zeit Luciles Benehmen, insofern, als sie sich gänzlich von Ezard absonderte und eine Reihe von Gemächern bewohnte, die er nicht betrat, während sie ihrerseits auch niemals sein Zimmer aufsuchte. Ich konnte nicht umhin, ihr gelegentlich, da ich bereits durch einen voraufgegangenen Wortwechsel mit ihr gereizt war, meine Verwunderung über dies Betragen, ja meine Mißbilligung desselben auszudrücken, wurde aber sogleich geschlagen, da sie es ohne Mühe mit den trefflichsten Grundsätzen in Einklang zu bringen wußte. Vor Ansteckung, sagte sie, habe sie erstens überhaupt keine Furcht, zweitens wisse sie wohl, daß man sich durch geeignete Maßregeln gerade vor der Cholera ziemlich unfehlbar sicherstellen könne. Deswegen würde sie sich nicht ungern, ja eigentlich mit Vorliebe der Krankenpflege widmen, wenn nicht ihr kleines Mädchen wäre, für das sie in erster Linie zu sorgen hätte. Dessen Körper sei augenblicklich durch eine erst kürzlich überwundene Krankheit geschwächt und für schädliche Einflüsse deshalb doppelt empfänglich; sie müsse aber auf alles dies um so mehr bedacht sein, weil ihr Mann über die Sorge um fremde Menschen die um sein eigenes Kind vergäße. Auch mich würde sie in Gegenwart des Kindes nicht empfangen, indessen bürge ihr meine Ängstlichkeit dafür, daß ich meine Person und somit auch die anderen nicht allzu großen Gefahren aussetzte.

Vorzüglich diese letzte Anspielung setzte mich so in Erstaunen, daß ich für den Augenblick nichts zu erwidern wußte. Auch hätte niemand behaupten dürfen, ihre Vorliebe für die Krankenpflege sei erheuchelt, wenigstens war die Begeisterung, die aus ihren schönen Augen funkelte, ehrlich und nicht gering. Da der Himmel sie aber nicht an das Krankenbett, sondern in eine andere, behaglichere Stellung gesetzt hatte, verbrachte sie diese schlimme Zeit in leidlicher Gemächlichkeit und wiegte sich wohl dazu in dem Traume, Ezard werde durch diese Trennung anfangen ihre Gesellschaft zu vermissen, und das verlorene Glück würde endlich wieder bei ihr einkehren.

Ezard hingegen lebte mit dem kleinen Harre so gut und froh, wie es ihm seit langer Zeit nicht geworden war. Das merkte man ihm auch bald im Äußeren an; obwohl er noch niemals eine solche Last von Arbeit und Verantwortung auf sich gehabt hatte, gewann sein ganzes Wesen einen Glanz von Gesundheit: seine Wangen bräunten sich, seine Stimme klang frischer, der Ausdruck gequälter Müdigkeit, den er schon lange an sich hatte, wich aus seinem Gesichte. Es schien so, als fühle er sich frei, da er nun so abgesondert von Lucile lebte, und bildete sich ein, er wirke für Galeiden und eine ewig himmlische Zukunft an ihrer Hand.

Ich selbst fing allgemach auch an, mich in meiner Tätigkeit wohl zu fühlen, und vergaß oft völlig, auf welches traurige Ziel sie gerichtet war, denn da ich noch niemals eigentlich praktisch gearbeitet hatte, fühlte ich meine ganze Person nun auf die wohltätigste Weise in Anspruch genommen. Freilich traten die Erfolge unserer nützlichen Bestrebungen noch nicht ein, vielmehr verschlimmerte sich der Stand der Dinge täglich. Daß die Hitze nicht nachließ, war vielleicht von allem das erschwerendste und entmutigendste; denn abgesehen davon, daß sie für das Umsichgreifen der Krankheit selbst verderblich war, erschlaffte sie Körper und Seele dermaßen, daß auch die Gesunden kaum die für eine so vielfache Tätigkeit notwendigen Kräfte aufbringen konnten. Die rote Sonne schien mitten am dunkelblauen Himmel festgebannt zu sein wie ein Fluch Gottes und zu warten, bis die gepeinigte, kämpfende Stadt unter ihrem bösen Blicke ganz und gar verendet sei.

Obwohl ich am Abend meistens übermäßig ermüdet war, konnte ich doch der ungemilderten Hitze wegen oft durchaus nicht schlafen, oder der Schlummer lag nicht wie ein mild wärmendes Tuch, sondern wie eine erstickende Last schwer über mir. Ich entsinne mich eines Traumes einer solchen Nacht, den ich noch nicht vergessen habe; er mochte daraus entstanden sein, daß, weil ich damals am Tage wenig mehr an die Gefährdung des Lebens dachte, die zurückgedrängten unheimlichen Eindrücke sich vielleicht gerade deswegen nachts um so lebhafter regten. Ich ging in diesem Traume mit Galeiden über einen felsigen Paß, wie ich ähnliche in der Schweiz gesehen hatte: es war kein Halm und kein Kraut mehr in dieser Einöde, nichts als Felsen, die wie Grabsteine über den Leibern eines ausgestorbenen Riesengeschlechtes dastanden. Wir gingen schweigsam nebeneinander, Galeide in einem weißen schleppenden Gewande, das merkwürdigerweise mit einem leise rieselnden Ton, als ob es eine Welle wäre, über den steinigen Boden glitt. Während wir anfänglich gemeint hatten, wir wären allein, sahen wir auf einmal, daß menschliche Gestalten um uns her waren, die wir aber nicht hatten kommen hören, so lautlos gingen sie. Es waren viele, und alle seltsam angetan, dazu so verhüllt, daß wir zuerst von ihrem Äußeren nichts unterscheiden konnten. Als auf einmal, ich weiß nicht wie, ihre Gesichter erkennbar wurden, sahen wir, daß sie eine grünlich bleiche Farbe hatten, und daß die Augen ohne Bewegungsfähigkeit starr in den Höhlen saßen. Da faßte ich Galeidens Hand und raunte ihr mit unsäglichem Grauen zu: Siehst du es? Sie sind alle tot. Worauf Galeide ernsthaft nickte und wir beide hastig weitergingen, und je mehr die Gestalten uns umringten, desto ängstlicher suchten wir ihnen zu entkommen, denn ich hatte deutlich im Bewußtsein, daß wir verloren sein würden, sowie sie uns als Lebende erkennten. Ohne daß ich zu sagen wüßte, wie, kam es, daß sie sich zwischen mich und Galeiden schoben, und plötzlich sah ich aus einiger Entfernung, wohin ich verschlagen war, daß sie einen Reigen um Galeiden schlangen und sie in feierlichen Wendungen umschwebten; dann nahmen sie einen Kranz aus weißen Rosen und setzten ihn ihr auf, und so im Kreise tanzend entfernten sie sich mehr und mehr mit ihr, während ich mit aller Kraft, die in mir war, ihnen nach wollte, die zu wachsen und gegen mich anzudrängen schienen. Von dieser Beklemmung und vergeblichen Anstrengung mag ich erwacht sein.

Während Galeide, obwohl sie nur als ein seltsamer Traumesschatten in diese Zeit hineintaucht, mir stets mit voller Lebenswirklichkeit vor den Sinnen ist, könnte ich mir von einem anderen weiblichen Bildchen, das mit der Erinnerung an das Jahr der Seuche enger verwebt ist, leicht einreden, ich hätte es nur geträumt in einer von jenen schwülen Nächten. Aber es war leibhaftig da und von Fleisch und Blut, wie ich auch wohl zu empfinden bekommen habe. Das Mädchen, von dem ich spreche, hieß Flore Lelallen und war die Tochter eines Kaufmanns, der sich in überseeischen Ländern Reichtum und eine ausländische Frau erworben hatte, von denen beiden in märchenhaft übertriebener Weise geredet zu werden pflegte. Im ganzen genossen die Lelallens nicht des allerlautersten Rufes, obwohl sich ihnen nichts Bestimmtes nachsagen ließ; man konnte hie und da reden hören, es sei beim Erwerbe des fabelhaften Reichtums nicht alles mit rechten Dingen zugegangen. Auch lebten sie so ziemlich für sich allein, wobei freilich vielleicht nicht genau zu unterscheiden war, ob die Menschen sich von ihnen zurückzogen, oder ob es sich umgekehrt verhielt. Wie es in der Cholerazeit nicht selten vorkam, wurden beide, Mann und Frau, gleichzeitig von der Cholera befallen in das Spital geschafft, so daß Flore allein in dem großen Hause, das ihnen gehörte, zurückblieb. Flore mochte über zwanzig Jahre alt sein, darauf ließ mich eine überraschende Reife und Selbständigkeit ihres Geistes schließen; indessen war ihr Äußeres das eines Kindes, das Figürchen unentwickelt, aber dabei von höchster Lieblichkeit. Daß ich die Bekanntschaft des mir bisher ganz fremden Mädchens machte, ging so zu:

Zu der Verlassenen, die keinen Augenblick sagen konnte, ob sie noch Vater und Mutter habe, zog eine ältere Verwandte, mit der sie nun ein Stockwerk des Hauses bewohnte, das nur Gesellschaftsräume enthielt und für gewöhnlich unbenutzt gewesen war. In diesen weiten Sälen allein mit der alternden Tante mochte es Floren unheimlich sein, besonders da sie nicht wohl anders konnte, als sich in ihren Gedanken unablässig mit Krankheit und Tod beschäftigen. Da kam ihr, vielleicht in Erinnerung an die berühmte Pest, die Boccaccio schildert, der Einfall, daß sich alle diejenigen zusammentun möchten, welche vom Tode nichts wissen wollten und das Leben liebten und es bis zum letzten Augenblick und bis auf den letzten Tropfen genießen wollten. Diese Gesellschaft sollte den Namen einer Bande vom heiligen Leben tragen, und die Mitglieder auf nichts anderes verpflichtet werden, als daß sie sich, solange es anginge, froh und sorgenlos hielten, daß aber, wenn einer aus dem tollen Kreise durch den jähen Tod weggerissen würde, er den anderen mit lachender Miene Valet zu sagen habe, die ihrerseits sein Schicksal wohl beklagen, aber nicht um ihn trauern dürften.

Dieser Plan wurde bekannt und weit verbreitet und fand bei manchen jungen Leuten, die sich Unterhaltung davon versprachen, Anklang; auf diese Weise kam auch mir davon zu Ohren. Ich war davon sehr eingenommen, denn in einem durch künstliche, wenn auch unschuldige Mittel herbeigeführten Rausch oder Zustande der Erregung der Gefahren zu spotten oder zu vergessen, war meiner Natur weit zusagender, als dem Tode besonnen mit ruhiger Furchtlosigkeit ins Gesicht zu sehen. Wer nun der Bande vom heiligen Leben angehörte, hatte sich durch das Tragen einer roten Rose zu kennzeichnen und durfte sich damit Abend für Abend in dem verödeten Hause der Lelallens einfinden. Dort wurde man von Floren und ihrer Tante empfangen, von denen die letztere die Spuren ihrer ehemaligen Schönheit durch die purpurrote Rose, die sie in ihren ergrauenden Haaren recht sichtbar befestigte, so prächtig zu heben wußte, daß ihr Anblick keineswegs ohne Anziehungskraft war. Die Nichte indessen war das Holdeste, was man sich nur ausdenken kann, den zarten, gelenkigen Körper in einen florartigen Stoff gehüllt, aus dem das lockige Haupt auf dem schlanken Hälschen hervorleuchtete wie ein Schneeglöckchen aus dem Schnee auf leicht gebogenem Stengel. Denn ihr Gesicht blieb immer blaß, ungeachtet der Lust, die in diesen Abenden um sie her schwärmte.

Viele von den jungen Menschen, die zu unserer Bande hielten,

entsprachen nicht ganz dem Bilde, das Flore mit ihrem Plan verbunden haben mochte, indem sie nur ein platt fideles Wesen zu entfalten imstande waren, anstatt der bacchantischen Ungebundenheit, die die weltfremde Phantastin gern vor ihren Augen als ein schönes, tiefsinniges Gepränge entfesselt gesehen hätte. Doch war unter ihnen einer, der wenigstens durch regelmäßige und sehr eindrucksvolle Schönheit gut an seine Stelle paßte; außerdem beschäftigte er durch diese Äußerlichkeit so sehr, daß man gar nicht dazu kam, sich über seine sonstigen Eigenschaften klarzuwerden. Diesen pflegte sie mit Entzücken zu betrachten, was sie nicht sonderlich verhehlte, vielmehr flüsterte sie mir häufig zu: »Sieht er nicht aus wie Paris? Wie Dionysos? Oh, es geht nichts über Schönheit! Das Geheimnis der Welt liegt irgendwie in der Schönheit. Denn wenn man etwas Schönes betrachtet, so weiß man alles, nur leider in einer anderen Sprache, als die wir sprechen können.« Ob das Mädchen begriff, daß ich die reizenden Umrisse ihrer verschleierten Seele besser erkannte als die anderen, oder ob mein zur Betrachtung geneigtes Wesen ihr freudesüchtiges Gemüt beschäftigte, kurz, sie widmete mir ein besonderes Vertrauen, welches ich freilich nicht ungern gegen ein spröderes und zugleich zärtlicheres Betragen preisgegeben hätte.
Eines Abends zog mich die Tante in eine Fensternische und teilte mir mit, sie habe gewisse Nachricht, daß Florens beide Eltern gestorben seien. »Die Rosen in meinem Haar«, sagte sie, »brennen mich wie Feuerfunken, und welchen wüsten, grellen Klang ich aus dem Aneinanderklirren der Weingläser höre, das können Sie sich nicht denken. Aber wie soll ich es Floren sagen? Raten Sie, helfen Sie mir!« Unwillkürlich gingen meine Augen zu Floren hinüber, und es fiel mir ein, daß sie einem leichten Abendwölkchen gliche, das ein kaum spürbarer Windatem vom Himmel weghauchen könnte. Sie empfand meinen Blick sogleich und sah nun ihrerseits zu uns herüber, worauf ich rasch das Gespräch mit der Tante abbrach; denn es war, als könnte sie mit den Augen hören. Nach einer kurzen Weile wandte sie sich von den anderen ab, die sie gerade umringt hatten, setzte sich in eine der breiten Fensterbänke, wo sie bequem Platz hatte, winkte mich zu sich hin und

sagte, indem sie den Arm um meinen Hals schmiegte: »Ich weiß wohl, daß Papa und Mama gestorben sind; Tante hat es Ihnen eben gesagt.« – »Was würden Sie tun, wenn es so wäre?« fragte ich unsicher. »Nenne mich du«, flüsterte sie, indem sie sich fester an mich lehnte, »ich bin ja eine Waise.« So unsäglich mich nun auch ihre liebliche Art gegen mich beglückte, so war sie mir in diesem Augenblick doch unwillkommen, da ich nicht wußte, wie die übrige Gesellschaft es auslegen würde, und ich machte deshalb Miene, von ihr zurückzutreten, worin sie mich auch sofort begriff. Denn sie flatterte auf wie ein Vögelchen, stellte sich mitten unter die anderen und sagte: »Habt ihr gesehen, wie ich Ludolf Ursleu umarmt habe? Darum, weil ich ihm gut bin! Und nun hört zu: Es sind zwei Blätter vom heiligen Baume des Lebens abgefallen. Wir wollen zu ihrem Gedächtnis trinken. Stoßt mit mir an!« Nicht alle wußten, was gemeint war, einige mochten es ahnen; der Name des Todes in diesem wilden Kreise, der ihn so oft unnützlich geführt hatte, nun ernstlich genannt, machte sofort alle verstummen, und es wurde plötzlich eine Stille, in der man ein schwaches Echo von dem noch eben vernommenen lauten Gelächter zu hören vermeinte. Ich hatte das Gefühl, als würde ich den Tod selbst durch die Scheiben blicken sehen, wenn ich mich gegen das Fenster kehrte; aber ich gewann es nicht über mich. Es erhoben nun alle die Gläser, und ein schöner, läutender Ton erscholl von dem Zusammenklingen des guten Kristalls, dann setzten wir an und tranken aus. Florens Glas war nur halb gefüllt gewesen, sie leerte es langsam bis auf den letzten Tropfen. Davon mochte es kommen, daß eine zarte Röte in ihr Gesicht stieg; ihre Augen erschienen mir größer und dunkler als zuvor, und das alles gab ihr ein fieberhaftes Aussehen, das mir bange machte. »Habt ihr gehört, wie es herrlich tönte?« sagte sie in das beklommene Schweigen hinein. »Die beiden Lebenstropfen haben das unendliche Meer berührt und fließen eins mit dem andern in die Ewigkeit hinein. Und wir wollen weiterleben und sie nicht beweinen. Geht jetzt, nur Ludolf Ursleu soll noch eine Weile bei mir bleiben.« Alle verabschiedeten sich sogleich, denn die seltsame Todesfeierlichkeit hatte trotz aller früheren Prahlereien die unbefangene Lustigkeit zerstört, und ich blieb allein mit der Tante und Floren.

Der rasch genossene feurige Wein und die ungewöhnlichen Eindrücke dieses Abends hatten mein Blut in Bewegung gesetzt, daß es, anstatt in dem gewohnten bleiernen Flusse zu fließen, zu meinem eigenen wohligen Befremden in kühnen Kaskaden sich überstürzte. Ich sah mich vor Floren hinknien, ihre weißen Hände mit einer für diese zerbrechlichen Gebilde fast bedrohlichen Inbrunst an die Lippen pressen, und hörte mich mit bestrickender Wärme ihren Namen wiederholen. Diese plötzliche Anwandlung schien dem zarten Wesen weder willkommen noch unwillkommen zu sein, sie legte wieder wie vorhin, indem sie sich sachte vorbeugte, den Arm um meinen Hals und sagte: »Du weißt ja, daß ich dich nicht liebe, Ludolf. Ich liebe euch alle nicht, euch Männer, aber wenn du mir verhilfst zu leben, will ich dir gut sein, soviel ich kann, und niemandem mehr als dir.« Da ich betroffen schwieg, fuhr sie zu sprechen fort und klagte: »Ihr wißt es, daß ich sterben muß und helft mir doch nicht. Wenn ihr mich wahrhaft liebtet, würdet ihr mich festhalten und mich nicht in den tiefen, schwarzen Brunnen der Vergangenheit fallen lassen, vor dem ich mich fürchte.« Inzwischen hatte sich die Tante zu ihr gesetzt und umschlang sie mit großer Zärtlichkeit, während sie sagte: »Kind, du bist übererregt. Diese Weise zu leben ist nicht die rechte für dich. Du solltest dir vor einem natürlichen Schmerze nicht so sehr grauen lassen. Weine doch um deine Eltern, weine dich aus! Die erstickten Sorgen und Tränen sind es, die dich beängstigen.« – »O Tante, du weißt es nicht«, sagte sie mit leidenschaftlichem Ernste, wie ich ihn noch nie an ihr wahrgenommen hatte. »Weinen könnte ich, aber nur um mich. Sie haben doch gelebt! Aber ich, nun ich erwachen wollte, muß ich fort. Könnte ich ein häßlicher, kriechender Käfer sein, wie gerne wollte ich, wenn ich nur in der lieben warmen Luft bleiben dürfte, unter der guten Sonne, die ich so liebe.« Sie schien mir in diesem Augenblick von so unvergänglich hinreißendem Leben durchleuchtet, daß ich mit aufrichtiger Überzeugung ausrief: »Flore, du wirst nicht sterben! Du kannst nicht sterben! Wer hat dir den wahnsinnigen Glauben eingegeben?«

Der erhabene Glanz war nun aus ihrem Gesicht gewichen; mit demütigem, süß geheimnisvollem Lächeln sagte sie: »Mein Apfelbäumchen blüht zum zweiten Male, da es jetzt September ist. Daher weiß ich es. Ehe es ausgeblüht hat, werde ich tot sein. Und ich bitte euch, macht dann einen vollen Kranz aus den Zweigen, die noch blühen werden, und setzt ihn mir auf, deswegen, weil sie so schön sind, und weil ich so viele Tränen darauf geweint habe, obwohl ihr alle meint, Flore könne nicht weinen.« Die Tante sah mich an, und wir schienen uns zu sagen, daß wir ihren Worten Glauben schenkten, obgleich wir sie für törichten Aberglauben ausgaben. Aber ihre Erscheinung hatte etwas von einem Traum an sich, der nicht dauert, der, während man die Augen schließt und wieder öffnet, verschwunden sein kann, ja, wenn ich sie nicht alle Tage gesehen hätte, hätte ich mir wohl einreden können, sie sei nur ein Märchen, das ich einmal als kleiner Junge gelesen und mit meiner Phantasie in die Wirklichkeit hineingezaubert hätte. Diese schmerzhafte Empfindung, daß sie wirklich ihren Eltern werde nachsterben müssen, beengte mich so, daß ich es nicht zu verbergen wußte und es für besser hielt, mich zu entfernen. Ich reichte dem Mädchen die Hand und sagte: »Flore, habe keine Furcht vor dem Brunnen, ich halte dich fest. Siehst du, so!« fügte ich hinzu, indem ich ihre Hand ein wenig in meiner zusammenpreßte. Das schien ihr Vergnügen zu machen, denn sie lächelte treuherzig und versuchte, mit ihren winzigen Fingern den Druck zu erwidern.

Als ich am Morgen in das Lelallensche Haus kam, um nach Florens Ergehen zu fragen, empfing mich die Tante allein und teilte mir mit, daß sie noch am selben Tage mit Floren verreisen wolle. Wohin, sei ihr gleich, das Mädchen verlange fort aus der Stadt und aufs Meer, und so würden sie mit dem nächsten Schiff, das sie erreichen könnten, das Festland verlassen. Auf dem Meere wolle sie sterben, habe Flore gesagt, denn dann würde sie eine Möwe und könne Tag für Tag über den dunkelgrünen Wellen auf und ab blitzen. »Dergleichen seltsame Dinge«, fügte die Tante hinzu, »hat sie ihr Leben lang im Munde geführt, und man ließ sie gewähren, weil es lieblich anzuhören war.« Sodann rückte sie näher zu mir und sagte leise: »Wir kommen nie wieder, darauf richte ich alles ein. Das Kind wird sterben, und ich gehe nach Amerika, denn in dies Haus will ich nicht mehr zurück.« Es überlief mich ein Schauer, wie es uns zu gehen pflegt, wenn sich einmal die Falten des Vorhangs, der die Zukunft verhüllt, verschieben und wir einen Blick auf das werfen können, was ein weises Gesetz uns ewig verborgen halten will. »Der Tod«, fuhr die Tante noch leiser fort, »ist schon in ihr. Aber ihre Seele entwischt ihm noch. Er ist hinter ihr, wie ein Geier ein Lerchlein oder sonst einen winzigen Vogel verfolgt, und oft meine ich fast, ich sähe sie flattern mit immer matterem Flügelschlage. Deswegen will sie auch fort und aufs Meer, weil sie sich einbildet, die starke Seeluft trage ihre erlahmenden Schwingen noch eine Strecke weiter.« – »Laßt sie mich sehen«, bat ich. Indessen wurde mir der Bescheid, daß sie mich nicht mehr begrüßen wolle. Die Bande vom heiligen Leben, ließ sie mir sagen, möge sich in diesen Räumen, zu denen die Tante mir den Schlüssel gab, wie sonst versammeln. Wenn die Nachricht von ihrem Tode käme, sollten wir vom edelsten Wein aus dem Keller holen, die Gläser bis zum Rande füllen, anklingen lassen und zu ihrem Gedächtnis trinken. Das solle ihr Grabgeläut sein. Dann sollten wir die Gläser, aus denen wir getrunken hätten, zerbrechen und ihrer nicht mehr gedenken.

Aber ich gedenke ihrer noch oft, und zuweilen am Abend wähne ich das luftige Seelchen auf einer Felsenkante am Berg gegenüber halb sitzen, halb schweben zu sehen, weiß wie Mondschein, und mir sehnsüchtig zunicken, bis es sich auflöst und schwindet und als ein goldener Tropfen leise klingend wieder hinabfällt in den schwarzen, grundlosen Brunnen der Vergangenheit.

Viele Einwohner unserer Stadt hatten sich, unfähig, ihre Furcht zu bemeistern, geflüchtet, waren aber zum Teil gerade dann, da die Aufregung und der Wechsel des Klimas ihre Widerstandskraft schwächte, den mitgeschleppten Keimen der Krankheit erlegen. Auf diese Weise verbreitete sich die Epidemie weiter und weiter, wenn sie auch nirgends mit solcher

Gewalt auftrat wie bei uns. Während man anfänglich im Auslande Mitleid mit unserem Elend gehabt hatte, fing man nun an, sich in feindseliger Weise mit uns zu beschäftigen, da wir auch andere mit dem eigenen Übel bedrohten. In den Zeitungen, die bisher nur Anteil an unserem Schicksal zu erwecken gesucht hatten, wurde unseren Verhältnissen nachgeforscht, daß man erfuhr, wieweit wir etwa an so vielem Unglück selbst die Schuld trügen. Da ergab sich vieles, was für uns unrühmlich war, insbesondere der Zustand unserer Wasserleitung (denn die neue konnte noch nicht in Gebrauch genommen werden), welche vor allen Dingen die Ursache des Überhandnehmens der Seuche sein sollte und wohl auch war. Wie man nun ferner nachzuspüren begann, was wiederum hieran schuld sei, war unser Senat, wiewohl er sich hätte sagen dürfen, daß eigene Lässigkeit mit im Spiele sei, in menschlicher Schwachheit nur allzu bereit, die Vorwürfe von sich ganz abzuwälzen, da ja auch andere sie zu verdienen schienen. Denn da mein Onkel und mein Vetter an der Spitze der für die Errichtung der Wasserwerke eingesetzten Kommissionen gestanden hatten, konnte man füglich behaupten, sie hätten die Verantwortung für alles, was damit zusammenhinge, wenn sie es auch anderseits an Tätigkeit und manchem großen Opfer nicht hatten fehlen lassen. Daß das Projekt des Norwegers tauglich war, hatte sich mittlerweile gezeigt; aber es hätte ja ein anderes etwa ebensogut und doch mit geringeren Mitteln herstellbar sein können. Kurz, da die Sache einmal in Onkel Harres und Ezards Händen gelegen hatte, fiel nun alle Schuld auf sie, und der Senat erschien in um so besserem Lichte, als das Unternehmen die besten Fortschritte machte, seit er es an Hand genommen hatte.

Hiermit war es nun aber nicht genug. Zwei bedeutende Anklagen wurden gegen Onkel Harre erhoben: einmal, daß er die alte, ungenügende Medizinalordnung nicht durch eine neue ersetzt habe, sodann, daß er die ersten Anzeichen der Cholera, die man beobachtet hatte, absichtlich und mit Wissen vor der Bevölkerung verheimlicht habe. Was die Medizinalordnung betraf, so hatte Onkel Harre auf mehreren Punkten bestanden, die dem Senat nicht eingeleuchtet hatten, und mein Onkel nach seiner hitzigen Art hatte nun ein immer größeres Gewicht gerade auf diese gelegt und sich durchaus geweigert, sich mit der ganzen Angelegenheit zu befassen, wenn ihm nicht zuvor in dieser wesentlichen Frage, die er verstehe und beurteilen könne, nachgegeben werde. So war denn diese Sache durch mehrere Jahre verschleppt worden, wie es übrigens mit noch manchem anderen geschehen war; aber nur in diesem Falle hatten die Ereignisse die Saumseligkeit aufgedeckt und ein Schuldig darüber ausgesprochen. Wenn nun in Hinsicht auf diese Angelegenheit meinen Onkel das Bewußtsein geringer eigener Schuld über jeden Ausgang, den sie etwa hätte nehmen können, zu trösten vermocht hätte, so war es mit dem zweiten Vorwurf, der ihm gemacht wurde, ganz anders. Denn obwohl er nicht in böser Absicht die Anfänge der Krankheit verheimlicht hatte, so bewiesen ihm doch die unmittelbar sich daranschließenden Folgen zum mindesten, daß er das zum allgemeinen Besten Dienende nicht so richtig berechnet hatte, wie er seiner Stellung nach verpflichtet war, es zu können. Dazu kam, daß er ja genügend gemahnt worden war, und er war zu einsichtig, um sich nicht zu sagen, daß gerade die von Doktor Wittich ausgegangene Warnung sein Urteil verwirrt hatte, daß also entweder dies oder sein Charakter nicht so unbestechlich war, wie die Stadt es von einem ihrer Häupter verlangen durfte. Weit entfernt, seine Handlungen beschönigen zu wollen, urteilte er vielmehr mit so grausamer Gerechtigkeit über sich, daß er sogleich von seinem Amte zurückgetreten wäre, wenn ihm das nicht unter den damaligen Zeitumständen, wo der Druck der Sorgen und Schwierigkeiten so viel schwerer war, als die Ehre aufwiegen konnte, wie schimpfliche Flucht erschienen wäre. Indessen die unablässige, aufreibende Tätigkeit, die für ihn nichts von ihrer sonstigen Erquickungskraft hatte, da sich nirgends Erfolg und Besserung zeigte, und er nur vom Berge seiner Schuld abzutragen, nichts Neues zu schaffen glaubte, dazu die Angst um das Leben seines Kindes und die Zukunft seiner jungen Frau, die Bilder von offenkundiger Schande, mit denen er sich peinigte, zerrütteten seine geistige und körperliche Gesundheit täglich mehr. In der Bevölkerung, die von seinen innerlichen Zuständen und Leiden nichts wußte, hatte man keinerlei Mitleid mit ihm, und während meinem Vetter die Bewunderung und Dankbarkeit aller zuwuchs, verstärkte sich der Haß gegen seinen Vater, und die Meinung setzte sich mehr und mehr fest, als habe er die Macht gehabt, das Unheil abzuwenden, sie aber vielmehr gebraucht, es vollends herbeizuführen. In allen öffentlichen einheimischen und fremden Blättern wurde sein Betragen geschildert und verurteilt; die Angst vor der Krankheit und die Verzweiflung in den Orten, wo sie bereits ausgebrochen war, fanden eine gewisse Befriedigung darin, daß sie sich gegen einen Schuldigen auslassen konnten. Der Senat hielt es unter diesen Umständen, da er sich nicht ohne größten Nachteil auf Onkel Harres Seite hätte stellen können, für notwendig, als Vertreter des im Volke regen Gerechtigkeitsdranges gegen ihn aufzutreten und eine förmliche Untersuchung einzuleiten. Freilich ging alles nur im Schoße des Senates vor sich. Onkel Harre sollte vor versammelten Kollegen einem alten, für solche Fälle vorgesehenen Gebrauche gemäß einen feierlichen Verweis empfangen, zu einer erheblichen Geldbuße verurteilt werden, worauf er sein Amt selbst niederzulegen hatte. Dies war, obwohl in der Form insofern nicht allzu erniedrigend, weil er doch nur von seinesgleichen getadelt und beurteilt wurde, für sein Gefühl das Schmerzhafteste, was man ihm hätte bereiten können. Er war so geartet, daß er lieber als Angeklagter vor einer tobenden Volksmasse gestanden hätte, wo er sich aus vollem Herzen teils hätte schuldig bekennen, teils verteidigen können.

Das Bedenklichste an seinem Zustande schien uns das zu sein, daß er sich nie mit Worten über das, was in ihm vorging, äußerte. Während er früher mit der beherzten Einseitigkeit eines Kindes über gegen ihn ausgeübte Feindseligkeit der Gegner irgendwelcher Art gewettert und sich damit vom Grolle befreit hatte, enthielt er sich nun jedes empfindlichen Ausdruckes. Seine Haltung war so, daß auch wir kein Wort zu seiner Verteidigung oder zum Vorwurf gegen andere wagten, aus Furcht, er könne aus unserem Mitgefühl einen ihn demütigenden Schluß auf sich selbst und seine Lage ziehen. Einzig mit Ezard sprach er über diese Dinge, wovon mein Vetter Eva

und mir auf unser Befragen wohl auch einzelnes, aber, wie mir schien, durchaus nicht alles mitteilte.
In den Tagen, wo sich dieses bei uns abspielte, bemerkte man zuerst ein schwaches Nachlassen der Krankheit. Da man ohnehin anfing, sich an die beständige Gefährdung des Lebens zu gewöhnen, wurde man in den vorher so streng beobachteten Vorsichtsmaßregeln lässiger, und auch Eva und Heileke, das Kind, waren nicht mehr so behutsam im Verkehr mit Onkel Harre, wie es in der ersten Zeit durchgeführt war. Es mochte auch daher kommen, daß Onkel Harre derartig von Sorgen eingenommen und bedrängt war, daß er das eine über das andere vergaß und anderseits in seiner Schwermut nach der Nähe dieser beiden lichten Geschöpfe mehr als sonst verlangte. Eva empfand für ihren Mann desto mehr tiefbegründete Zuneigung und Verehrung, je weniger die rasche Abnahme seiner Jugendkraft, die ihn so lange geziert hatte, ihn für ihr blühendes Alter zum Gegenstand zärtlicher Liebe geeignet machte. Sein stumm und stolz getragenes Leiden verlieh ihm in unseren Augen eine Größe, die sicherlich immer in ihm gewesen war, die aber früher das allzu hastige Umherfahren seines regsamen Geistes zu sehr beeinträchtigt hatte. Daß er sich schuldig fühlte, daß er ohne Trotz, geduldig, aber auch ohne Kläglichkeit die Folgen auf sich nahm, das gab ihm jetzt die Würde, die man früher so ungern an ihm vermißt hatte, gerade weil die Bedeutung seines Geistes sie zu verlangen schien. Eva und ich gaben uns, durch seine äußere Ruhe verleitet, zuweilen der Hoffnung hin, er könne sich noch einmal in alter Kraft aufrichten, und wer weiß, ob es sich nicht wirklich noch zum Besseren hätte wenden können, wenn ihn nicht ein neuer Unfall vollends übermannt hätte, daß nämlich Heileke, das Kind, von der Krankheit ergriffen wurde.
Ich war am Vormittage des Tages bei Eva, und da wir eine ernste Unterhaltung über Onkel Harre führten, der an einem dieser Tage vor versammeltem Senat sein Amt niederlegen wollte, achteten wir nicht auf die Kleine, welche gleichfalls im Zimmer war. Sie war aber, vielleicht infolge des bereits in ihr wühlenden Krankheitsstoffes, besonders unruhig und unserer Aufmerksamkeit bedürftig, kletterte auf meine Knie, schmiegte

ihr Köpfchen an mich und bat mich, mir ins Ohr flüsternd, ich solle ihr etwas vorspielen. Ich zögerte, ihr zu willfahren, da ich nicht wußte, ob Eva in der Stimmung wäre, zuzuhören, und sagte zu der Kleinen, sie möchte selbst mit ihrem Hämmerlein Musik machen. Darauf schüttelte sie nochmals traurig den Kopf und sagte: »Spiele du, spiele du!«, so daß ich ihr nachgab, sie auf den geschlossenen Deckel des Flügels hob und anfing zu spielen. Die Töne schienen ihr wohlzutun, denn sie atmete einige Male tief auf, wie einer, der im Begriff ist, eine schwere Last vom Herzen zu werfen, und immer größere Zufriedenheit malte sich in ihren Zügen. Da ich dies bemerkte, ging ich in eine lustige Tanzmusik über, worauf sie plötzlich von ihrem hohen Sitz hinunterhüpfte und auf eine seltsame Weise anhub zu tanzen, nicht nach irgendeinem bekannten Maße, sondern bald langsam auf und ab schwebend, bald wieder herumwirbelnd, daß die langen blonden Locken aufflogen, und alle Bewegungen führte sie mit ebensoviel Leidenschaft wie Anmut aus, so daß ich die Melodie in verschiedenster Weise wiederholte, um den lieblichen Anblick länger zu genießen. Eva indessen unterbrach mich, da sie meinen mochte, daß Heileke sich zu sehr erhitze; sie fing das tanzende Kind mitten in seinen zierlichen Wendungen auf und setzte es auf ihren Schoß; das aber brach unerwarteterweise in Tränen aus und schluchzte so unaufhörlich und nachdrücklich, als ob ihm ein bedeutendes Unglück zugestoßen sei. Dergleichen war mir sehr zuwider, da ich mich dabei nicht zu fassen wußte, und ich verabschiedete mich schnell, ungeachtet dessen, daß ich mir kürzlich geschworen hatte, über Eva und dem Kinde zu wachen, wozu eben einmal einige Gelegenheit gewesen wäre.
Der Zufall wollte es, daß ich zu Hause einen Brief der Lelallenschen Tante vorfand, welche mir Florens Tod anzeigte. Die Seuche hatte sich bald nach der Abreise an ihr gezeigt, und zwar mit solcher Heftigkeit, daß sie ihr schon nach einer Stunde erlegen war. »Sie wurde ins Meer versenkt«, schrieb die Tante, »aber ich, obschon ich nicht so phantastischen Sinnes bin, wie meine Nichte war, muß immer denken, wenn ich die Seevögel so dicht über die Wellen hinfegen sehe, da segle nun ihre Seele im Winde und lebe sich satt.« Ich hatte bis dahin

den Schlüssel zu dem verlassenen Hause noch nicht benutzt, denn mir war die Bande vom heiligen Leben verleidet, und die anderen legten auch keine Neigung an den Tag, mit dem bedenklichen Wesen fortzufahren, wie denn überhaupt die Gemüter der Menschen selten so lange gleichmäßig hochgespannt bleiben, daß man einen Einfall des Übermuts dauernd machen könnte. Nun betrat ich den Saal wieder, wo wir so toll geschwärmt hatten, und da er nicht gründlich hatte aufgeräumt werden können bei der schnellen Abreise, fand ich noch einige ganz verkommene, mißfarbige Rosen am Boden wie auch leere Gläser auf dem Tische. Ich sah mir das alles an und begab mich dann in den Keller und holte aufs Geratewohl eine Flasche Wein herauf. Es ergab sich, daß es ein schwerer weißer Wein war, wovon ich zwei Gläser füllte, damit ich auch anstoßen könnte. Es gab einen sehr tiefen, reinen Ton, der mit hellerem Nachklang wundervoll durch den leeren Saal rollte. Während ich langsam, in träumerische Rückgedanken verfallen, das Glas leertrank, kam die Dämmerung; und wie mir nun einfiel, daß ich ganz allein in dem öden Hause war, kam mir ein Schauder an, und ich mochte nicht länger bleiben. Ich trank mein Glas bis auf den letzten Tropfen aus und warf es gegen die Marmorplatte eines Spiegels, daß es in mehrere Stücke zersprang; das andere Glas blieb voll auf dem Tische stehen. Wenn um Mitternacht ihr ruheloser Geist durch diese Räume geschwebt wäre, hätte er sich Lebenswärme davon nippen können. Im Fortgehen fiel mir das Apfelbäumchen ins Auge; die späten Unglücksblüten waren aber inzwischen abgewelkt, und es sah wüst aus wie ein altes, wirres Weib, das sich mit zerfetztem Putz behängt hat, weil es die Schönheit seiner Jugend nicht vergessen kann.

Als ich nach Hause kam, erfuhr ich, daß Ezard dagewesen sei und die Nachricht von der Erkrankung des Kindes gebracht habe. Man hatte es sofort nach dem Spital geschafft, worauf Onkel Harre selbst bestanden hatte, da ein jeder ohne Ausnahme dazu verpflichtet war. Ich begab mich unverzüglich zu Eva und fand sie allein, denn Onkel Harre war beständig bei der Kleinen und kam nur von Zeit zu Zeit, um von ihrem Befinden Nachricht zu geben. Eva stand mitten im Zimmer, als ich eintrat, und rührte sich nicht, ließ sich still von mir umarmen und küssen – denn etwas anderes wußte ich nicht zur Begrüßung – und fing dann an, rastlos im Zimmer auf und ab zu gehen. Ich bat sie, mir zu erzählen, wie es gekommen sei, denn ich hielt es für besser, daß ich spreche, wenn auch etwas, das ihr Herz zerreißen mußte; sie gab sich auch ersichtliche Mühe, es zu tun, konnte es aber nicht vollenden, sondern sagte plötzlich dringend: »Warst du je in dem Spital, Ludolf? Beschreibe mir, wie es da aussieht. Ich kann es gut aushalten, sie muß es ja leiden. O Ludolf, meine Blume, mein Knösplein, meine Seele in diesem Grabe!« Ich versuchte ihr vorzustellen, daß sie sich eine übertriebene und allzu schaurige Vorstellung von dem allerdings trübseligen Aufenthalte mache, aber sie hörte nicht auf mich. »Er ist bei ihr und mich läßt er nicht«, murmelte sie vor sich hin; »wäre ich nur ein Mann!« Sowenig ich auch zu ihrem Troste sagen oder tun konnte, schien es mir doch, als sei es ihr recht, daß ich da sei, und ich blieb da, was sie übrigens für selbstverständlich hielt oder doch als nichts Auffälliges empfand, abschon es Nacht war. Als ich in unsere Stille hinein Onkel Harres Schritte vernahm, erschrak ich bis zum Übelwerden. Eva hingegen wußte sich in solchem Maße zu bezwingen, daß sie Onkel Harre entgegengehen konnte mit einem Lächeln auf dem weißen Gesicht, welches allerdings viel mehr wie das eines umgehenden Geistes als eines lebenden Menschen anzusehen war. Er sagte nichts als die Worte: Sie lebt; was er aber nicht wie eine Freudenbotschaft verkündigte, sondern so hoffnungslos aussprach, als bedeute es nur, daß die Angst und Qual verlängert sei. Auch sagte zunächst niemand von uns ein Wort; Eva holte zu essen und zu trinken für Onkel Harre, aber er rührte nichts von allem an. Endlich wagte Eva doch zu bitten: »Sage mir etwas von ihr!«, worauf er seine brennenden Augen mit einem unbeschreiblichen Blick auf sie richtete und erwiderte: »Was soll ich sagen? Sie kennt mich nicht mehr.« Gleich darauf erhob er sich zum Gehen; da er schon an der Tür war, ging Eva ihm nach, legte beide Arme um seinen Hals und hob ihr Gesicht zu ihm auf, daß er sie küssen möchte. Er riß sie an sich und stürzte dann mit einem erstickten Aufschluchzen aus dem Zimmer. Ich blieb nun die Nacht über bei Eva, die leicht wie das losgerissene Blatt einer weißen Lilie in den Kissen eines Sofas lehnte. Man konnte meinen, hinter ihren großen blauen Augen und der blassen Stirn die rastlosen Angstgedanken zittern und klopfen zu sehen. Da sie nicht daran denken konnte zu schlafen, bat sie mich, ich möchte spielen. Weil es aber tief in der Nacht war, wagte ich nicht, die Tasten voll anzuschlagen, sondern dämpfte den Ton, daß er von weit her zu kommen schien, und wenn es auch träumerisch und traurig stimmte, so lockte das halblaute Klingen uns doch von der harten Wirklichkeit weg.

Ich weiß nicht, wie wir diesen Zustand der Erregung aushalten konnten fast ohne zu schlafen und zu essen, obwohl es den folgenden Tag in ähnlicher Weise weiterging. Das Furchtbarste aber kam am dritten Tage, als Onkel Harre die Nachricht brachte, daß die Gefahr vorüber zu sein scheine. Denn sosehr auch die Angst vor einem kommenden Schrecknis martern kann, so beginnt doch das unerträglichste Leiden erst dann, wenn eine neue Hoffnung sich in das Herz einschleicht und es in ewig zitternder Bewegung zwischen Höhen und Tiefen hält. Onkel Harre war nach kurzer Rast wieder fortgeeilt, nachdem er versprochen hatte, möglichst bald mit Botschaft zurückzukommen. Während Eva bisher meist still und regungslos und weiß wie eine Tote gewesen war, erhitzte jetzt eine fieberhafte Röte ihr Gesicht, und die Hände bald ineinander reibend, bald die verwilderten Locken damit aus der Stirn streichend, ging sie in allen Zimmern auf und ab, trat dann ans Fenster und wieder zurück oder kniete neben einem Sessel nieder und preßte ihren Kopf in die Kissen. Ihre Unruhe verminderte sich auch nicht, sondern wuchs mit jeder Minute, und sie geriet zuletzt, da sie sich gar nicht mehr zu helfen wußte, auf den Einfall, zu beten, fühlte sich selbst aber wohl zu verworren und bewußtlos dazu und wandte sich deshalb an mich, indem sie bittend sagte: »Bete, Ludolf, ja? Bitte, laß uns beten!« Nun wollte mir aber in diesem Augenblick durchaus kein Gebet einfallen, ausgenommen das Vaterunser, welches ich mich noch leidlich herzusagen getraut hätte, doch konnte ich eine bestimmte Abneigung gegen dasselbe nicht

überwinden. Indessen sah mich Eva beschwörenden Blickes an und zupfte mich zur Unterstützung ihres Verlangens demütig am Ärmel, so daß ich ihr um alle Welt gern den Willen tun wollte. Da fiel mir ein, daß ich den Anfang des ersten Buches Mosis, für das ich immer eine besondere Vorliebe und Anhänglichkeit gehabt hatte, auswendig wußte, und da es, insofern es aus der Bibel war, immerhin für ein Gebet gelten konnte, entschloß ich mich dazu und sagte einen Vers nach dem andern: »Am Anfang schuf Gott Himmel und Erde. Und die Erde war wüst und leer, und es war finster auf der Tiefe, und der Geist Gottes schwebte auf dem Wasser. Und Gott sprach: Es werde Licht. Und es ward Licht. Und Gott sahe, daß das Licht gut war. Da scheidete Gott das Licht von der Finsternis und nannte das Licht Tag und die Finsternis Nacht.«
Da ich bemerkte, wie Evas Augen mit Inbrunst an meinen Lippen hingen, denn vermutlich hörte sie nur den biblischen Tonfall, ohne im mindesten die Worte zu verstehen, setzte ich gar nicht ab, sondern fing immer wieder von vorne an, wenn ich nicht weiter wußte: »Am Anfang schuf Gott Himmel und Erde. Und die Erde war wüst und leer.« Was sie alles mit derselben Verzückung aufnahm.
Über dem Hersagen hatten wir nicht gehört, wie Onkel Harre die Treppe heraufkam, und so waren wir, obwohl die ganze Zeit über in heißester Erwartung, nun im letzten Augenblick völlig unvorbereitet, als er die Tür aufriß und ein unförmliches Bündel auf den Boden legte: Heileke, das Kind, in viele große Tücher gewickelt, die nun auseinanderfielen, so daß es schneeweiß mit offenen Augen vor uns dalag. Eva stieß einen lauten Schrei aus und warf sich neben dem Kinde zur Erde. Onkel Harre war sogleich schwankenden Schrittes auf einen Stuhl zugegangen und in Tränen ausgebrochen, was eine Folge der übermäßigen Aufregung und Anstrengung dieser Tage sein mochte. Ich hatte Muße, Herr über meine Rührung zu werden, während ich Eva betrachtete, die neben dem Kinde halb lag, halb kniete, es bald ansah, bald an sich drückte mit Ehrfurcht und Scheu, als wäre es etwas Heiliges; und da sie, ohnehin zart und zierlichen Wuchses, in den letzten Tagen bleich und magerer geworden war, ebenso wie die Kleine, hat-

ten sie wenig Irdisches an sich und ließen sich wohl mit zwei durchsichtigen, schwesterlichen Engeln vergleichen, die sich oben im Sternenraum, auf lichten Wölkchen schwebend, nach gramvoller Trennungszeit wieder umarmen.

Wir waren nun wieder in den gewöhnlichen Tageslauf zurückversetzt, und wenn es immer schwer ist, sich nach einem Traum, sei es nun ein heiterer oder düsterer, wieder in die Wirklichkeit zu finden, war es um so mehr für uns so, die wir nichts als quälende Sorgen wiedererkannten. Die Hauptsache war indessen schon vorüber, ohne daß wir danach gefragt oder daran gedacht hätten; denn Onkel Harre hatte sein Amt niedergelegt an eben dem Tage, wo Heileke, das Kind, noch für unrettbar im Spitale lag. Für uns, die wir die Vorgänge nur wie eine Geschichte anzuhören brauchten, war dies Vorbei eine willkommene Nachricht, gleichsam, als ob nun ein neues Kapitel beginnen könnte, wo von schöneren Dingen die Rede wäre. Ganz anders war es für Onkel Harre, der alle Kraft hatte zusammenraffen müssen, um die Ehre seines Namens zu retten, soweit das möglich war durch würdiges Ertragen des selbstverschuldeten Unglücks, nun aber plötzlich zu Boden stürzte, wie im Kriege ein zu Tode verwundeter Fähnrich, wenn der Ansturm der Feinde zurückgeschlagen ist, sinkt und seine Fahne dem Nächsten reicht, daß nun ein anderer das gerettete Wahrzeichen des Heeres mutig in den Lüften flattern lasse.
Man müßte wissen, wie groß das durch die Seuche herbeigeführte Elend in unserer Stadt war, um zu begreifen, welche Last des Vorwurfs auf Onkel Harres Seele lag. Es war nicht nur, daß hohe Summen ausgegeben werden mußten für alles, was zur Pflege der Kranken und an Vorsichts- und Schutzmaßregeln angeschafft und eingerichtet werden mußte, sondern das war das schlimmste, daß der Verkehr mit uns gänzlich aufhörte, der Handel, die Flamme unseres Herdes, erlosch, so daß nicht einmal etwas wieder einging zum Ersatze für das, was in so ungewöhnlich hohem Grade verausgabt wurde. Es kam dazu, daß gerade von den Begüterten sich viele entfernt hatten, die doch immerhin diesem oder jenem zu ver-

dienen gegeben hätten. Es versteht sich von selbst, daß unsere verpestete Stadt von Fremden nicht mehr besucht, im Gegenteil von jedermann gemieden wurde. Alle öffentlichen Anstalten, wo sich Menschen zum Vergnügen oder zur Belehrung zu versammeln pflegen, wurden aufgehoben oder eingestellt; es gab kein Theater, keine Konzerte, keine Vorträge, keine Schulen, wodurch auch wieder viele Personen in Not gerieten.

Man begann den Schaden, der unserer Stadt erwachsen war, aufs genaueste zu berechnen, und es fand sich, daß auf jeden Tag Summen von erschreckender Größe fielen. Da man von nichts anderem reden hörte als von diesen unseligen Zuständen und in allen Zeitungen davon las, so konnte Onkel Harres Gemüt unter der unablässigen Wiederholung von Tatsachen, die für ihn die furchtbarste Anklage bedeuteten, sich auch nicht für Trost und Beschwichtigung eröffnen. Es war aber dies nicht allein, was ihn den Vorsatz fassen ließ, seinem Leben ein Ende zu machen. Nach allem, was geschehen war, seinen Ruf vernichtet und seine Kräfte zerstört hatte, konnte er sich nicht mehr als erwerbsfähigen Mann betrachten. Dies wäre schon genug gewesen, um einen so tätigen, strebsamen Geist aufs unerträglichste zu peinigen, selbst wenn er auf Gelderwerb nicht hätte bedacht sein müssen. Nun aber war sein Vermögen im Zusammenhang mit dem allgemeinen Niedergang unserer Verhältnisse derartig zusammengeschmolzen, daß ihm, abgesehen von dem allerdings beträchtlichen Teil, der in den Wasserwerken war, nur so viel blieb, wie eine kleine Familie zu einem leidlich behaglichen Leben gebrauchte. Er selbst hatte indessen niemals verstanden, sich einzuengen, und trotz allem guten Willen zu jeder Entsagung, die die Vernunft ihm riet, hätte er sich das jetzt nicht mehr aneignen können, wie er auch wohl wußte; also hätte er nichts tun können, als das Vermögen, das seiner Frau und seinem Kinde noch auf lange Zeit dienen sollte, zu verringern, anstatt, wie er so gern gewollt hätte, es zu vermehren. Er, der früher der allseitig Belebende, Helfende, Kräftige gewesen war, sollte sich als eine Last, ja, als einen Stein des Anstoßes für seine Familie fühlen lernen: das wäre das Ende hoher Hoffnungen, der schmähliche Ausgang eines im Überfluß des Guten und Schönen begonnenen Lebens gewesen.

Wie ich schon früher gesagt habe, hatte mein Onkel sich schon seit Jahren mit der Meinung getragen, seine Geisteskräfte ließen nicht nur allmählich nach, sondern gingen geradezu einer Zerrüttung entgegen, was sein aufgeregtes Wesen auch uns auf Augenblicke glaublich machte. Ich weiß nicht, wieviel er sich hiermit in der letzten Zeit beschäftigt hatte und ob er wirklich Symptome an sich wahrgenommen hatte, die ihm ein solches Unglück gewisser hätten machen müssen. Ezard gegenüber aber hatte er sich, wenn auch nicht eingehend, geäußert, doch Andeutungen gemacht, die diesem die Augen öffneten über das, was kommen mußte. Ich erfuhr aber damals nichts von meinem Vetter, manches besprach man nicht, weil es nicht über die Lippen wollte, solange der Ausgang doch noch ungewiß blieb. Es war eine Zeit, in der wir handelten, litten und lebten; jetzt ist die Zeit, wo ich sinne und erzähle.

Es vergingen nach der Genesung des Kindes Heileke einige Tage, während welcher Onkel Harre bald in sich versunken dasaß wie ein Abwesender, bald durch unerträgliche Gereiztheit und aufgeregtes Wesen seine Umgebung und am meisten sich selbst peinigte. Das Unglück wollte, daß ihm eine Flugschrift in die Hände kam, in welcher jener junge Doktor Wittich über das Entstehen der Cholera in unserer Stadt berichtete, und zwar in einer Weise, welche sie zu einem persönlichen Angriff auf Onkel Harre machte. Darin war allerdings nichts Unwahres gesagt, nur zeigte sich Onkel Harres Persönlichkeit in einem durchaus entstellenden Lichte, als ob er ein so kaltlächelnder, zynischer, auf Kosten der duldenden Armut sich mästender Tyrann gewesen wäre, als welchen ein Sozialist sich den Besitzenden vorzustellen liebt. Das war gerade deswegen schlimm, weil es, obgleich völlig unzutreffend, sich nicht widerlegen ließ, indem an den Tatsachen nichts verdreht war, und einzig von den darstellenden Worten diese zweideutige Beleuchtung ausging, die nicht zu haschen und festzustellen war. Wir bemerkten wohl, daß Onkel Harre die Schrift gelesen hatte, und hielten es auch unter uns für das beste, mit ihm davon zu reden, gewannen es aber nie über uns, sowie er da war mit der unnahbaren Würde seines Grams im Gesicht. Ich wandte mich, im Innersten über den häßlichen Angriff des Rheinländers empört, an Ezard mit der Anfrage, ob wir nicht in irgendwelcher Art für Onkel Harre und die Ehre unseres Namens eintreten sollten, da es nicht immer vornehm, sondern zuweilen feig und faul sei, eine erhaltene Beschimpfung schweigend hingehen zu lassen. Er erwiderte mir, sein Vater habe den bestimmten Wunsch ausgesprochen, daß alles Derartige unterbleibe. Mehr fügte er nicht hinzu, es schien mir aber, als ob er noch besondere Empfindungen und Gedanken habe, die er mir nicht mitteilen dürfe oder wolle, die ihn selbst aber vollständig beschäftigten. Wenige Tage darauf lud Onkel Harre mich und den Urgroßvater ein, den Abend bei ihm zuzubringen, da er die Genesung seines Kindes feiern wolle. Wir sahen mit Erstaunen und Wohlgefallen, wie verändert mein Onkel sich an diesem Abend darstellte: mit demselben Schwunge der Haltung, die mich an ihm entzückt hatte, als ich noch ein Junge war, mit dem klugen Leuchten der Augen, das seine geistreichen Worte so anmutig begleitete, ja, bis auf die Gewohnheit, seine dichten weißen Haare mit einer raschen Bewegung der Hand aus der Stirne zu streichen, war er wieder die bezaubernde, lebensvolle Persönlichkeit, die er in seinen Mannesjahren gewesen war. Nun aber, da er sie sich gleichsam wiedererobert zu haben schien, und da wir alle wohl wußten, welche ungeheure Last er mit Anstrengung von sich abgeschüttelt haben mußte, ehe er sich so vor uns zeigen konnte, gefiel er nicht nur, sondern riß zur Bewunderung hin, und es gereichte mir zur Genugtuung, daß auch Eva einen ähnlichen Eindruck empfing wie ich und vielleicht zum ersten Male seit langer Zeit wieder fühlen mochte, was sie zu dem so viel älteren Manne hinzog, als sie seine Braut wurde. Heileke, das Kind, begrüßte die Veränderung mit unbefangenem Jubel, den sie zwar nicht sowohl laut äußern konnte, da sie noch schwach war und sich stillhalten mußte, als durch ihre selig strahlenden Augen ausdrückte, mit denen sie ihren Vater, wo er ging und stand, begleitete; von Zeit zu Zeit rief sie ihn mit ihrem feinen Stimmlein zu sich hin, worauf er auch sogleich herbeieilte, neben ihrem Sessel niederkniete und sich von ihr umarmen und küssen ließ. Alles war zur Fröhlichkeit gestimmt, mich beeinträchtigte einzig der Ernst, den ich in Ezards Mienen wahrnahm und der trotz aller guten Eindrücke nicht weichen wollte, sich vielmehr immer steigerte. Daneben aber sah man ihm die tiefe, unbegrenzte Liebe an, die er für seinen Vater hatte, obgleich er nicht viel Wesens davon machte; aber in jedem seiner Worte und seiner Gebärden, die seinem Vater galten, drückte sich zarteste Schonung und zugleich Verehrung aus, was dieser auch bemerkte und dankbar zu empfinden schien. Der Abend verging uns in angenehmer Weise, denn ein jeder von uns war bemüht, alles Bittere, was uns die letzten Zeiten so schwer gemacht hatte, zu umgehen und dem andern wohl- und nicht wehe zu tun, und daß ein jeder dies Bestreben am andern spürte, hatte in sich schon etwas Beglükkendes. Es war spät, als wir aufbrachen, und wir trennten uns freundlich, ja, nicht ohne Heiterkeit. Die bestimmte herzliche Art, mit der Onkel Harre von uns allen Abschied nahm, hätte uns auffallen können, wenn nicht sein schönes, freies Wesen uns den ganzen Abend über an eine gehobene Stimmung gewöhnt gehabt hätte. Er begleitete uns an die Haustür, dort gab er Ezard noch einmal fest die Hand und lächelte; dessen Gesicht blieb aber so ernst wie zuvor und schien mir sogar eine schmerzliche Klage auszudrücken, worüber ich indessen in dem Augenblick nicht nachdachte.

Am anderen Tage kam uns die Nachricht von Onkel Harres Tode; mit einem Revolverschuß hatte er sich das Leben genommen. Auf einmal sah ich nun die Ereignisse des vergangenen Abends in anderem Lichte an. Ich begriff vor allen Dingen, daß der wunderbare Mensch den Entschluß mit klarem Blick gefaßt hatte und ebenso sicher und ruhig von uns hatte scheiden wollen. Nichts hätte mich so unsäglich erschüttern können wie dieses Betragen. Er erschien mir wie ein Höherer, der Edelsten einer, und noch heute sage ich mir, daß er im Tode so genannt zu werden verdiente. Durch die Art, wie er in den Tod gegangen war, hatte er unserem Schmerze jede Bitterkeit und jedes Übermaß genommen; denn er hatte uns das Gefühl einzuflößen vermocht, daß er um das, was er mit dem Leben verliere, nicht zu beklagen sei, daß er aber etwas zurückgewinne, um das er sich gebracht hatte, nämlich den Frieden im Innern und den ehrenden Anteil der besseren Menschen.

Da ich mit mit Ezard allein in Gegenwart der Leiche befand, entsann ich mich des vergangenen Abends mit Deutlichkeit, und ich richtete, indem ich einem plötzlich in mir aufsteigenden Gefühle nachgab, die Frage an ihn, ob er von der Absicht seines Vaters unterrichtet gewesen sei. Er erwiderte: »Gewußt habe ich nichts als das, daß es so sein mußte, und daß er selbst es einsah. Ich wußte, daß es schon seit Wochen in ihm war, und als ich ihn gestern auf einmal so klar, heiter und stolz vor mir sah, fühlte ich: Jetzt hat er sich gefaßt; jetzt wird er es tun.« Ich konnte mich eines Grauens nicht erwehren und fragte nicht ohne Vorwurf: »Du ahntest oder wußtest, was in deinem Vater vorging, und hieltest ihn nicht zurück? Du verkehrtest mehr und inniger mit ihm als wir alle, er deutete dir vielleicht an, was er tun zu müssen glaubte, und du redetest es ihm nicht aus, sondern sahst zu, wie er sich in den Tod stürzte?« – »Ja«, sagte Ezard, »das tat ich, weil es so sein mußte. Er hat den Teil seines Vermögens, der in den Wasserwerken ist, der Stadt vermacht und so seine Schuld abgetragen, soviel in seiner Macht war. Lebend hätte er nicht wiedergutmachen können. Denn was wäre er noch gewesen in den Jahren, die er noch gelebt hätte? Ein hinfälliger, nutzloser, geschwächter Greis, ein krankes, schädliches Glied am Leibe unserer Familie. Daß er das erkannte und sich und uns davor beschützte, war noch einmal seiner schönsten Jahre würdig. Hätte ich meinen Vater, den ich liebe, daran hindern sollen, wenn er lieber wie ein Held von uns scheiden wollte, anstatt so schmählich zu leben?«

Obwohl in diesen Worten vieles war, was mich ergriff und überzeugte, so erschien mir Ezard doch, da er sie so ruhig, wenn auch nicht ohne Erregtheit sagte, unfaßbar und unheimlich, und es kam mir eine Erinnerung an einen ähnlichen Augenblick, wo wir an der Leiche meines unglücklichen Vaters gestanden hatten und er jene seltsamen Worte geflüstert hatte: Er ist der erste. Ich entsetzte mich so über den Einfall, daß mein Herz heftig zu schlagen anfing, und indem ich Ezard anblickte, war es mir, als sähe er meine Gedanken, was auch wohl möglich war, da ich durch eine Gedankenverbindung darauf gekommen war, die ihm vielleicht noch näher lag als mir. Es war ein heißer Drang in mir, es auszusprechen, und doch zitterte ich davor. Plötzlich hörte ich mich mit überlauter Stimme die Worte hervorstoßen: »Ezard, ist dies der zweite?«, worüber ich selbst ein solches Grauen empfand, daß ich Ezards Antwort gar nicht verstanden haben würde, wenn er mir etwas entgegnet hätte. Aber er erwiderte nichts, nur konnte ich aus seinem Gesicht sehen, aus dem Augen traurig und furchtbar zugleich auf mich blickten, daß er mich wohl verstanden hatte. Es reute mich, daß ich so Unnennbares ausgesprochen hatte; denn nun regte sich noch eine Frage in mir, die mir zwar selbst willkürlich und ungeheuerlich erschien, nämlich die: Wer wird der dritte sein? Und obwohl ich mir sagte, daß ich keinerlei Ursache hatte, Ezards Traum oder Wahn so auszugestalten, konnte ich doch nicht verhindern, daß beständig eine Antwort in mir auftauchen wollte, die mich schwindeln machte, als ob ich am Rande eines jäh abfallenden Felsens stände und gerade vor mir in die Tiefe blickte. Ich rannte in den Straßen auf und ab, ich weiß nicht wie lange, während mir die Zähne vor innerem Frost aufeinanderschlugen; am anderen Tage war es mir wie ein wilder Traum, und ich dachte darüber hinweg; zuletzt vergaß ich es wieder.

Der Urgroßvater, welcher sich in der Zeit der herben Prüfung Onkel Harre in seiner Gesinnung genähert hatte, war der einzige unter uns, der sich durch die Art seines Todes zurückgestoßen fühlte. Denn er hielt den Selbstmord, wie ich schon gesagt habe, für eine der ärgsten Sünden, ja geradezu für die unverzeihlichste, nicht von jener landläufigen Meinung ausgehend, daß er ein Zeichen von Feigheit sei, sondern als frechen, eigennützigen Eingriff in die göttliche Weltordnung, die einen schon selbst aus der Kette des Lebens lösen würde, wenn man seinen Zweck erreicht habe. Ich konnte mich nie des Gedankens erwehren, daß die unausrottbare, durch keine Erfahrung oder Enttäuschung zu tilgende Lust am

Leben, die in dem zähen alten Manne war, die letzte Quelle sei, aus der seine Ansichten über diesen Punkt flossen. Er verdammte die Abtrünnigen, die den Tod suchten, weil sie seiner kindischen, blinden Anhänglichkeit mit ihrem weltüberwindenden, dämonischen Abfall nicht ohne Großartigkeit widersprachen.

Daß aber Onkel Harre, wenn auch nicht in moralischer Richtung, darüber zu urteilen will ich vermeiden, doch in bezug auf seine Absichten das Richtige gewählt hatte, erwies sich daraus, daß der Flor unseres Geschlechtes sich nach seinem Tode zu erneuern schien. Wie nun einmal die Menschen, die leicht beschuldigen, gemeinhin auch leicht verzeihen, besonders wenn ein eindrucksvolles Ereignis sie in Rührung versetzt, so legte sich auch die Entrüstung gegen Onkel Harre im Volke, nachdem er sich ihr gewissermaßen geopfert hatte. Diejenigen, die ihn früher verteidigt und seine Verdienste gegenüber seinen Irrtümern hervorgehoben hatten, kamen jetzt wieder zur Geltung, und in vielen Kreisen fing man an, den sowieso durch seinen Sozialismus verdächtigen Doktor Wittich bitter anzuklagen, daß er einen alten, verdienten Mann in den Tod gehetzt habe. Daß Eva mit dem ihr gebliebenen Vermögen einfach und zurückgezogen lebte, gefiel den Leuten, da sie im allgemeinen keine Tugend höher schätzten als die löbliche Bescheidenheit. Ezard aber schritt nun wirklich auf den Höhen, nach denen er mit so viel Tapferkeit und Ausdauer gerungen hatte. In der Cholerazeit war er mit fast allen Schichten der Bevölkerung bekannt geworden, und überall waren ihm Neigung und Dankbarkeit entgegengekommen. Beides hatte er im höchsten Maße verdient. Daß er einst scheinbar gesunken war und geirrt hatte, erhöhte jetzt gemäß einem richtigen Instinkte die Bewunderung seiner Kraft und die Teilnahme an seinen Erfolgen. Zugleich zeigte es sich endlich, daß er den Norweger mit bestem Recht empfohlen und unterstützt hatte; denn das bei den Wasserwerken zur Anwendung gekommene System erwies sich nicht nur als brauchbar, sondern als über Erwarten vorzüglich. Dieser Umstand warf auch ein nachträglich verklärendes Licht auf Onkel Harre; kurz, es kam bald dahin, daß man unserer Familie eine Art von märtyrerhafter Würde zuwies, indem der Senat uns seiner Selbstsucht geopfert und mit seiner Schuld beladen in die Wüste gejagt habe, wie die Hebräer ihren sprichwörtlich gewordenen Sündenbock. Dies alles bemerkten wir erst nach und nach; bei einem Ereignis, das meine Schwester Galeide betraf, trat es uns zum ersten Male recht eindrucksvoll vor die Augen.

Galeide hatte nämlich inzwischen ihre Studien an dem Konservatorium in Genf und in einigen anderen schweizerischen Städten vollendet und verfügte allen Berichten zufolge über eine ungewöhnliche Fertigkeit im Spiel, welche der genialen Auffassung, die sie aus ihrer Natur schöpfte, die volle Entfaltung ermöglichte. Wie in vielen größeren Städten, hatte man auch in Genf eine mildtätige Sammlung zugunsten unserer verheerten Stadt veranstaltet und war außerdem auf den Einfall gekommen, durch ein Konzert das Ergebnis der Beiträge noch zu vermehren. Indem man Musiker warb, die ohne Entgelt ihre Kräfte diesem Zweck widmen würden, hatte man es zugleich praktisch und sinnig gefunden, wenn man auch Galeiden, ein Kind der unglücklichen Stadt, der man helfen wollte, und Zögling der eigenen Schule, zur Teilnahme aufforderte. Da ihr dies als die beste Gelegenheit erschien, sich zuerst in der Öffentlichkeit zu zeigen, zögerte sie keinen Augenblick, der Aufforderung nachzukommen. Es scheint, daß sie mehr Anklang fand, als man beim erstmaligen Auftreten einer eben erst ausgebildeten Schülerin erwarten konnte, und daß sie die schönste Ermutigung für ihre weitere Laufbahn aus diesem Erfolge gewann. Von diesen Vorgängen hatte uns Galeide nur flüchtig und andeutungsweise geschrieben, so daß wir sehr überrascht waren, als uns ein Brief anzeigte, daß sie kommen werde, um der Stadt den Erlös der Sammlung und des Konzertes im Auftrage der Veranstalter selbst zu überbringen. Hierüber erschrak ich zunächst mehr, als ich mich freute; denn im Vergleich zu jener aufgeregten Zeit, wo Ezards und Galeidens verhängnisvolle Leidenschaft sich entwickelte, lebten wir jetzt in leidlicher Behaglichkeit dahin, an die man sich nur allzu leicht gewöhnt, selbst wenn man von den zerstörungsfähigen Gewalten Bescheid weiß, die im Grunde zurückgehalten sind. Nun war es, wie wenn ein Sturm sich von weitem ankündigt, der eine blühende Landschaft verheeren kann; denn es war unabsehbar, was für Unheil aus dem Wiederbegegnen der beiden mit so viel Schmerz Getrennten entstehen würde.

Der Urgroßvater zeigte sich bei dieser Gelegenheit in seiner ganz unverminderten blinden Selbstsucht; denn er wollte von alledem nichts hören, freilich unter dem Vorwande, daß ich ein schwerblütiger Schwarzseher sei wie mein Vater, daß gerade Galeidens Kommen beweise, daß sie die Vergangenheit, wenn auch nicht vergessen, so doch überwunden habe und willens sei, ihr neues Leben wie einen bedeckenden, abschließenden Grabstein darauf zu bauen. Gegen diese eigensinnige Verblendung und Galeidens ungestümes Wollen bedeuteten Vorsicht, Vernunft, überhaupt jeglicher Einwand weniger als Spreu. Gegen des Urgroßvaters Eigenwilligkeit hätte ich vielleicht noch etwas ausrichten können, da sie mich an dem alten Manne ärgerte und zum Widerspruch reizte, aber Galeidens wildes Heimweh und unbändige Sehnsucht kam wie ein Frühlingssturm, in dessen verwegener Umschlingung ein Widerstreben sich nur zu gern ergibt.

Also fand ich mich eines Tages auf dem Bahnhof ein und erwartete sie, bedenkend, vor wie langer Zeit ich sie ebendahin begleitet hatte, als sie für immer zu scheiden schien, und ich versuchte mich in die Vorstellung hineinzuträumen, ich sei inzwischen nicht vom Platze gewichen und hätte nur die Augen geschlossen und im Augenblick einen kurzen Bildertraum an mir vorüberrollen lassen. Dadurch geriet ich in eine wunderliche Stimmung, so daß ich wie ein Verschlafener dastand, als der Zug hereinsauste, die Reisenden hervorströmten und auf einmal Galeide vor mir stand mit lachenden Augen, aus denen rasche Tränen stürzten, mich auf den Mund küßte und sagte: »Ludolf, wie siehst du denn aus? Du bist ja gar kein kleiner Junge mehr!« Sowie ich ihre klar klingende Kinderstimme hörte, die sich gleichgeblieben war, brauchte ich es nicht mehr zu ersinnen, sondern fühlte in Wahrheit so, als wäre sie immer dagewesen, nur daß inzwischen hier alles anders geworden war. Sie verlangte nach einem Wagen, denn sie zittere,

bis sie den Urgroßvater gesehen habe. Da sie zu erregt war, um während der Fahrt viel zu sprechen, betrachtete ich sie in Muße und fand, daß sie wohl älter geworden sei, aber nur insofern, als das Alter bis zu einem gewissen Zeitpunkt einen Zuwachs an Kraft bedeutet. Die unschuldsvolle, treuherzige Kinderseele strahlte ihr noch von Stirn und Wangen; ihr Mund hatte einen zufriedenen Zug, als ob sie in all den Jahren viel gelacht und niemals geweint habe, was fast zu verwundern war bei der mühevollen Zeit voll herzzerreißender Erfahrungen, die hinter ihr lag. Als wir in die Gegend kamen, von wo aus man unser altes Haus sehen konnte, kehrte sie den Kopf weg, sagte aber kein Wort, und so schwieg ich auch, denn wir wußten ohnehin beide, wie uns zumute war. Zuletzt fragte sie jeden Augenblick: »Sind wir jetzt da? Jetzt?« vor lauter Erregung, denn sie hörte meine Antwort gar nicht. Als der Wagen stillstand, wich ihr alle Farbe aus dem Gesicht. »Wo?« fragte sie. – »Eine Treppe«, entgegnete ich. Da stürmte sie mit ihrem leichten Schritt vor mir hinauf, aber auf der letzten Stufe stand der Urgroßvater mit ausgebreiteten Armen, und sie warf sich mit einem lauten Schrei so gewaltsam an seine Brust, daß er leicht darüber hätte zu Falle kommen können. Neben ihrer hohen Gestalt wurde es recht deutlich, wie er wenig gebeugt, aber ganz in sich zusammengesunken war.
Danach zog sie uns mit sich fort ins Zimmer und sagte zu mir, während sie Hut und Mantel abwarf: »Ludolf, setze den Urgroßvater in einen Sessel«, und begann durch alle Zimmer zu laufen, sah aus jedem Fenster, überflog die Bilder an den Wänden, feierte ein Wiedersehen mit jedem Gegenstande, dessen sie sich aus früherer Zeit erinnerte, und begleitete das alles mit herzhaften Ausrufen. In allem diesem mahnte sie mich an unsere Mutter, obwohl sie deren makellose Schönheit nicht besaß; dafür aber sah man ihr die Kraft und Gesundheit an, deren sie sich sicher fühlte, was das Auge fast so sehr erfreut wie vollkommene Regelmäßigkeit der Gesichtszüge.
Ich war innerlich voll Unruhe, da ich jeden Augenblick Ezards Schritte hören zu müssen glaubte; indessen kam er nicht, und am Abend erfuhr ich, daß er auf einen oder zwei Tage verreist sei. Sogleich stieg in mir die Vermutung auf, daß er

Galeiden unterwegs getroffen habe, um der erste zu sein, der sie begrüßte. Ich fragte sie aber nicht danach, im Grunde deshalb, weil ich Angst hatte, diese unseligen Dinge anzurühren. Lucile hatte erklärt, daß sie die Stadt nicht verlassen würde, da es nicht an ihr sei, vor Galeiden zu weichen. Sehen aber wollte sie sie nicht und würde sie schon zu vermeiden wissen, desgleichen wolle sie dafür sorgen, daß sie von ihren Kindern nicht gesehen werde. Ich teilte dies Galeiden mit, wobei sie mich ruhig anhörte und sagte, daß Lucile das Recht habe, so zu handeln, und daß sie trotz aller Sehnsucht, den kleinen Harre wiederzusehen, diesen Wünschen nicht in den Weg treten wolle. Aus eigenem Antrieb setzte sie hinzu, daß sie nicht lange hier bleiben werde, da sie wohl wisse, es gehe nicht an, daß sie und Ezard in derselben Stadt seien. Wie der Urgroßvater das aufnehmen würde, das war freilich eine andere Frage, mit der wir uns einstweilen noch nicht beschäftigten.

Denn da fürs erste alles gut geordnet schien, freute ich mich an Galeidens Gegenwart; sie war so ebenmäßig, ruhig, heiter und zuversichtlich, daß man leichter zu leben glaubte, wenn sie da war, und sich zugleich von ihr besänftigt und erfrischt fühlte. Häufig begleitete ich sie zur Geige, die sie wahrhaft schön spielte, daß man, wenn man sie mit ihrer leichten und stolzen Haltung dabei sah, sich gläubig der Meinung hingab, sie werde noch Großes, ja das Höchste in ihrer Kunst leisten. Der Urgroßvater hatte zuerst einige Mühe gehabt, bis er ihre wirkliche Erscheinung mit dem Erinnerungsbilde, das er sich von ihr gemacht hatte, verschmolzen hatte, dann aber wuchs seine Zufriedenheit von Tag zu Tag und steigerte sich ins Ungeheuerliche, als nun noch die Bewunderung der fernerstehenden Menschen dazukam. Denn alte und neue Bekannte drängten sich allgemach heran, um zu sehen, was aus dem wiederkehrenden Fremdling geworden sein möchte. Sie wurde auch eingeladen, öffentlich in einem Konzert aufzutreten; denn die Freuden und Festlichkeiten sollten sich nun von neuem auftun, da die Krankheit dem Winter endlich völlig gewichen war. Die so lange geängstigten Menschen, die sich füglich als wunderbar Gerettete betrachten durften, stürzten sich mit lechzenden Sinnen in die wiedergeschenkten Genüsse, und

Galeide, die als Stadtkind, aber in der Fremde geprüft und anerkannt, die Herzen zum voraus für sich hatte, hätte auch ohne bedeutende Leistungen eines ungewöhnlichen Erfolges sicher sein können. Ich muß aber sagen, daß sie den ungemeinen Beifall, der ihr gebracht wurde, auch verdient hatte.
Ezard befand sich unter den Zuhörern, was, da die öffentliche Meinung nun einmal für uns war, für recht und billig gehalten zu werden schien; ich glaube, Ezard und Galeide stellten sich in den Augen der Leute als diejenigen dar, die zwar gefehlt, ihre Verirrung aber durch kräftige, glänzende Handlungen reichlich und rühmlich wiedergutgemacht hätten. Ebenso selbstverständlich schien es, daß Ezard sich nach dem Konzert mit zu uns begab, und ich sah nun die beiden zum ersten Male seit meines Vaters Tode wieder zusammen. Die frohe Unbefangenheit, mit der sie sich begrüßten, bestärkte mich in meiner Vermutung, daß sie sich schon vorher gesehen haben müßten, der Urgroßvater hingegen fand seine Ansicht bestätigt, die nämlich, daß beider Empfindungen sich zu einer guten, geschwisterlichen Freundschaft abgeklärt hätten. Der selige Glücksschimmer, der, sowie sie beieinander waren, von ihnen ausging, hätte ihn eines anderen belehren können.
Es waren noch mehrere Bekannte bei uns, darunter jener Wendelin, welcher noch immer ledig war, und zwar einzig deswegen, weil er Galeiden nicht vergessen konnte. Der Armselige hatte sich mit seinen versengten Flügeln sogleich an das Licht geschleppt, das wieder aufging, und erneuerte seine alten Leiden, die er sich mit blinden Hoffnungen zu versüßen suchte. Galeide begegnete ihm mit Unbefangenheit, als ob nichts geschehen wäre, was bei ihr nicht erzwungen war, sondern der Liebesschmerz eines Verschmähten machte so wenig Eindruck auf sie, daß sie ihn nicht einmal zu vergessen brauchte, um mit dem Betroffenen gleichgültig wie mit jedem andern verkehren zu können. Auch hatte sie, ausschließlich und gewaltig wie ihre Leidenschaft war, von keinem Menschen eigentlich Bewußtsein als von Ezard und gab sich mit aller Kraft der Wonne hin, ihn in ihrer Nähe zu wissen. Einige Male wußten sie es unter irgendwelchen Vorwänden so ein-

zurichten, daß sie sich auf Augenblicke außerhalb des Gesellschaftszimmers allein sahen; das taten sie mit vergnügter Arglosigkeit wie Brautleute, so völlig schloß das besiegende Gefühl ihrer Einigkeit und Liebe den Gedanken an den Frevel aus, den sie dabei verübten. Diese Unbefangenheit war es gerade, die, worauf sie es freilich nicht ablegten, allen anderen ihren Verkehr als etwas ganz Unverdächtiges erscheinen ließ; denn der Beschauer, welcher das Fehlerhafte von seinem unbeeinflußten Zuschauersitze aus deutlich wahrnehmen kann, begreift selten, daß sich der Verbrecher selbst desselben durchaus nicht in dem Maße bewußt zu werden braucht.

Als die fremden Gäste uns verlassen hatten, blieb Ezard noch zurück. Nun war es, wie wenn Feuer oder Wasser, ein mit Anstrengung gedämpftes Element, freigelassen wird und hervorstürzt. Nicht, daß sich ihre Leidenschaft in verletzenden Liebesäußerungen verraten hätte, aber sie verkündete ihr unnennbares Dasein geheimnisvoll stark, wie der Duft einer Nachtblume, wenn es dunkelt, sich auszuhauchen beginnt. Galeide hatte als Huldigung einen Blumenstrauß erhalten, aus dem hatte man die Rosen herausgenommen und ihr rote und weiße durcheinander ins Haar gesteckt; in diesem Schmuck saß sie da, ruhig und doch glühend wie das Leben selbst, als etwas Berechtigtes und Unumstößliches, das kein Widerspruch auflösen zu können scheint. Das war, wie ich sicher glaube, die Folge der inneren Ruhe, die sie wirklich besaß, die ich aber keineswegs Selbstzufriedenheit oder Selbstgefälligkeit genannt haben möchte; denn wenn sie überhaupt mit sich zufrieden war, so war das unschuldige Dankbarkeit, wie man sich eines Geschenkes erfreut, oder noch mehr, daß sie ihre Natur und Art als etwas Unabänderliches betrachtete, wobei man besser keine Zeit verliert; zur Eitelkeit war sie viel zu unüberlegt und zu wenig zur Selbstbetrachtung geneigt.

Wenn ich mich zuerst durch die gewaltige Sicherheit dieses Wesens hatte hinreißen lassen, daß ich das Unerhörte in Ezards und Galeidens Verhältnis übersah und ihr inniges Verbundensein als etwas unumstößlich Gegebenes hinnahm, so kehrte mir doch, als wir nun allein waren, die Einsicht zurück, und ich empfand die Gleichgültigkeit, mit der sie sich vor unseren

Augen gehenließen, als verletzende Geringschätzung oder denn als eine Raserei, wie die eines wild gewordenen Tieres, das in seiner Blindheit, ohne zu wollen, alles vor sich niederwirft. Mein Betragen mochte die beiden zur Besinnung bringen, denn Ezard brach plötzlich auf; dennoch, als Galeide erklärte, ihn bis zur Haustüre begleiten zu wollen, vermochte ich nicht dazwischenzutreten, sondern blieb untätig zurück, als ob ich angekettet gewesen wäre. Ich glaube, daß der Urgroßvater so gut wie ich mit Zittern die kurzen, ewig erscheinenden Augenblicke zählte, die sie ausblieb. Als sie wieder eintrat, war sie sehr blaß unter ihren roten Rosen und schien einen Vorwurf oder Angriff von uns zu erwarten. Da wir aber still blieben, kniete sie neben dem Urgroßvater nieder und sagte ihm mit leidenschaftlicher Zärtlichkeit gute Nacht. Es mochte ihm auf einmal die Erkenntnis gekommen sein, daß alle die Hoffnungen, die er sich eingeredet hatte, nichts als Schaum waren, und daß sein Liebling von dem Verhängnis, das ihre eigene Schuld war, unentrinnbar bedroht sei; denn er preßte sie mehrmals heftig an sich, und indem er ihren Kopf zwischen beide Hände nahm, betrachtete er sie mit einem langen, inständigen Blicke.

Es schien nun die Zeit wiederkommen zu sollen, wo man beständig vor einem vernichtenden Wetterschlage bangt und ihn doch zugleich herbeiwünscht, um nur von dem Druck einer entsetzlichen Schwüle so oder so befreit zu werden.

Wie er nun aber kam, kam er doch überraschend. Es war das Ärgste, das was mir graut, erlebt zu haben. Galeide wollte fort, und es traf sich, daß ihr auch eine gute Gelegenheit dazu geboten wurde. In Genf nämlich, wo sie wohlwollende Freunde hatte, bot man ihr einen Platz als Violinistin im Orchester an, der ihr zunächst, wenn auch keine rühmliche, doch eine ehrenhafte Unterkunft wäre. Es blieb ihr in dieser Stellung Zeit, sich noch weiter zu vervollkommnen, so daß sie eine höhere Laufbahn, für die sie nach allgemeinem Urteil geschaffen war, deshalb keineswegs aufzugeben brauchte. Sie sagte sogleich zu, da sie die Stadt Genf und ihre Bewohner liebgewonnen hatte und die Ruhmbegierde, die etwa in ihr war, mit starker Geduld zu verbinden wußte, anderseits weil es ihr den Vorwand gab, den sie suchte, den Urgroßvater und die Heimat überhaupt zu verlassen. Der Urgroßvater fügte sich auch schneller hinein, als wir gedacht hatten, machte aber zur Bedingung, daß Galeide nicht eher ginge, als es zum Antritt der Stelle, der auf Ostern gewünscht wurde, nötig sei. Das wurde so festgesetzt. Sogleich aber bemächtigte sich Ezards und Galeidens wieder das Gefühl, als sei diese Frist ein Gnadengeschenk, das ausgekostet werden müsse, wie ein zum Tode Verurteilter die letzte Nacht durchjubelt, in der der Henker ihm alle Wünsche erfüllen muß.

Eines Tages rief mich Lucile durch einen Brief zu sich. Ich begab mich mit den unbehaglichsten Vorgefühlen zu ihr, die sich auch als berechtigt erwiesen; denn sie empfing mich im Zustande großer Erregung und teilte mir mit, daß Ezard sie von seinen Beziehungen zu Galeide in Kenntnis gesetzt und sie gebeten habe, auf eine Scheidung von ihm einzugehen. Ich fühlte mich fast erleichtert, daß Ezard nun das Netz von Trug und Verrat zerrissen hatte, zumal, da ich das Zutrauen in ihn setzte, er würde einen solchen Schritt auch zu Ende führen können, ohne daß sein Ansehen und das unserer Familie überhaupt darunter litte. Ich mußte aber sogleich sehen, daß keine Hoffnung war, Lucile würde die Hand zu einer gütlichen Lösung bieten. Sie habe, sagte sie, Ezards Spiel schon viel länger durchschaut, als er geahnt und gewollt hätte (was sie wohl nur sagte, um nicht als eine trübselige, betrogene Frau dazustehen). Er habe gearbeitet, gespart und sich gequält, um genug Geld zu erwerben, womit er sich von ihr loskaufen könnte. Inzwischen habe er sie hingehalten und sie über die Wirklichkeit zu täuschen gesucht, damit es nicht eher zu einer Auseinandersetzung käme, als bis er sich unter Wahrung der äußeren Ehre (dadurch nämlich, daß er ihr soviel Glück, wie Reichtum verschaffen könne, als Entgelt gäbe) von ihr trennen könnte. Nun sei dieser Zeitpunkt gekommen. Aber er habe sich in ihr verrechnet. Sie sei nicht so geartet, sich zu opfern, damit zwei verräterische Herzen ein unverdientes Glück einheimsten. Sie habe aufgehört Ezard, wie überhaupt jeden Mann, zu achten, er sei für sie nichts. Aber ihren Kindern wolle sie den Vater erhalten. Überhaupt sei es gegen ihre Grundsätze, zur Auflösung einer Ehe, die von Gott eingesetzt und heilig sei, die Hand zu bieten. Die Fessel sei für sie so qualvoll wie für ihn, aber sie werde sie tragen, weil sie es vor Gott geschworen habe.

Alle diese Dinge entsprachen zwar ganz ihrer Art; ich sah aber doch noch etwas anderes dahinter, was auch völlig ihrer Natur gemäß war, nämlich, daß sie von Ezard nicht lassen wollte, weil sie ihn trotz allem so heiß wie je oder noch mehr liebte, und daß sie alle anderen Gründe, weswegen sie ihn nicht freigeben wollte, mir vorschob, um nicht sich, geschweige den anderen, das erniedrigende Geständnis dieser Schwäche (denn dafür sah sie es an) machen zu müssen. Gerade das aber überzeugte mich, daß Ezards Sache hoffnungslos war; denn Gründe hätte man allenfalls widerlegen oder doch beschwichtigen können, aber gegen den blinden Willen, ihn einfach zu haben und zu behalten, ließ sich nichts ausrichten, wenn nicht durch ein Wunder sie selbst davon befreit wurde. Ich versuchte aber doch, mich mit ihr über die Angelegenheit auszusprechen, wobei ich zwar Ezard und Galeiden nicht entschuldigte, aber doch insofern ihre Partei ergriff, als ich sagte, es sei nun einmal so und ließe sich nicht ändern, und es sei doch immer besser, wenn zwei glücklich, als wenn drei unglücklich würden; übrigens könne man mit Sicherheit voraussetzen, daß auch sie selbst sich zufriedener als vorher fühlen würde, wenn sie eine so qualvolle und unwürdige Stellung, wie ihre jetzige sei, freiwillig aufgegeben habe. Aber wie ich ihr so zuredete, regte sie sich immer mehr auf an dem Gefühle, ich wollte ihr Ezard entreißen, und fing an, ihre Gründe und Grundsätze mit ihrer Liebe durcheinanderzuwerfen, sagte auch nun, daß sie Ezard vor Galeiden beschützen müsse, die ihn doch nur unglücklich machen würde, indem ihr alle echt weiblichen Tugenden abgingen, auf die Ezard gerade großes Gewicht lege, und was dergleichen mehr war. In höchster Erregung rief sie zuletzt aus, Ezard möge anstellen, was er wolle, sie werde ihn niemals freigeben, ausgenommen vielleicht, indem sie ihn für immer verließe, das heißt den Tod suchte; wenn er und Galeide es dann wagen wollten, sich über ihre Leiche weg bei den schuldigen Händen zu fassen, möchten sie es tun; die Strafe würde nicht ausbleiben. Mir wurde bange, denn ich traute ihr wohl zu, daß sie allen ihren Grundsätzen zuwider Hand an sich legte, wie etwa ein trotzendes Kind, das von den Eltern allzu hart bestraft ist, sich krank stellt, damit sie einen Schrecken davon hätten. Dabei empfand ich ihre Verlassenheit und ihr Unglück wohl lebhaft, aber mehr mit dem Verstande als mit dem Herzen, so daß ich, so gern ich ihr auch gerecht geworden wäre, mehr ihr Gegner als ihr Freund scheinen mochte; im Grunde war ich keines von beiden.

Galeide, der ich alles dies und meine Meinungen und Befürchtungen mitteilte, schien von uns allen noch am meisten Liebe für Lucile zu haben, vielleicht auch deshalb, weil sie sie so in der Erinnerung hatte, wie sie gewesen war, ehe die bösen Erfahrungen ihre Seele verbittert und ihre Züge verschärft hatten. Übrigens sah Lucile keineswegs gealtert oder unschön aus, vielmehr hatte ihr die Zierlichkeit des Wuchses etwas Kindliches gelassen, wozu ihre großen, sehr feurigen Augen einen reizvollen Gegensatz bildeten. Es fehlte aber an ihr die Harmonie, die ein Fertiges und Ganzes an sich hat; die hatte Galeide, und daher konnte sie solche Ruhe und Zufriedenheit einflößen, als sei nichts mehr zu wünschen auf der Welt, ausgenommen der eine Wunsch, immer in ihrer Nähe sein zu dürfen.

Galeide und Ezard und ich hatten niemals über diese Verhältnisse, und was zu tun und zu hoffen sei, miteinander gesprochen. Eines Abends fuhren wir in einem Kahn auf dem Flusse, an dem unsere Stadt liegt; es war warm und dunkel, und wir ruderten langsam. Einmal hörten wir ganz auf, so daß das Boot sich nur leise schaukelnd hin und her bewegte, und sahen, jeder seinen Gedanken nachhängend, in die schwarzgrüne Tiefe. Galeide sagte: »Bald werde ich wieder in den blauen See von Genf sehen. Wäre ich nur erst dort, daß es vorüber wäre« (womit sie die Pein des Abschiednehmens meinte). »Diesmal trennen wir uns nicht so lange«, sagte Ezard. »Es ist mir, als wäre unser Glück und unsere Liebe etwas Heiliges, für das ich einzustehen hätte. Unser Stern wird siegen, ich weiß es bestimmt.« Galeide, deren weißes Gesicht ich von meinem Platze aus sehen konnte, erwiderte nichts, sondern schüttelte langsam und traurig den Kopf, lächelte aber zugleich, als gedächte sie doch des Glückes, das sie genossen hatte, und das, wenn auch dem Schicksal frevelnd abgerungen, doch Glück gewesen war wie jedes andere. Ich sagte wehmütig: »Wenn ich denke, daß es mir wie gestern scheint, als Galeide und ich zum ersten Male heimlich (denn unser Vater wollte nichts davon hören, aus Angst, daß uns etwas zustoßen könnte) auf diesem Flusse ruderten, und daß doch jetzt die schöne Zeit der Hoffnung, die man Jugend nennt, bald völlig hinter mir liegt, so begreife ich nicht, warum man sich mit Sehnen, Streben und Leiden um wirkliche oder vermeintliche Güter quält; denn so oder so geht doch alles vorüber wie ein Traum.« – »Ja«, entgegnete Ezard mit fester Stimme, »allzu schnell geht das Leben hin. Darum sollte man so wenig Zeit wie möglich mit Warten zubringen, sondern sein eigenes Schicksal sein. Man hat nur ein einziges kurzes Leben, darum ist es keine Kleinigkeit, auf welche Art es verläuft. Mein Glück, das ich haben könnte, ist mein Recht. Ich darf es erkämpfen.« Diese Worte mußten uns allen unheimlich geklungen haben, denn keiner von uns sagte noch etwas, sondern wir griffen schweigend nach den Rudern und fuhren ohne anzuhalten nach dem Landungsplatze zurück.

In diesen Tagen hatte man wieder einige Cholerafälle beobachtet, was uns aber diesmal nicht unvorbereitet traf, denn die Ärzte hatten von Anfang an darauf hingewiesen, daß die Seuche sich im Frühjahr wieder zeigen könnte. Man hatte jetzt genug Erfahrung, um die Fassung nicht so geschwind zu verlieren, jedermann war sogleich wieder an seinem Platze, und auch Ezard nahm seine Tätigkeit in der früheren Weise wieder auf. Man sprach weniger als im vergangenen Jahre davon, und im Grunde hatte niemand persönliche Angst; nun aber ereignete es sich, daß Luciles kleines Mädchen heftig erkrankte. Eva und Galeide waren sofort zur Hilfe bereit, Galeide aber wurde, wie es nicht anders zu erwarten war, mit Schärfe zurückgewiesen. Alles entwickelte sich so schnell, wie ich es nicht zu schildern vermag. Lucile war völlig außer sich, sie wollte von niemandem Trost und Zuspruch annehmen. Das Kind von sich zu lassen, weigerte sie sich, so blieb es im Hause, ohne daß ein Arzt zugezogen wurde, was freilich auch nicht nötig war, da Ezard genau von allem unterrichtet war, was man zur Linderung und überhaupt zur Bekämpfung der Krankheit anwenden konnte. Das Kind starb noch an demselben Abend. Eva kam zu uns, da sie es aufgegeben hatte, gegen Luciles leidenschaftlichen Jammer irgend etwas auszurichten. Sie war in nicht geringer Besorgnis, denn die Bedauernswerte weigerte sich, das tote Kind aus den Armen zu lassen und war auch nicht zu bewegen, die allgemein üblichen Vorsichtsmaßregeln zum Schutze der eigenen Gesundheit zu gebrauchen. Ich fragte, meinen Gedanken nachhängend, wo Ezard sei, und was er dabei tue. »Ja, Ezard! Er sollte sie nicht gewähren lassen, er sollte sie zwingen, sich zu beherrschen. Aber ihr wißt ja, wie sie miteinander stehen. Ich kann nichts dazu tun.« Galeide, die bei unserem Gespräch anwesend war, wurde totenbleich, und ich bildete mir ein, ich könnte sehen, wie sie zitterte. Als Eva fort war, fragte ich Galeiden: »Galeide, was denkst du?« Sie sah mich mit einem großen Blick an und sagte: »Ich denke: wenn sie nun krank würde und stürbe! Du weißt doch, daß das für uns Glück und Rettung wäre. Wenn ich also mein Herz gewähren ließe, müßte ich es wünschen. Das ist entsetzlich, sich zu sagen.« Mir graute es. Nicht lange darauf schickte Ezard, daß ich kommen solle, da Lucile krank sei und nach mir verlange. Ich sah Galeiden an. »Geh zum Urgroßvater«, sagte ich, so zum Erschrecken sah sie aus. Sie schüttelte den Kopf: »Komm bald wieder«, bat sie tonlos.

Lucile lag im Bett; ihre großen Augen richteten sich gleich auf mich, als ich eintrat, sie sah in diesem Augenblick nicht sehr entstellt aus. Sie wollte mir wehren, daß ich nah zu ihr herankäme, aber ich setzte mich trotzdem auf einen Stuhl, der dicht neben ihrem Bett stand, was mich keinerlei Überwindung kostete, denn es kam mir kein Gedanke an Vorsicht oder Gefahr in meiner Erregtheit. Sie winkte Ezard, daß sie mit mir allein sprechen möchte, worauf er das Zimmer verließ. »Ludolf«, sagte sie, »willst du dafür sorgen, daß meine Mutter und mein Bruder nie erfahren, daß ich den katholischen Glauben abgelegt habe?« Ich hatte erwartet, daß sie von weit peinlicheren Dingen mit mir sprechen würde, und indem ich mich erleichtert fühlte, wuchs sogleich (so selbstsüchtig ist der Mensch) meine Zuneigung für sie, und ich sagte so herzlich ich konnte: »Ich will dafür sorgen, daß sie es nicht erfahren. Aber nicht wahr, dich quält es doch nicht, daß du es tatest? Denn du handeltest im guten Glauben, und den wird Gott ansehen, wenn es einen Gott gibt.« Ich sah nun, wie sehr das unglückliche Geschöpf teilnehmende Zärtlichkeit entbehrt haben mußte, denn der innige Ton meiner Worte rührte sie sogleich bis zu Tränen. »Weißt du, Ludolf«, sagte sie schluchzend, »daß mein Kind tot ist? Das einzige Wesen auf Erden, das mich liebte und nötig hatte! Wäre ich zu Hause geblieben, o wäre ich zu Hause geblieben!« Diese einfache Klage schnitt mir ins Herz, und eine große Bangigkeit überkam mich wegen unserer Härte und Lieblosigkeit gegen das fremde Mädchen, die wir vielleicht nie wiedergutmachen konnten. Indem ich mich über sie beugte, um ihr freundlich zuzureden, bemerkte ich an einem krampfhaften Zucken in ihrem Gesichte, daß die Krankheit sie wieder packen zu wollen schien. Voller Schrekken fuhr ich auf, um Ezard herbeizurufen, aber sie hielt mich mit einem flehenden Blick zurück und sagte mühselig unter sichtlichen Qualen: »Wenn ich tot bin, Ludolf, bring mich nach Hause. Ich will nicht in euerer Erde liegen, ich will nach Hause.« Ich nickte, aber da ich sah, daß sie eine stärkere Bestätigung wünschte, sagte ich laut: »Ja, Lucile, ich will dich nach Hause bringen, wenn du stirbst, dich und dein kleines Mädchen. Aber du sollst nicht sterben! Ich rufe Ezard.« Ezard kam in demselben Augenblick ins Zimmer und ordnete schnell einiges an, was Lucile helfen oder doch ihren Zustand erleichtern sollte. Mit meiner Fassung war es nun auf einmal vorbei; der Anblick des gräßlichen Leidens kehrte mir das Eingeweide im Leibe um. Dazu kam noch ein seltsamer Einfall: Ezard nämlich stand zufällig am Fußende von Luciles Bette, und da er in dem halbdunklen Zimmer sehr bleich und groß erschien, kam mir das Märchen von dem Tod in den Sinn, der sich zu Füßen eines Krankenbettes zeigte, wenn er andeuten wollte, daß der Leidende ihm verfallen sei. Diesen Gedanken konnte ich durchaus nicht verscheuchen, und er erhöhte mein Grauen, was man mir wohl ansehen mochte; denn Ezard flüsterte mir zu, ich möchte in ein anderes Zimmer gehen, helfen könne ich doch nicht, und es sei besser für mich. Ich ging, da ich mich völlig unfähig fühlte, es noch länger in diesem Raume auszuhalten, und setzte mich im Nebenzimmer in einen Sessel; ich schlotterte am ganzen Körper, ohne daß ich es zu ändern vermocht hätte. In dem Zustande von Übelkeit, in dem ich mich befand, glaubte ich die Krankheit schon in mir zu fühlen, wodurch mir immer schlechter wurde, so daß ich mich zuletzt entschloß, das Haus zu verlassen und die frische Luft auf mich wirken zu lassen. Es wurde mir, nachdem ich einige Straßen durchlaufen hatte, wirklich etwas besser, und nach etwa einer halben Stunde gewann ich es über mich, in Ezards Haus zurückzukehren.

Unterdessen war Lucile gestorben. Mein Erschrecken war so groß, daß Ezard, welcher selbst vollkommen ruhig war, mich stützen mußte. Als ich mich etwas gefaßt hatte und ihn betrachtete, schien mir seine Ruhe etwas unnatürlich Starres zu haben. Ich konnte die Augen nicht von seiner furchtbaren Schönheit abwenden. In seinem Gesicht war niemals, wie auch jetzt nicht, irgendein Zug von Härte oder Grausamkeit gewesen, es schien im Gegenteil immer von echtester Güte durchleuchtet zu sein. Was ich eigentlich dachte, vermag ich nicht zu sagen, auch war ich mir meiner Gedanken nur halb bewußt. Indem ich Lucile so starr daliegend betrachtete, verwirrten sich meine Sinne immer mehr. Plötzlich war es, als würde alles still in mir, und aus dieser Stille klang es deutlich, als ob eine fremde Stimme in mir spräche: das ist die dritte; diese Worte wiederholten sich in meinen Ohren immer häufiger und schneller, und es schien zuletzt das ganze Zimmer davon zu dröhnen. Ich sah nach Ezard hin, ob er es vernähme, und ich glaubte in seinem Gesicht zu bemerken, daß er horchte, was freilich nur eine Folge meiner erregten Phantasie war. Das indessen war nicht unmöglich, daß er daran dachte. Es auszusprechen, wäre mir unmöglich gewesen. Soweit ich mich erinnere, haben wir überhaupt während der ganzen Zeit kein Wort miteinander gesprochen.

Als ich mich zum Gehen anschickte, sagte Ezard: »Ich will

mit dir, ich muß zu Galeiden.« Unterwegs konnte ich mich der gräßlichen Empfindung nicht mehr erwehren, als brächten wir gute Botschaft nach Haus und eine Hoffnung auf bessere Zeiten. Galeide stand aufrecht im Zimmer, als wir eintraten. »Galeide«, sagte Ezard, während er noch in der Tür stand, mit verhaltener Stimme, »sie ist tot.« Gleich darauf stürzten sie einander in die Arme und brachen beide in Tränen aus. Ezard weinte so heftig, als müsse er mit dem Strome seiner Augen Felsen von seinem Herzen wegwaschen; und wirklich wurden seine Mienen plötzlich heller, und seine Haltung veränderte sich wie die eines Mannes, der eine unerträgliche Last auf einen Gipfel zu schleppen hatte und sie nun abwirft, da er oben angelangt ist. Immerhin waren sie beide ernst, und wohl nicht, weil sich das für die Gelegenheit ziemte, sondern weil sie so empfanden. Solange ich in Gesellschaft Ezards und Galeidens war, wurde mir auch leichter zumute, und ich vergaß meine schreckhaften Phantasien; aber sowie ich allein war und schlafen wollte, stellten sie sich wieder ein, und meine Erregung steigerte sich, als ich auf den Einfall kam, zu dem Rhythmus meines Herzschlages unablässig die Worte: die dritte, die dritte, die dritte in meinem Innern hersagen zu müssen. Ich sah Ezard vor mir als den Tod aus dem Märchen, bleich und rätselhaft und unerschütterlich. – Ob er in Wirklichkeit an jenem Tage des Todes Geselle gewesen ist? Ich weiß, daß er nicht gemordet hat; aber würde ein gerechter Richter sterben lassen nicht auch morden nennen? Es ist vorbei, und keiner denkt mehr daran. Ezard und Galeide sind Staub wie sie, die um ihretwillen gestorben und verdorben ist; anstatt des Glükkes, an dessen warme Brust sie sich gewaltsam werfen wollten, umarmten sie den Tod. Diese seltsame Geschichte will ich auf den folgenden Blättern erzählen.

Niemand fand es auffällig, daß Lucile und ihr Kind an zwei aufeinanderfolgenden Tagen gestorben waren, da ja zur Cholerazeit selten ein Todesfall in einem Haus vereinzelt blieb. Vielleicht war keiner außer mir, der sich mit peinigenden Gedanken über den genauen Verlauf des Unglücks trug. Es erscheint mir jetzt wunderbar, daß ich trotzdem wie sonst mit Ezard verkehren konnte, ja, daß ich keinen Augenblick aufhörte ihn zu lieben, daß es mir sogar wohltat, in seiner Nähe zu sein. Die Seele, die mich aus seinen dunklen Augen ansah, hatte etwas von bewußter Unschuld, womit er auf jeden, der ihn kannte, einen siegreichen Zauber ausübte. Vielleicht war es auch die Unwiderstehlichkeit der Leidenschaft, die in ihm war, die sich den anderen mitteilte, so daß man nicht fragte, wie er dies oder jenes tun konnte, sondern fühlte, daß er es mußte.

Ich hatte keinen Augenblick vergessen, was ich Lucile versprochen hatte, und um der Toten getreuer zu sein, als ich leider der Lebenden gewesen war, faßte ich den Entschluß, den Sarg, in dem sie und ihr Kind ruhten, selbst in ihre Heimat überzuführen.

Der Urgroßvater machte den Vorschlag, daß Galeide mich begleiten möchte. Dabei hatte er einen Hintergedanken, den ich sofort durchschaute. In unserer Familie sah man es für selbstverständlich an, daß Ezard und Galeide sich nach einer anständigen Frist heiraten würden; der Urgroßvater war aber besorgt, sie möchten die Frist allzu kurz ansetzen und dadurch Anstoß bei den Leuten erregen, und da er sehr darauf hielt, daß die Sitte nicht verletzt würde, wünschte er Galeiden zunächst einmal zu entfernen, indem das Weitere sich dann schon machen würde. Sie war auch damit einverstanden, um so mehr, als ich des Urgroßvaters Bitte unterstützte; denn ich freute mich darauf, in den Bergen der Schweiz mit ihr umherzustreifen. Auch Ezard hatte nichts einzuwenden, schien vielmehr den Plan zu billigen, vielleicht einfach deshalb, weil er Galeiden den Aufenthalt in dem schönen Lande gönnte; sie waren überdies beide so zuversichtlich und voll beglückter Ruhe über ihre Zukunft, daß das Wort Trennung gar keine Bedeutung für sie hatte; so unauflöslich fühlten sie sich verbunden. Wir reisten also, sowie die nötigsten Vorbereitungen getroffen waren, zusammen ab; Ezard begleitete uns eine Strecke. Sie nahmen beide fest und freudig Abschied voneinander; Ezard stand vor dem Zuge, bis er abfuhr, Galeide und ich sahen aus dem Fenster unseres Wagens. Sie lächelten sich zu, solange sie sich sehen konnten; in dem Augenblick erst, als wir uns vom Fenster wegwandten, sah ich, daß sie Tränen in den Augen hatte, und daß sie sehr bleich geworden war. »Ich dachte«, sagte sie zu mir, als sie meinen verwunderten Blick bemerkte, »ich wäre nicht traurig, und nun bin ich es doch. Es wurde mir auf einmal so bange. Wie leicht könnte er krank werden. Ich hätte doch lieber zu Hause bleiben sollen.« Ich suchte diese beängstigende Stimmung zu verscheuchen und erzählte ihr, um sie zu zerstreuen und zugleich vorzubereiten, von den Menschen und Verhältnissen in Luciles Heimat, wie ich sie vor Jahren hatte kennenlernen. Meine Beschreibung des jungen Gaspard, den ich, um ihn herabzusetzen, heimlich den Kasper genannt hatte, belustigte sie besonders, und da ich das bemerkte, erzählte ich ausführlich alles von ihm, was mir irgend in der Erinnerung geblieben war, womit ich auch meinen Zweck erreichte und ihre heitere Stimmung wieder herbeiführte. Luciles Mutter holte uns am Bahnhof ab, sie sah unverändert aus. Eine gewisse Ähnlichkeit in ihrem Gesichte mit Lucile mochte Galeiden bewegen, denn sie ging blaß und schweigsam neben der kräftigen Frau her; diese ihrerseits schien sogleich Wohlgefallen an meiner Schwester zu finden und äußerte freundlich, daß ihre Art sie an unsere Mutter erinnere, welche sie so gut habe leiden können. Sie entschuldigte ihren Sohn, daß er nicht auch zu unserem Empfang gekommen sei; die Zeit habe ihm nicht gepaßt. Er hatte, wie sie uns mitteilte, an verschiedenen Universitäten Naturwissenschaften und die Landwirtschaft studiert, sodann seiner Mutter einen Teil ihrer Arbeit abgenommen, allmählich neue Ländereien hinzuerworben und bewirtschaftete diese, fuhr aber nebenbei fort, sich wissenschaftlich zu beschäftigen. Es fiel mir auf, obwohl wir selbst gern vermieden, von Lucile zu sprechen, wie wenig ihre Mutter selbst dabei verweilte. Nach Art der auf dem Lande lebenden Leute kargte sie mit der Äußerung von Gefühlen, ja mit den Gefühlen selbst. Lucile war tot; was war noch viel von ihr zu sagen? Sie kam nun bei den Geschäften der Erde nicht mehr in Frage, und das übrige ging den lieben Gott an, der den jenseitigen Dingen vorstand. Unsere Sorge, wie sie es auffassen würde, daß nicht Ezard selbst die Leiche seiner Frau in ihre Heimat führte, war gleichfalls überflüssig gewesen, denn es leuchtete ihr völlig ein, daß sein Beruf ihm nicht erlaubte, so unvorhergesehen eine nicht unbedeutende Reise zu unternehmen, ja, sie schien ihn daraufhin im Grunde höher zu achten als uns, die wir wie Schmetterlinge gleich auffliegen konnten, wenn es uns beliebte, ohne daß dadurch eine Lücke oder ein Schaden entstand.

Gaspard sahen wir erst beim Abendessen, wo er sich kurz und ziemlich ungenügend entschuldigte, daß er uns nicht eher begrüßt habe. Mich erinnerte er gleich daran, in wie wenig liebenswürdiger Weise wir zur Zeit unserer ersten Bekanntschaft miteinander verkehrt hatten, was ich, so gutartig und launig es auch klang, doch zugleich als eine Warnung auffaßte, etwa des Sinnes: Wenn ich mich nicht anders betrüge wie damals, so wäre er auch noch derselbe geblieben und schlüge noch geradeso mit der Faust durch die Scheibe, wenn er seinen Willen nicht anders durchsetzen könnte. Galeide warf mir einen belustigten Blick zu, aus dem ich entnehmen konnte, daß sie ihn abscheulich fand, was mir zu ungemeiner Genugtuung gereichte. Ich muß zwar sagen, daß er nicht eigentlich häßlich war; aber sein Gesicht fiel im ersten Augenblick fast schreckhaft auf, weil sich eine Willenskraft und Willenslust darin ausprägte, wie sich das gemeinhin wohl bei wilden Völkerstämmen findet, die auf die Schranken der Gesellschaft keine Rücksichten nehmen oder von solchen überhaupt nichts wissen. Was mich vorzüglich reizte und mir auch das höflichste Wort, das von seinen Lippen kam, vergällte, war die Einbildung, oder es mag auch Wirklichkeit gewesen sein, er teile es mir zu als eine Belohnung für meine bisher tadellose Aufführung. Galeiden beobachtete er scharf und mit dreister Unverhohlenheit, worüber ich mich gleichfalls ein wenig ärgerte. Sie schien es aber nicht zu bemerken und plauderte meistens mit Madame Leroy, worin sie eine bescheidene Liebenswürdigkeit und Anmut entfaltete, die ihr durchaus eigentümlich war, obwohl sie keineswegs die ausgeprägteste Seite ihres Charakters bildete. Wenn sie mit Gaspard sprach, so geschah es mit einem gewissen Überlegenheitsgefühl, das einesteils aus dem Bewußtsein der Jahre, die sie mehr zählte als er, entspringen mochte, anderteils aber aus dem Vorurteil, das ich ihr eingeflößt hatte; überhaupt pflegte sie jungen Männern geringschätzige Gleichgültigkeit entgegenzubringen. Ich konnte mir nicht ganz klar darüber werden, welchen Eindruck das auf ihn machte, und ob er sich etwa gekränkt fühlte, was ich, wie ich ihn sonst kenne, für wahrscheinlich ansah. Er betrug sich sehr gelassen und anständig, aß mit großem Appetit, was mir mißfiel, da mir meine Gesundheit eine solche Entfaltung des Ernährungstriebes nicht mehr erlaubte, trank hingegen sehr wenig, was ich ihm als Unhöflichkeit und Engherzigkeit auslegte, besonders da er meiner Aufforderung, an diesem Abend eine Ausnahme zu machen, ein trockenes, unverziertes Nein entgegensetzte, wobei es auch verblieb. Als Galeide und ich unsere Gedanken über das bisher Erlebte austauschten, war Galeide sehr aufgeräumt und voll lustiger Einfälle, die auf Gaspard Bezug hatten. Indessen war der folgende Tag ein ernster, da die Beisetzung Luciles in heimischer Erde nun erfolgte. Gaspard hatte den Sarg am vorigen Tage, ohne daß man übrigens etwas davon gemerkt hätte, ins Haus schaffen lassen. Er wurde nun im Flur aufgestellt und von hohen gelben Wachskerzen umgeben, die ihr schwaches rotes Licht traurig in die kalte Tageshelle hineinhielten. Der Sarg war gänzlich mit losen abgeschnittenen Rosen überdeckt, was wohl Gaspard angeordnet oder selbst getan hatte. Als ich einmal vorbeiging, da gerade niemand anwesend war, betrachtete ich dies allerschönste, farbenreiche Sommerleben über der Schwelle des Todes gedankenvoll, und indem der feine, aber starke Duft aus der Menge der Kelche zu mir aufstieg, mußte ich jener Rosen denken, welche einst dieselbe Tote an ihrem Hochzeitstage, dem schönsten wohl und zugleich dem unheilvollsten ihres Lebens, geschmückt hatten. Wie leicht konnte ich mir die dazwischenliegenden Jahre hinwegdenken und diese Rosen für dieselben ansehen, die damals, etwa gestern, vor dem Altare geblüht hätten und heute nun das Kind des Hauses in die Erde begleiteten; in solchen seltsamen Vorstellungen war ich befangen, als Gaspard auf den Flur trat. Ich hatte im Sinne, zu fragen, ob das Rosen von dem Strauche unter seinem Fenster seien; aber ich war unsicher, ob der Ausdruck seines

Gesichtes eine gutgelaunte Antwort verheiße; einer anderen wollte ich mich nicht aussetzen, daher wandte ich mich kurz ab und ging, um Galeiden zu holen, denn der Sarg sollte nun in die Kirche getragen werden, wo wir einer gottesdienstlichen Totenfeier beizuwohnen hatten. Da ich in Galeidens Zimmer trat, in dessen Mitte sie mich erwartend stand, erschrak ich über ihren Anblick, und mit einem Male regten sich jene fluchwürdigen Phantasien von Luciles Todestage wieder in mir, die ich mit so großer Mühe zum Schweigen gebracht hatte, denn sie sah aus, als ob die Drommeten des Jüngsten Tages sie zum Gerichte riefen, und sie sollte nun vor den allwissenden Gott treten. Ihrer Art nach, die ich genugsam kannte, trug sie aber dabei das Haupt hoch und stolz, nicht wie einer, der sich verteidigen will, sondern wie einer, der sein Verdammungsurteil erwartet hat und haben will, um sich dann freiwillig und ohne Klage in den Abgrund der Hölle zu stürzen. Ich versuchte mir indessen einzureden, daß das Andenken an die einst geliebte Freundin und das, was diese um ihretwillen gelitten hatte, dazu an das Glück, das ihr aus dem Unglück der Toten erblühen sollte, eine jähe Erschütterung in ihr verursacht habe, die sich in ihrem Äußeren auspräge. Ich fragte sie, ob sie auch lieber zu Hause bleiben wolle, wozu sie nur den Kopf schüttelte, und wir gingen zusammen eine Treppe hinunter, die auf den Flur führte. Dort stand Gaspard noch neben dem Sarge, und es war mir auf einmal, als habe er auf uns gewartet, vielleicht um zu sehen, welchen Eindruck der Anblick des geschmückten Sarges, den Galeide noch nicht gesehen hatte, auf sie machen würde. Denn es war im Grunde keineswegs unmöglich, daß sich Lucile, wenn auch nicht ihrer Mutter, doch ihrem Bruder gegenüber brieflich ausgesprochen hatte über die unerträglichen Verhältnisse, in denen sie lebte, und daß er nicht nur eine Abneigung gegen uns gefaßt hatte, sondern etwa sogar Verdacht gegen Galeide, sie möchte das Ende seiner Schwester mindestens herbeigewünscht haben. Dieser Einfall peinigte mich, und ich beobachtete ihn immerwährend, konnte aber nichts geradezu Feindseliges oder Mißtrauisches in der Art, wie er sie ansah, bemerken, vielmehr lag zuweilen etwas wie Bewunderung und eine sanfte Güte darin.

Ich konnte nicht umhin, dabei zu bemerken, daß der seelische Ausdruck aus seinen samtschwarzen Augen herausglänzte wie ein Gestirn aus dem bläulichen Grunde der Nacht.
Wir gingen nun in die Kirche, wo wieder der Sarg aufgestellt und seine Kerzenreihe angezündet wurde; Galeide und ich standen an seiner einen Seite, Gaspard und seine Mutter an der anderen uns gegenüber, so daß wir einander fortwährend sehen mußten. Von dem, was der französische Geistliche nun sagte, hörte ich gar nichts, denn in mir selbst sprach unaufhörlich die Stimme der Erinnerung, und viele Bilder zogen an mir vorbei, von denen der rosenbedeckte Sarg in der Dorfkirche das letzte war. Besonders lag es mir im Sinn, daß ungefähr an der Stelle, wo jetzt der Sarg war, einst Lucile am Arme Ezards gestanden hatte, ich wohl auch da, wo ich jetzt stand, und daß Galeide etwa den Platz meiner Mutter einnahm. Zwischendurch sah ich Gaspards Augen unablässig auf meine Schwester gerichtet, was mich jedesmal, wo ich es bemerkte, in Unruhe versetzte; wenn ich dann aber auf sie blickte, so schien sie nichts davon zu ahnen, sondern starrte ins Leere, als ob sie mitten in einem Traume sei. Es ging mir stets so, daß ich sie am unbefangensten sah, wenn ich mich in das Gemüt eines anderen versetzte, der sie betrachtete; und so, indem ich mir vorstellte, was Gaspard etwa denken könnte, indem er sie ansah, schien mir ihr weißes Gesicht mit den fast niemals ganz geöffneten Augen eine wundervolle Süßigkeit auszuströmen, wie der Duft einer Sommerblume, etwas das sich wie Silbersaiten leise klingend um die Seele spinnt. Wie ich das empfand, schien es mir nicht unnatürlich, wenn Gaspard sich in dies ihm so ungleiche Wesen verlieben würde, was für Vorurteile oder Verdacht er auch vorher gegen sie gehabt hätte, und dieser Gedanke beruhigte mich und behagte mir sogar außerordentlich, da ich ihm die Demütigung, die sich für ihn unfehlbar daran knüpfen müßte, wohl gönnte. Gaspard hatte aber in seiner eisernen Verschlossenheit etwas so schwer zu Enträtselndes, daß ich alle Augenblicke an dem, was ich eben von ihm gedacht hatte, wieder irre wurde; auf diese Weise beschäftigte er mich beständig mit sich, ohne es darauf abzulegen, was mich immer mehr mit feindseliger Gesinnung gegen

ihn erfüllte. Von meinen Gedanken in dieser Richtung ahnte Galeide sicherlich nichts, und ich wiederum wußte nicht, welcher Art die inneren Qualen waren, die sie während des Gottesdienstes zu erleiden schien. Als es vorbei war und der Sarg aufgehoben wurde, um nach dem Friedhof gebracht zu werden, fiel eine der Rosen, welche ihn bedeckten, herunter, und Galeide, wahrscheinlich ohne jede Absicht, vielleicht ohne sich ihrer Handlung überhaupt bewußt zu sein, bückte sich nach ihr und behielt sie in der Hand, was Gaspards beobachtenden Blicken, wie ich bemerkte, nicht entging; meine Phantasie, die nun einmal im Gange war, legte sich den Ausdruck seines Gesichtes so aus, als hielte er es für ein gutes Zeichen, daß sie eine Blume, die er gepflegt und abgeschnitten hatte (was sie aber vielleicht nicht einmal wußte), auflas und mit sich nahm. Wir gingen nun, wie es dort üblich ist, hinter dem Sarge her zum Kirchhof, der keineswegs schön, nichts als ein steif angelegter Garten war, übermäßig geputzt, grell prangend von bunten Blumen, aber wegen seiner Lage ein wahrhaft himmlischer Fleck Erde genannt werden konnte. Er erstreckte sich hügelig unweit der Kirche oberhalb des Dorfes, von wo aus man nach allen Richtungen einen freien Blick hatte und am Horizonte das weiße Band der Schneeberge schimmern sah. Daß das Auge so ungehemmt ins Weite dringen konnte, gab einem ein so rechtes Bewußtsein von der Unbegrenztheit der Welt, was, verbunden mit dem Anblick der schmalen Gräber, zwischen denen man stand, das Herz mit ahnungsvollem Weh bedrängte. Es war mir, als kerkerte ich wie ein Henker das armselige junge Wesen hier ein, ehe sie nur ein einziges Mal diese freundlichen grünen Gefilde und die strahlenden Berge, unter denen ihre Kindheit glücklich verflossen war, wiedergesehen hatte. Ich konnte mich des Gedankens nicht erwehren, als müsse auch Galeide so empfinden, ja, sich des Lebens schämen, in dessen Schmucke sie so stark und jung an der traurigen Grube stand, die jener Unglücklichen bereitet war. Ich konnte auch verspüren, denn sie hatte meinen Arm genommen, daß sie zuweilen ein flüchtiges Zittern überlief, und ihre Augen hafteten mit angstvollem Blick auf dem Sarge; aber wie sie nun einmal war, konnte es sein, daß sie gar nicht an Lucile dachte, sondern an den Tod überhaupt, den sie weniger fürchtete als geradezu haßte und, wenn man sagen darf, befehdete. An Luciles Mutter sah ich hier zum ersten Male einige Bewegung, nichts dergleichen jedoch an Gaspard, welcher dafür aber mit Ausdauer und Vertiefung betete. Weil ich selbst nichts von Gläubigkeit oder Frömmigkeit in mir hatte, setzte ich auch bei andern nicht leicht derartiges voraus, sondern hielt zunächst jede Ausübung eines religiösen Gebrauches für nicht viel Besseres als Heuchelei, besonders wenn ich es an Männern wahrnahm, die ich für gebildete und denkende Leute halten mußte. Daher reizte mich auch dies Beten an Gaspard, obgleich ich im Grunde wohl wußte, daß es ihm gründlich erwogener Ernst damit war. Als Galeide, die gänzlich in ihren Gedanken versunken gewesen war, durch ein Zeichen von mir auf ihn aufmerksam wurde, öffnete sie ihre Augen weit mit grenzenlosestem Erstaunen; denn während ich in religiösen Dingen mehr das war, was man gemeinhin skeptisch nennt, hatte sie etwas geradezu Heidnisches an sich und einen natürlichen Hang zur Auflehnung gegen das christliche Wesen, in der Art, wie ihn die alten Sachsen zu Karls des Großen Zeit gehabt haben mögen. Sie sah mich an, um zu wissen, was das fanatische Gebaren Gaspards auf mich für einen Eindruck mache, und da sie meinem Blick begegnete, schlüpfte ein allerliebstes, gutes Lächeln über ihr Gesicht, das mit einem Male dies Antlitz, welches mir erst vor wenigen Stunden so medusenhaft erschreckend, so schicksalsvoll erschienen war, in lauter unschuldigen Glanz und Schimmer tauchte. Seither sah ich sie nie mehr so lächeln. Es war etwas von der Art der Sonne darin, die über Gerechte und Ungerechte scheint; mochte sie etwas für noch so töricht oder fehlerhaft halten, sie hatte weniger Tadel und Spott dafür als Mitleid oder bescheidenes Erstaunen.

Als dieser Tag vorüber war, schien es, als wäre ein Stein von Galeidens Herzen weggenommen; das Lachen kam ihr aus der Brust hervor, wie ein Lebendigbegrabener, von dessen Sarge man noch zur rechten Zeit den Deckel gehoben hat, aus seinem dunklen Käfig ins Licht zurückkehrt; ohne Ursache rieselte es beständig daher, als würde es nicht müde sich selbst zu hören und sich seiner Erlösung zu freuen. Wenn wir allein waren, lachte sie über Gaspard und wußte so viel köstlich belustigende Dinge über ihn zu sagen, daß ich mich verwunderte, wie sie das alles in so kurzer Zeit wahrgenommen haben konnte, und noch dazu ohne ihn beobachtet zu haben. Sie lachte ihm zuweilen auch dreist ins Gesicht, und ich glaube, er bemerkte recht gut, daß sie keineswegs sehr von ihm eingenommen war. Das erschütterte aber seine Ruhe und Sicherheit keineswegs, sondern er fuhr fort sie anzusehen, wo er nur konnte, so daß ich oft dachte, es müsse ihr lästig fallen.

Wir hätten nun füglich, da unsere Aufgabe erfüllt war, unsere Reise fortsetzen können, denn wir hatten vor, nach Genf zu gehen, wo Galeide ihre Verpflichtungen, die Anstellung am Orchester betreffend, lösen und zugleich von alten Freunden Abschied nehmen wollte. Aber Madame Leroy lud uns unerwarteterweise so dringend ein, unseren Aufenthalt zu verlängern, daß wir nicht anders konnten, als einige Tage zuzugeben. Ich meinerseits war zufrieden, so lange wie möglich in der Nachbarschaft der Berge, der Freunde meiner Jugend, zu bleiben, und besorgte nur, Galeide, die doch nicht gern die Heimat verlassen hatte, möchte schleunig wieder dorthin zurückkehren wollen. Sie ging aber ohne weiteres auf die Verlängerung unseres Aufenthaltes ein und verriet nicht einmal besondere Sehnsucht, wieder nach Hause zu kommen, so daß sie mir, wie schon öfters, wie eine rechte seelenlose Undine vorkam. Ob es nun die vertraute Stimme der göttlichen Natur war, die sie in jenem bevorzugten Lande lockte und hielt, oder ob bereits etwas anderes sein verhängnisvolles Band um ihre Seele geschlungen hatte, weiß ich nicht zu sagen. So blieben wir zu unserem Verderben.

Auf einmal bemerkte Galeide Gaspards Augen. Ich könnte zwar keinen bestimmten Augenblick nennen, wo ich wahrgenommen hätte, daß das geschah, aber es fiel mir auf, daß sich ihrer, was früher nicht der Fall gewesen war, eine Unruhe bemächtigte, wenn sie seinen rätselhaften, steten Blick auf sich ruhen fühlte, noch mehr aber, daß sie aufhörte, von ihm zu sprechen und über ihn zu lachen. Weil sie es nun, wie ich schon einmal sagte, gern hatte, wenn man Liebe für sie zeigte, nicht ungleich einem Kätzchen, das zu schnurren pflegt, wenn man es auf die beliebte Art und mit dem richtigen Griffe streichelt, verbreitete sich jetzt ein großes Behagen über sie, und sie sonnte sich recht in der schönen Flamme, die in diesen schwarzen Augen für sie zu lodern schien. Mir gefiel das nicht übel, denn ich versprach mir eine rechte Genugtuung von den Niederlagen, die Gaspard aus dieser Sache erwachsen mußten, denn ich wußte ja so sicher, wie ich von der Kugelgestalt der Erde überzeugt war, daß Galeide niemals an eine Verbindung mit ihm im Ernste denken würde.

Obwohl es also so gut wie abgemacht in meinem Sinne war, daß Gaspard eine Neigung für meine Schwester gefaßt hatte, war ich doch nicht wenig überrascht, als seine Mutter mir eines Tages das folgende Geständnis machte: sie habe uns neulich auf Veranlassung ihres Sohnes so dringend zum Bleiben aufgefordert. Derselbe habe ihr nämlich rundweg erklärt, daß er Galeide liebe und heiraten wolle. Er habe zwar im Anfang das allerärgste Mißtrauen gegen sie gehabt, aber davon sei er bald zurückgekommen; er habe sie beobachtet, sie passe für ihn, sie liebe ihn noch nicht, aber sie würde ihn lieben, und haben wolle er sie, wenn er sie auch aus dem Mittelpunkt der Erde herausgraben müsse. Ich wußte nicht, was ich hierzu sagen sollte, denn meine Entrüstung über dies rasende Unterfangen konnte ich seiner Mutter gegenüber doch nicht geradezu aussprechen. Also entgegnete ich nur, Galeide sei, soviel ich wisse, mehrere Jahre älter als Gaspard, was doch als ein Hindernis zu betrachten sei; davon abgesehen, hätte ich auch noch keinerlei Anzeichen einer Zuneigung für den jungen Mann an ihr wahrgenommen. Die Frau sagte, das erstere habe sie weniger erschreckt, denn die Jugend sei eine so flüchtige Zierde, daß sie gar nicht in Betracht zu ziehen sei, aber allerdings halte sie dafür, daß Galeide nicht die passende Frau für ihren Sohn sei. Denn sie sei in ganz anderen Kreisen und Verhältnissen aufgewachsen, sie scheine zwar, was höchst rühmlich sei, sehr bescheiden zu sein, aber das helfe nichts, die Natur sei zu verschwenderisch für sie gewesen und stehe gleichsam hinter ihr wie eine stolze Mutter, die ihrem Liebling um jeden Preis ein hohes und glänzendes Geschick verschaffen will. Diese feine Bemerkung erfreute mich an der sonst wortkargen Frau. Ich wurde nun auch eingehender und sagte, meine Schwester sei unberechenbar und könne, soweit es äußere Dinge angehe, recht wohl entbehren, wenn das nämlich mit ihren Wünschen übereinstimme, immerhin aber glaubte ich, daß Gaspards Einfall nicht praktikabel sei, vielleicht sei es deshalb das beste, wenn wir uns kurz entschlössen, aufzupacken und wieder heimzureisen. Hierüber erschrak die Mutter sichtlich und bat mich mit einer bei ihrem sonst trockenen Wesen auffallenden Inständigkeit, das nicht zu tun, da ihr Sohn daraus schließen würde, daß sie das angezettelt hätte, um seinen Plan zu hintertreiben. Sieh da, dachte ich empört, die Frau hat Angst vor ihrem eigenen Sohne!, und ich freute mich wahrhaft, daß Galeide ihm eine Demütigung antun konnte, die seinem Hochmute so überaus zuträglich war. Die Abreise, fuhr Madame Leroy fort, würde übrigens gar nichts nützen, denn wenn in den Kopf ihres Sohnes einmal ein Einfall hineingeraten sei, so sitze er darin fest wie der Teufel im hohlen Baume, aus dem er nicht wieder herauskonnte, bis der ganze Stamm zerschlagen wurde.

Ich begab mich mit meiner Nachricht vergnüglich zu Galeiden, willens, ohne Rücksicht auf Gaspard und seine Mutter unsere Abreise vorzubereiten, wenn sie damit einverstanden wäre. Ich hatte erwartet, daß sie zunächst in ein helles Gelächter ausbrechen würde. Anstatt dessen öffnete sie ihre träumerischen Augen neugierig, lauschte meiner Rede, als spielte ich die süßeste Flötenmusik, kurz, glich völlig einem Kinde, das man mit einem überprächtigen Geschenke überrascht. »Darum«, sagte sie langsam aufatmend, »hat er mich immer so wundersam angesehen. Der merkwürdige Junge! O Ludolf, ich will mich einmal verlieben! Nur auf acht Tage, nur solange die Sonne so göttlich scheint wie heute. Es ist wie ein Traum, so verliebt zu sein, so bescheiden wie das, was im Vorfrühling blüht, Kätzchen und Schäfchen, was noch keine buntfarbigen Blumen hat. So war ich noch nie.« Ich fand zwar diese Rede verwunderlich, aber ich sagte mir, daß ich mit meinen zahlreichen Herzenslenzen, die nicht einmal alle so lieblicher Art gewesen waren, wie es Galeide eben beschrieben hatte, kaum berechtigt sei, ihr diese Anwandlung übel auszulegen, und im Grunde war es ja ein unschuldiges Abenteuer für ein so seltenes Mädchen wie Galeide. Unterdessen träumte sie mit seligem Lächeln in die Welt hinein, als ob sie schon mitten in dem Zustande wäre, auf den sie sich freute. Plötzlich schüttelte sie ihre Haare, lachte hell auf und rief: »Wie wird das Ezard belustigen! Ich muß ihm gleich schreiben, daß ich mich verlieben will!« Da wir aber an einem schönen Platz im Garten saßen, war es ihr zuwider, aufzustehen und sich Schreibzeug zu holen, und sie bat mich mit zutraulicher Anmut, daß ich ihr ein Blatt Papier und einen Bleistift geben möchte, worauf sie wirklich zu schreiben anfing, schnell, mit hastiger Feder, ein so glückliches Lächeln auf den Lippen, als wäre dies der erste Liebesbrief, den sie in ihrem Leben verfaßte.

In diesem Augenblick kam Gaspard, welcher alles dies veranlaßt hatte, des Weges daher. Galeide wurde rot wie eine Pfirsichblüte und rief ihm freundlicher, als sie bisher mit ihm verkehrt hatte, zu, ob er nicht mit uns spazierengehen wolle, da so schönes Wetter sei. Weil ich ihn genau beobachtete, sah ich auf seinem dunklen Gesichte eine weiche Regung von Glück, die, wie ich gestehen muß, an dieser Stelle etwas ungewöhnlich Schönes hatte, wie ein Strahl himmlischen Lichtes, der durch eine Spalte in das trübe Gemach der Hölle fällt. Ob er aus Stolz oder irgendwelcher Berechnung nicht zeigen wollte, wie diese Huld ihn beseligte, oder in seinem Charakter eine unmenschliche, denn ich will nicht sagen übermenschliche, Besonnenheit lag, kurz, der schöne Schimmer entschwand augenblicklich wieder aus seinem Gesichte, und er sagte, daß er eben jetzt beschäftigt sei, daß er aber am Nachmittage zu Galeidens Diensten stehe. Da ich mich selbst nicht wenig über dies Betragen ärgerte, konnte ich Galeidens Empfindungen danach ermessen; immerhin war ich erstaunt, wie sie sichtbar gekränkt und schnippisch wie ein ungebärdiges Kind, nicht anders, sich von ihm abkehrte und kurz sagte: »Ich danke«, worauf er sich verbeugte und weiterging. Über dies Auftreten

Galeidens wußte ich anfänglich nicht, was ich zu ihr sagen sollte; denn es schien mir ihrer ganz unwürdig, gerade weil es den Kasper anging, der meiner Meinung nach eines solchen Aufwandes nicht im mindesten wert war. Ehe ich aber noch eine Bemerkung darüber machen konnte, hatte sie schon ein paar Schritte gegen den Weiterschreitenden gemacht und rief ihn bei Namen. Er drehte sich im selben Augenblick um und stand wieder vor ihr, als ob er es erwartet hätte; sie sagte, daß sie doch zu einem Ausfluge am Nachmittag bereit sei, wenn er Zeit und Lust hätte. Hierüber zeigte er nun, wie ich nicht anstehe zu sagen, keineswegs einen unanständigen Triumph, sondern eine sanfte Freude ging über sein Gesicht, ja, er schien so bestürzt über das Glück, daß es ihm in seinen Worten und seiner Haltung anzumerken war, wie er denn überhaupt oft etwas knabenhaft Ungeschicktes an sich hatte. Nachdem etwas verabredet war, ging er weiter, und Galeide schien nun zufrieden, hielt es aber doch für nötig, sich mir gegenüber gewissermaßen zu entschuldigen, denn sie sagte etwa folgendes: »Du wunderst dich wohl über mich, daß ich seinem Hochmut den Gefallen tat, ihn zurückzurufen? Ich dachte aber, daß es meiner unwürdig sei, mir eine Gekränktheit anmerken zu lassen (ja, sagte ich, dies ist auch meine Meinung und ebenso unwürdig sie zu empfinden), darum handelte ich mit Absicht so. Es ist ja alles viel zu gleichgültig und scherzhaft, um mit so viel Ernst behandelt zu werden.« Ich war einigermaßen nachdenklich durch alles dieses geworden und fragte mich, ob es möglich sei, daß Galeide doch etwas von Gefallsucht an sich habe, woran mir bisher noch niemals ein Gedanke gekommen war. Allerdings gehörte ich zu den Männern, die die Gefallsucht an den Frauen lieben, sowie sie mit Anmut verbunden ist, wie man etwa an den schmiegsamen Wendungen einer Katze Freude hat; aber da ich dergleichen an meiner Schwester noch nie beobachtet hatte, wollte es mir nicht einleuchten und verdroß mich. Sie nahm zwar, wie ich schon öfters erwähnt habe, geschmackvolle Huldigung gern entgegen und ließ sich freier gehen, wenn sie der Freundschaft ihrer Umgebung sicher war, wodurch die unbeschreibliche Lieblichkeit ihres Wesens sich zutraulicher zu entfalten Gelegenheit bekam; das aber war mir nie in den Sinn gekommen, Gefallsucht zu nennen. Was sollte es nun heißen, wenn sie einem jungen Manne in so kindisch launischer Weise begegnete, für den sie anfänglich nichts als Mißfallen gehabt hatte, und für den sie keinesfalls etwas anderes als teilnahmsvolle Neugier haben konnte, da er den Menschen, die sie am meisten liebte, so ungleich war. Es ergriff mich Groll, wenn ich an Ezard dachte, der diesem Knaben so grenzenlos überlegen war sowohl an äußerlicher Schönheit wie an gediegener Kraft und adliger Gesinnung, und auch nicht einen Augenblick lang und auch nicht im Scherz um eines solchen willen hätte vergessen bleiben sollen.

Ezard zeigte den Stolz und die Güte seines Herzens auch jetzt wieder, indem er im nächsten Briefe Galeiden zuredete, so lange fortzubleiben, wie sie möge, und die herrliche Gegend zu genießen, wobei er aber keineswegs mit erkünsteltem Edelmut von seinem eigenen, wenig beneidenswerten Zustande schwieg, sondern die Pein seiner unaufhörlichen Sehnsucht mit gewaltsamer Beredsamkeit schilderte.

Ich grollte übrigens Galeiden nicht auf die Dauer, denn sie war merkwürdig reizvoll in dem Zustande, in den sie sich hineinphantasiert hatte. Bald mahnte sie mich an einen Schmetterling, der an der Sonne schmorend seine buntgefleckten Flügel langsam auf- und zuklappt, bald an einen plätschernden Schuppenfisch im kühlen Wasser, kurz, wenn ich es recht bedenke, immer an etwas der nichtmenschlichen Natur Angehörendes, das bewußtlos und mit sich selber selig sein leichtes Dasein verschwendet. Ihre liebevolle Seele neigte sich auf alles, Lebendiges und Unlebendiges, beglückend und erfreuend; ihr glückliches Lachen flatterte überall in die Luft wie Sommerfäden; Übermut und Siegesfreude leuchteten so prahlerisch auf ihrer Stirne, daß es beleidigend hätte erscheinen können, wenn nicht die gefällige Demut, die sich schon äußerlich in ihrer kindlich klaren Stimme und den Linien ihres biegsamen Körpers ausprägte, wiederum gerührt und versöhnt hätte.

Es war durchaus kein Wunder, daß Gaspard, der etwas Ähnliches noch nie gesehen haben mochte, in meine Schwester verliebt war, und das war er mit dem ganzen barbarischen Eigensinn und der kindischen Habgier seines Wesens, weit mehr, als er zu zeigen für gut fand. Scheinbar nämlich bewahrte er immer eine gleichmäßige Ruhe und verriet höchstens durch einen inständigen Blick seiner ausdrucksvollen Augen und durch die Art, wie er nur von Dingen sprach, die auf Galeiden Bezug hatten. Ich beobachtete aber mehrmals, was mit ihm vorging, wenn Galeide ihn unvermutet anredete und ihm, wie es ihre Art war, mit kindlicher, ja, man könnte sagen, grausamer Offenheit zu verstehen gab, wie gut er ihr gefiel; das pflegte ihn bis zu einer blitzartigen Besinnungslosigkeit zu überwältigen, so daß er etwa fallen ließ, was er gerade zwischen den Fingern hatte, und auf Augenblicke völlig unfähig war, nur ein Wort zu sagen.

Zuweilen spielte Galeide auf einer Geige, die Gaspard für sie beschafft hatte (denn die ihrige hatte sie zu Hause gelassen). So hinreißend sie nun auch spielen mochte, sagte er ihr doch niemals ein Wort des Beifalls, obgleich sie, wie ich mit Unwillen bemerkte, meist nur für ihn spielte und auf ein karges Lob von ihm begierig war, während sie doch zu jeder Stunde die Bewunderung der Kenner hätte einernten können, wenn sie gewollt hätte. Ich machte meinem Ingrimm über dies abgeschmackte, ja, mir höchst widerwärtige Benehmen Gaspards zuweilen gegen Galeiden Luft, was sie gern hörte; sie lachte nie herzlicher, als wenn ich anfing, ihn mit einigen derben und saftigen Beiworten zu charakterisieren. »Du hast ganz recht«, sagte sie mir einmal, »ich fand das im Anfang auch, und eigentlich finde ich noch, daß er das Abscheulichste ist, was man sich denken kann. Aber gerade so bin ich selbst; man findet mich zuerst abscheulich, und ich bin es vielleicht auch; aber plötzlich hat mich der eine oder der andere lieb, und zwar dann viel lieber, als man andere Menschen hat, denn es kostet Anstrengung, sich in etwas Abscheuliches zu verlieben, und die soll man nicht umsonst gemacht haben. Und ich habe nicht einmal so schwarze, schwarze, sternige Augen! Sahest du jemals ihresgleichen? Und sahest du jemals eine Nase und einen Mund, die zugleich so häßlich und unvergleichlich reizend waren!« So bildete sie sich allen Ernstes ein, dieser Unhold sei ihr ähnlich (und womöglich noch vorzüglicher); deshalb nämlich, weil sie in Wahrheit nicht gerade schön war, aber doch, was ihr nicht entgehen konnte, auch durch ihr Äußeres eine scheinbar unnatürliche Anziehungskraft auf manche Menschen ausübte. Sagte ich dann: »Aber Galeide, du bist ja in ihn verliebt«, so lachte sie wie eine Bacchantin und rief: »Sagte ich es dir nicht? Das bin ich ja auch! Bin ich nicht echt und recht verliebt wie ein Mädchen von achtzehn Jahren? Was ist es für ein lieblicher Zustand!«

Diese Lebensweise und Auffassung dauerte aber nur wenige Tage, obleich es in meiner Erinnerung ein langer, sonnenreicher Sommer zu sein schien. Denn so ist die Freude geartet, daß sie nur minutenlang bei den Menschen verweilt; aber wie sie jede Handvoll Erdenstaub, den ihr seliger Finger berührt, in Gold und Purpur verwandelt, so gibt sie diesen Minuten den Wert und Gehalt von Stunden und Tagen, so daß man oft wähnt, man habe sich jahrelang gefreut und einen Tag lang getrauert, wenn es in Wirklichkeit gerade umgekehrt gewesen ist oder schlimmer.

Nichts als ein leises inneres Unbehagen, das ich kaum Ahnung nennen dürfte, trübte mir diese glänzenden Tage. Aber auf einmal änderte sich alles, wie auch in der Natur zuweilen nach Tagen vom blauesten Himmel eines Morgens, ohne daß man ein Vorzeichen beobachtete, die Landschaft weithin grau und lichtlos ist. Galeide lachte nicht mehr, ihre Augen glänzten nicht mehr vor innerer Glückseligkeit, sie tanzte nicht mehr, obgleich kein sichtbarer Grund für ein verwandeltes Betragen vorlag. Es war auch nicht, daß sie sich an der Lust erschöpft hätte und nun ausruhte in einem Winterschlafe der Alltäglichkeit. Sondern es mußte von irgendwoher ein Schatten oder Reif auf ihre Seele gefallen sein; und das war es auch, wie ich nun bald erfahren sollte.

Ich war eines Abends noch zu später Stunde im Garten auf und ab gegangen, als meiner Meinung nach alle übrigen im Hause sich bereits zur Ruhe begeben hatten. Da ich aber bemerkte, daß in Galeidens Zimmer Licht war, klopfte ich noch an ihre Tür, um ihr, ehe ich selbst zu Bett ging, gute Nacht zu sagen. Sie ging, als ich eintrat, in dem ziemlich großen Raume rastlos auf und nieder, wie wenn ein böser Dämon hinter ihr wäre, dessen geahnte Nähe sie stets weiterscheuchte, wenn sie etwa stehenbleiben wollte. Sie ließ sich durch mein Eintreten nicht stören, und der Eindruck war um so seltsamer, als sie weiche Schuhe trug, auf denen sie lautlos hin und her glitt, die sie vielleicht angezogen hatte, um niemand zu stören, oder wahrscheinlicher, weil sie sich schon zum Zubettgehen gerichtet hatte, denn ihre Haare hingen aufgelöst herunter. Ich wartete nun, daß sie mir ihr unbegreifliches Benehmen erklärte, was sie auch plötzlich ganz von selbst tat, indem sie, an einem Ende des Zimmers stehenbleibend und mich mit entsetztem Blick ansehend, zu mir sagte: »Ich bin froh, daß du gekommen bist, Ludolf, denn ich kann es nicht länger ertragen. Ich muß jetzt alles sagen, sonst entsteht ein Unglück. Ich kann nicht mehr.« Nach dieser Einleitung war ich auf nichts Geringes gefaßt, und mein Herz begann ängstlich zu klopfen; sonderbar war es, daß ich durch das, was nun kam, sowohl aufs äußerste überrascht war, wie ich auch behaupten kann, daß ich nichts als dieses erwartet hatte. »Weißt du«, sagte sie, »wie ich mich zum Scherz in Gaspard verlieben wollte? Nun liebe ich ihn im Ernste.« Aber gleich nachdem sie es gesagt hatte, widerrief sie es wieder und sagte: »Nein, ich liebe ihn gar nicht. Du weißt ja, daß ich Ezard liebe und nie, nie, nie einen anderen lieben kann. Ich schwöre dir, daß ich Ezard liebe, daß ich nicht anders für ihn fühle, als ich stets gefühlt habe, seit ich ihn liebe. Es ist etwas anderes; Gaspard hat es mir angetan. Ich weiß nicht wie, noch wie das überhaupt möglich sein sollte, aber so ist es, er hat mich behext und bezaubert, anders kann es nicht sein. Ich weiß mir nicht mehr zu helfen.« Sie war nun nah zu mir hingekommen und setzte sich mir gegenüber auf einen Sessel, indem sie mir inständig in die Augen sah; ich hatte sie noch nie vorher so hilflos rührend gesehen. Mir war nicht anders zumute, als sei ein furchtbarer Wetterstrahl aus der Hand des Schicksals herabgefallen; denn obgleich ich mir die Tatsache, daß Galeide den Kasper lieben sollte, nicht erklären konnte, sah ich doch die

Verwüstung, die sie bereits angerichtet hatte, klar mit den Augen vor mir. Ich versuchte jedoch mich zusammenzuraffen und verriet nichts von meinem Schrecken, sondern fing mit gutartigem Spott an, weil sie mir dessen am meisten zu bedürfen schien. Sie ging auch gleich darauf ein und lächelte demütig und hoffnungsvoll wie ein Kranker, der eine bittere Arznei schluckt, von der er Heilung erwartet, und fing an ruhiger und zutraulicher weiterzusprechen, als sei ein Stein von ihrem Herzen und ein Verschluß von ihrer Lippe genommen, des Inhalts: »Ja, das weiß ich alles. Was ist er neben Ezard? Ich hätte ihn nie beachtet, wenn er es mir nicht angetan hätte mit dem standhaften, geheimnisvollen Blick seiner Augen. Und du mußt sagen, daß sie schön sind, diese Glanzsterne von Augen. Er ist eigensinnig und launisch und herrschsüchtig wie ein rechtes Weib, siehst du, das weiß ich alles, ich bin nicht verblendet. Aber so wie er ist, ist er einzig und unvergleichlich. Und die Hauptsache ist, daß etwas in ihm ist, was mich behext. Ich muß beständig nach ihm hinsehen, wenn er da ist, und an ihn denken, wenn er nicht da ist, darauf legte er es ab, und ich möchte es ihm vergällen, aber ich kann nicht.« In der Art erzählte sie weiter, totenblassen Gesichts, mit offenen, träumenden Augen, wie eine Nachtwandlerin, und ich konnte mir nicht verhehlen, daß sie mit Haut und Haaren im Wahnsinn der Liebe befangen war, wenn sie es sich auch selbst abstreiten wollte. Immerhin hielt ich es für nicht anders möglich, als daß es eine Verirrung ihrer Phantasie sei, die vorübergehen müsse, was ich ihr auch sagte. Darüber schien sie hoch erfreut zu sein; sie bestätigte meine Meinung und sagte, sie wisse sogar ganz genau, daß es so sei, ja, sie müsse zuweilen hell auflachen, indem sie sich vergegenwärtigte, mit was für belustigenden Empfindungen sie später an diesen Unglücksfall zurückdenken würde. In diesem Augenblick hörten wir auf der Flöte geblasen einige langgezogene Töne, das Bruchstück eines volkstümlichen Liedes von sehr ausgeprägter Melodie, die etwas ungemein Trauriges und Sehnsüchtiges hatte. Das konnte nur von Gaspard herrühren, denn er spielte die Flöte ohne besondere Kunst zwar, aber mit großer Hingebung und Anmut, und erlaubte sich, sie zu allen Tageszeiten zu

blasen; er saß jedenfalls mit seinem Instrument am geöffneten Fenster, daß man es so deutlich hörte. Kaum vernahmen wir diese Klänge, als der zuversichtliche Ausdruck aus Galeidens Gesicht verschwand, sie horchte mit ganzer Seele und zog sich dabei wie vor Furcht ganz in sich selbst zusammen. »Hörst du?« sagte sie, »nun weiß er, daß ich noch wach bin, und spielt für mich. Den Tag über würde er mir um die Welt kein liebes Wort sagen, und nachts nimmt er die Flöte und singt auf mein Herz ein, daß ich mich gar nicht dagegen wehren kann. Er hat es mir nie gesagt, aber ich weiß, daß jeder Ton für mich ist, und was er bedeutet. Warum tut er das? Warum spricht er nicht wie ein anderer? Dann würde ich ihn auslachen, aber mit seiner Flöte tut er es mir an.«
Ich konnte meinen Ingrimm kaum länger bemeistern und sagte: »Für mich bedeutet auch jeder Ton etwas, nämlich das, daß er ein ungeschliffener, äußerst widerwärtiger Bursche ist, der dir weit mehr Aufmerksamkeit erweisen würde, wenn er sich um Mitternacht aufs Ohr legte und schliefe, anstatt dich mit seinen Stümpereien zu belästigen.« Da inzwischen die Flöte ausgesungen hatte, erheiterte sich Galeide über meine Bemerkung wieder, gab mir völlig recht und sagte, es sei im Grunde an allem nur die Flöte schuld. Es sei ihr nun viel besser, sie würde schlafen, und ich möchte es ebenso machen und ihr nicht zürnen, daß sie mich mit dieser törichten Sache in Anspruch genommen hätte.
So beruhigend nun auch Galeidens letzte Worte waren, und so unglaublich es mir schien, als solle sie wirklich in einer Verblendung verharren, die Titanias glich, da sie anstatt des Oberon, ihres holdseligen Gemahls, den dickköpfigen Esel umarmte, so war es mir doch schwer ums Herz, und obwohl ich nur mittelbar bei der ganzen Angelegenheit beteiligt war, hatte ich ein Gefühl, als sei mir etwas Schönes und Liebes geraubt worden. Wie mußte es erst Galeiden zumute sein! Freilich hatte sie mich schon oft dadurch in Erstaunen gesetzt, daß sie in allen sieben Regenbogenfarben der Freude strahlte, wenn man sie billig schwarz und traurig wie eine Grabzypresse zu finden annehmen durfte, und auch jetzt wieder zeigte sie sich von Zeit zu Zeit so goldig heiter, daß ich nicht wußte, ob

ich froh oder ärgerlich darüber sein sollte. Aber bald genug sah ich ein, daß solche Stimmungen nur erkünstelt oder ertrotzt waren, oder aber, daß sie sich auf Augenblicke, je nachdem das Betragen des verwünschten Gaspard mehr oder weniger Eindruck auf sie machte, wirklich einbildete, die Raserei sei nun vorüber. Der Rückfall blieb aber niemals aus.

Ich versuchte, um das meinige zu tun, ihr den Gegenstand ihres Wahnsinns nach Möglichkeit zu verleiden. Zu diesem Zwecke setzte ich zunächst seine katholische Gläubigkeit in recht grelles Licht und malte ihr aus, wie er bald diesem, bald jenem Heiligen seine Reverenz machen und sich von einem fetten Beichtvater ausfragen und abkanzeln lassen müsse, und wie ein so albernes Getue ihr mehr und mehr zur Lächerlichkeit und zum Abscheu werden müsse; wie es für eine starke Natur wie die ihrige unleidlich sein werde, an einem Herzen zu hängen, das so und so viele Götter, Dogmen, Päpste und Priester am Bändchen hätten, daß man nie hoffen könnte, es ganz für sich allein zu besitzen. Hierin pflichtete sie mir vollkommen bei, ja, meine Bemerkung schien sie zu erfreuen als eine, die ihr selbst schon im Innern zu schaffen gemacht hatte. »Das ist ganz wahr«, sagte sie, »er hat eine ganze Welt in sich, die mich gar nichts angeht, und die Eifersucht würde mich zugrunde richten, wenn ich seinem Umgang noch lange ausgesetzt wäre. Ich war einmal mit ihm in der katholischen Kirche, weil ich ihn darum bat, mich mitzunehmen; denn du mußt nicht denken, er hätte jemals einen Versuch gemacht, mich zu seinem Glauben zu bekehren. Als wir da vor einem Muttergottesbilde vorbeikamen, beugte er das Knie, während ich kerzengerade dabeistand; denn obwohl ich mich gern vor der Madonna neigen würde als Gast in einer fremden Kirche, brachte ich es doch in diesem Augenblick nicht über mich, damit er nicht dächte, ich täte es ihm zuliebe. Aber mich packte eine höllische Eifersucht auf das Heiligenbild, daß ich es hätte herunterreißen und auf dem Boden zerschmettern mögen. Aber wie wahnsinnig, wie verflucht man sich selbst erscheint, wenn man etwas Göttliches haßt um die innige Verehrung seines Gläubigen, das kannst du nicht begreifen. Sosehr ich übrigens Gaspard im Herzen verwünschte, daß er mir diese

Qual bereitete, muß ich doch sagen, daß ich ihn noch nie so einzig begehrenswert gesehen habe, als da in seiner halb trotzigen, halb demütigen Andacht; denn er war nicht sicher, ob ich ihn nicht heimlich auslachte, und doch wette ich, er hätte vor meinen Augen siebenundsiebzig Rosenkränze abgebetet, wenn der Gebrauch es für die Gelegenheit vorgeschrieben hätte.«

Als ich sah, daß die Eifersucht auf Überirdisches sie zwar peinigte, aber doch nicht völlig abschreckte, rückte ich mit einem heikleren Punkte auf und hielt etwa folgende Rede: »Ich begreife, daß Gaspards Sittenstrenge und moralische Sucht gerade dir gefällt, und ich gebe dir sogar zu, daß die herzliche Unschuld, die sein ganzes Gesicht verklärt, wenn er lacht, und das Kinderhafte, das dabei aus jedem seiner kleinen, breiten Zähne herauszuglänzen scheint, allerliebst ist, zumal wenn man dazu die heißen schwarzen Augen betrachtet, unter deren Aufsicht das alles vor sich geht. Aber bedenke, daß das ein flüchtiger Reiz ist, der mit seiner Jugend zusammenhängt. Ich will dir nicht ausmalen, was aus den niedlichen kleinen Löwen werden kann, wenn sie Blut geleckt haben. Und ich glaube, daß er Glück bei den Frauen haben wird. Um so schneller und gründlicher wird der Prozeß sich vollziehen.« Ich bereute aber, daß ich dies gesagt hatte, denn nun malte sich eine wahrhaft erbarmungswürdige Angst auf Galeidens Gesichte. »Das kann alles wahr sein«, sagte sie, »aber hören kann ich es nicht. Wenn er eine andere Frau liebte, das würde mich umbringen. Er darf es nicht, er soll es nicht, oder ich tue ihm ein Leides an. Denke nicht, mich zu heilen, indem du mir solche Sachen sagst. Nun sehe ich erst, wohin es mit mir gekommen ist.« Das hätte ich mir freilich zum voraus sagen können. Was halfen auch alle meine Anstrengungen gegen die Liebeslaunen, mit denen der unerschöpfliche Quälgeist Gaspard ihrer kranken Seele zusetzte? Bald konnten sie sie nicht einmal mehr auf Augenblicke beschwichtigen oder ermutigen.

Eines Tages fand ich sie in einem Zustande, wo sie wirklich einer schönen Wahnsinnigen glich, wilden und wirren Blicks, mit unbändig um die blasse Stirn fliegenden Haaren, daß mein Herz ganz weit wurde vor Mitleiden. Ich setzte mich zu ihr und fragte sie, ob es denn gar so schlimm stehe. Ohne irgendwelche Vorbereitung begann sie: »Ja, wie schrecklich auch die früheren Zeiten waren, und du weißt ja, was ich alles Unerhörtes erlebt habe, es war doch alles nichts, gar nichts. Jetzt erst ist das wahre Verderben gekommen, vor dem keine Rettung ist. Daß es nun von diesem unseligen Kinde, diesem Gaspard hergekommen ist, gilt gleich. Meine Liebe ist hin, die ich für ewig und einzig in meinem Leben hielt! Wie die Sonne vom Himmel gefallen! Wenn ich sie nicht für etwas Heiliges und Ewiges gehalten hätte, hätte ich dann alles das getan, was ich getan habe?« Sie starrte mit ängstlichem Blick ins Leere, wie wenn da die Vergangenheit wäre, von der eine unsichtbare Hand den dichten Flor zöge, der sie bisher verhüllt hätte, und sie sähe nun zum ersten Male, als etwas Unnennbares, vertraut und doch erschreckend fremd, ein Medusenhaupt, vor dem die entsetzte Seele versteinert. Als ich ihren Namen nannte, um sie aus jener Welt des Schreckens zurückzurufen, richtete sie die gequälten Augen auf mich und fuhr fort: »Damals war alles so natürlich, ich konnte nicht anders, glaub es mir. Es kam mir auch nie ein Zweifel; ich war unglücklich, aber doch ruhig in mir, ich schlief wie ein Kind, das gar nicht weiß, was Gut und Böse bedeutet. Auf einmal begreife ich mich nicht mehr. Wenn ich mich selbst betrachte, wie ich früher war, und was ich euch und Lucile angetan habe, so erscheine ich mir wie eine kalte, ruchlose, fluchwürdige Teufelin.« – »Galeide«, sagte ich, »besinne dich doch. Ja, ihr habt sehr großes Unrecht getan, du und Ezard. Aber ich kann dir bestätigen, daß ihr nicht aus böser Gesinnung handeltet. So verwerflich es auch war, denn das weißt du so gut wie ich, und ich kann und will es dir nicht ausreden, ihr tatet, was ihr mußtet, die Leidenschaft war in euch und zwang euch.« – »Ja«, sagte sie mit einem Hohne, der an ihr befremdend war, »aber was war denn nun diese Leidenschaft und dieses Schicksal? Es zeigt sich ja jetzt, daß es nichts als Zufall war! Wenn Gaspard nun schon damals gekommen wäre? Was war denn der Zweck von diesem gewaltigen Aufwand, den das Schicksal mit uns machte? Nun ist alles, alles, alles umsonst. All der Jammer, den wir angerichtet haben! Wir haben niedergerissen, was zwischen

uns stand, und nun liegt es im Staube da, daß wir uns die Hände reichen könnten, und Ezard streckt sie aus nach mir, und ich? Ich gebe sie nicht! Ich kann sie ja auch nicht geben!«
Ich sah wohl ein, daß dies ein unerträgliches Leiden war, und wußte nichts anderes, als es Galeiden zuzugestehen. »Ja«, sagte ich, »das ist furchtbar. Nein, es wäre furchtbar, wenn es so wäre. Es darf und kann aber nicht so sein.« Aber diesmal ließ sich Galeide nicht ermuntern. Sie sagte matt: »Wenn ich nun auch mich selbst wiederfinde, und alles vorbei ist, es kann doch nicht mehr werden, wie es war. Ich habe keine Freude mehr an mir und keine mehr am Leben. Ich mag nicht mehr auf mein Herz hören, weil ich ihm nicht mehr traue.«
Ich versuchte sie zu trösten, indem ich eine Theorie über das Wesen der Liebe vorbrachte, daß nämlich keine Liebe von der anderen wesentlich verschieden sei, sondern daß es jede gleich ehrlich und ewig meine, daß aber die Dauer oder sogenannte Ewigkeit nur etwas zufällig mit ihr Verbundenes sei. Denn Liebe sei nichts als Wunsch, sich mit einem Wesen zu vereinigen, und logischerweise vergehe der Wunsch mit seiner Erfüllung; von anderen Dingen hänge es ab, ob der Wunsch sich beständig gegen dasselbe Wesen erneuern lasse. Das war begreiflicherweise leerer Schall für Galeide (so gut wie für mich), mochte es auch noch so fein und so richtig sein; denn der Mensch setzt nun einmal seine Seligkeit in seine Leidenschaft und will in ihr etwas für sich und von allen andern Verschiedenes sehen, weil er eben selbst darin ist, und sich selbst muß das Ich für einzig und ewig halten, es mag wollen oder nicht. In diesem besonderen Falle waren aber wirklich die Umstände derart, daß Galeide mit ihrer Liebe zugleich sich selbst verlieren mußte; denn sie hatte ihr äußeres und inneres Leben darauf gebaut, und das mußte zusammenstürzen, wenn der Fels sich als Fata Morgana erwies.
Auch meiner hatte sich bei der Betrachtung dieser Dinge jene Wehmut bemächtigt, die uns immer ergreift, wenn wir etwas Schönes vergehen sehen, und die sich zur Verzweiflung steigern kann, wenn wir das Schöne zugleich für etwas Dauerndes gehalten haben. Das hat freilich jedes Schöne an sich, daß man es für ewig halten möchte, weil es vollkommen in sich

erscheint, abgeschlossen und unabhängig vom Äußeren und daher unerschütterlich. Wir Menschen aber wissen schon von den irdischen Erscheinungen, daß sie vergehen müssen; müßten wir als Erwachsene und unvorbereitet erfahren, daß aus Sommer Herbst wird, das Leiden würde unerträglich sein. Was anders als dies Bewußtsein von der Flüchtigkeit der Dinge erpreßt uns einen Schauer von Tränen, wenn wir in den Frühlingsmonaten eine Gegend in der Fülle ihrer Blüten prangen sehen oder einen Menschen mit dem rosigen Wappen der Jugend auf der Stirn? Wir vergleichen den Traum von Ewigkeit, den wir ihn träumen sehen, mit der Vergänglichkeit, die die stete Wiederholung des Sterbens uns predigt. Mehr und mehr flieht man zu den Erscheinungen zurück, deren Abschluß die kurzlebenden Menschen selten oder nie erfahren, und an deren Unvergänglichkeit sie noch glauben können.

Das war nun für Galeiden dahin. Was half es ihr, daß die Flamme in Ezards Herzen noch so unentwegt und herrlich loderte wie am ersten Tage? Immerhin dachte sie doch in ihrer Not an ihn wie an eine überirdische Zuflucht. Während ich noch zögerte, ob ich ihr den Vorschlag, schleunigst abzureisen, machen sollte, kam sie mir mit der Bitte entgegen: »Wir wollen zu Ezard«, sagte sie, »Ezard kann helfen. Wäre er hier gewesen, hätte dies alles nie geschehen können. Und wenn er auch nicht helfen kann, will ich doch bei ihm umkommen.« Ich nahm dies Vertrauen für ein gutes Zeichen und sagte lächelnd: »Galeide, daß du nach Ezard verlangst, scheint mir ein Beweis zu sein, daß die Dinge nicht ganz so verzweifelt liegen; denn man sagt, daß man den Gegenstand einer veralteten Neigung zu hassen anfängt, wenn man sich einem neuen zuwendet.« Hierauf entgegnete sie, indem sie mich mit einem leuchtenden Blick ansah: »Nein, so ist es allerdings nicht. Die Wirklichkeit paßt nicht immer in die Theorien und Systeme. Nichts kann uns auseinanderbringen. Erinnerst du dich der Geschichte von Tristan? Der nahm ja ein anderes Weib und lebte glücklich mit ihr. Aber plötzlich war das alles wie nie gewesen, und er verzehrte sich nach Isolden. Es ist mir, als könnte ich hundert Jahre tot liegen und würde doch noch seinen Schritt kennen, wenn er über meinen Grabhügel ginge.«

Also kamen wir überein, die Genfer Angelegenheit am besten brieflich abzumachen und uns sogleich nach Hause zu begeben; so setzten wir unsere Abreise auf den folgenden Tag fest.

Da wir nun ohne Angabe eines einleuchtenden Grundes unseren Wirten den Entschluß abzureisen mitteilten, mußte es Gaspard so scheinen, als sei derselbe die Folge irgendeiner Laune Galeidens, und sie wolle ihm damit zeigen, daß sie ihn nicht liebe oder sonst nichts mit ihm zu schaffen haben wolle. Ihre glanzvolle und bedeutende Persönlichkeit, ihr Ruf als Künstlerin und seine Liebe mochten sie ihm wohl auf gewaltiger Höhe und Unzugänglichkeit erscheinen lassen, so daß es nahelag, ihr einigen Hochmut einem jungen schweizerischen Landwirt gegenüber zuzutrauen. Den hatte er sich freilich zu überwinden vorgenommen, was für seinen Hang zum Seltenen und Ungewöhnlichen und für seine unbändige Willenskraft Zeugnis ablegte und Galeiden vielleicht am allermeisten an ihm gefallen hatte. Nun aber konnte er sich bei aller seiner Anmaßlichkeit doch nicht verhehlen, daß er eine arge Niederlage erlitten habe, und das prägte sich am letzten Abend in seinem Wesen auf eine meinetwegen reizvolle, aber ganz unmännliche und unwürdige Weise aus. Er saß nämlich blaß und finster auf seinem Platze, aß nicht, sondern schlang nur einige Bissen herunter, sprach nicht, außer wenn man ihn anredete (was Galeide doch nicht unterlassen konnte), kurz, schmollte wie ein kokettes Frauenzimmer, das seinen unglücklichen Liebhaber nach einer eigens ausgearbeiteten Methode langsam zu Tode quält. Es mochte deshalb verzeihlich erscheinen, weil er selbst so sichtbar litt, daß seine Lippen vor inwendigem Weinen zuckten, wenn er mit Galeiden sprach, und seine Augen glichen zwei schönen, traurigen Sternen, die allein im unermeßlichen Weltraum sind und sich sehnen. Ich bemerkte wohl, wie sich Galeide an seinem Anblick quälte und entzückte, und drängte deshalb zur Trennung, froh, daß wir Gaspard am folgenden Morgen nicht mehr sehen sollten; denn er hatte in seiner Gereiztheit angekündigt, daß er zur Zeit unserer Abreise beschäftigt sein würde. Man sprach nun von einem etwaigen

Wiedersehen, woran ich zwar keineswegs ernstlich dachte, von einem Gegenbesuche der Leroy bei uns, und wir machten bei dieser Gelegenheit eine genaue Beschreibung von der Lage unserer Wohnung. Hier wandte sich Gaspard plötzlich zu Galeiden und sagte mit besonderer Betonung: »Es ist nicht nötig, das zu sagen; ich werde Sie schon finden, wo Sie auch sind.« Ich suchte den Eindruck, den diese Worte machten, zu verwischen, indem ich ihnen eine scherzhafte Deutung gab, entsetzte mich aber selbst nicht wenig, vorzüglich als ich bemerkte, wie Galeide den Unhold halb feindselig, halb angstvoll anstarrte, als ob der Ausgang der ganzen Sache von ihm abhänge, und sie abwarten müsse wie ein angebundenes Schaf auf der Weide, ob der Blitz sie treffe oder nicht.

Zwischen Nacht und Morgendämmerung erwachte ich von Gaspards Flöte und erkannte sogleich jene schwermütige Melodie, die ich ihn schon einmal hatte spielen hören. Das war nun sein Lebewohl, das er nicht wie ein anderer Mensch mit den Lippen und zu einer Zeit, wo es am Platze gewesen wäre, recht und schlecht hatte aussprechen können. Es tönte süß, wie ich nicht leugnen will, als sänge die Nacht selbst, ehe sie sich von dem schönen Sonnenjüngling abwendet, dem sie viel lieber entgegen ans warme Herz gegangen wäre. Die Musik brach unvermittelt ab, und gleich darauf hörte ich Gaspard das Haus verlassen; vermutlich begab er sich in die Felder, wie er gesagt hatte. Ich konnte nicht mehr schlafen, wälzte mich in bösen Gedanken hin und her und trat die Reise mit umdüsterter Laune an, da ich ohnehin fast verzagte, nun ich Berge, See und alles, was ich liebte, wieder im Rücken lassen sollte. Galeiden sah ich an, daß sie geweint hatte, woran natürlich die heillose Flötenlamentation schuld war, über welche wir übrigens kein Wort wechselten. Da sie mir im Eisenbahnwagen so still und traurig gegenübersaß, konnte ich mich nicht enthalten zu fragen, ob sie etwa an den Kasper denke, während sie doch besser gleich damit anfangen würde, ihn zu vergessen. Sie lächelte mich an und sagte: »Es ist so schwer, es ist so schwer,« und preßte dabei mehrmals krampfhaft die Hände zusammen, als gebe sie sich mit Leib und Seele Mühe zu dem guten Werke. Sie entschuldigte sich von Zeit zu Zeit, daß sie so wenig unterhaltend für mich sei, und beteuerte, sie wolle alles wiedergutmachen, sowie sie wieder ganz gesund sei; wenn sie nur erst Ezard wiedergesehen habe. »Weißt du«, sagte sie, während ihre Augen suchend durch das Fenster ins Weite schweiften, »ich erinnere mich gar nicht mehr, wie er aussieht. Aber ich denke, sowie ich ihn sehe, wird es kommen wie ein Blitz oder Sturm, der den elenden Wust meiner Phantasie zunichte macht, damit alles wieder ist wie vorher.« Je näher wir unserem Ziele kamen, desto aufgeregter wurde sie; es war, als fürchte sie sich vor dem Augenblick, der ihr entweder Erlösung oder ewige Verdammnis bringen sollte. Wenn wir nun von einem Ereignis etwas Bestimmtes und sehr Großes erwarten, so geht es gewöhnlich so, daß es eindruckslos vorübergleitet, welches zum Teil daher kommen mag, daß der von der bangen Hoffnung überspannte Geist sich löst und schlaff zusammenfällt, wenn das Ersehnte da ist und ihn berührt. So schien es auch Galeiden zu gehen, als wir im Bahnhof einfuhren, ausstiegen und Ezard, der uns erwartete, erblickten. Er nämlich, welcher nichts als hohe Zuversicht und Glücksgewißheit in sich hatte, erschien froh, strahlend, aber einfach und nicht im mindesten gerüstet für das verhängnisvoll Gewaltige, das meine Schwester von ihm erwartete. Ich las in ihrem Gesichte, daß sie nichts empfand, und daß dies Nichtsempfinden sie erschreckte. Ezard war aber so ohne Arg, daß er aus ihrem auffallenden Wesen anfänglich durchaus nichts Unliebes schloß, während sie doch nichts sehnlicher verlangte, als ihm alles zu sagen und zu klagen. Obwohl sie ihm von der Sache geschrieben hatte, konnte er sich doch zuerst nicht dareinfinden, daß es Ernst sein sollte, was ihm gar nicht in den Sinn gekommen war. Um so mehr mochte es ihm jetzt zumute sein, als hätte ihm einer mit dem Hammer vor die Stirn geschlagen, und wir schritten stumm nebeneinanderher, nachdem das Unglückswort gefallen war.

Ezard hatte, um einen Herzenswunsch Galeidens und des Urgroßvaters zu erfüllen, unser altes Haus zurückgekauft, das er später mit ihr zusammen zu bewohnen gedachte. Bereits war der Urgroßvater in seinen alten Gemächern eingerichtet, und auch die Zimmer, die wir innegehabt hatten, waren nach Möglichkeit so wiederhergestellt, wie sie damals gewesen waren. Oft hatte ich mir im Geist ausgemalt, wie unser Einzug sein würde, wie ich die geliebte Schwelle kniend, mit Küssen und Tränen wieder begrüßen würde. Nun gingen wir schweigend und gesenkten Hauptes durch das vertraute Tor, elender fast noch im Herzen, als da wir es verlassen hatten. Wir begaben uns in das Zimmer, wo der Flügel in der Mitte stand wie ehemals, und nichts sich verändert zu haben schien, so daß man die eigene treulose Hinfälligkeit um so empfindlicher an sich gewahren mußte. Wir setzten uns stumm, wie es gerade kam. Ezard starrte eine Weile vor sich, dann rief er mehrere Male: »Es ist ja nicht möglich! Nein, es ist nicht möglich!« und blickte auf Galeide, als erwarte er von ihr die Bestätigung, daß es wirklich nicht möglich sei. Da sie ihn aber nur mit Augen voll aufs höchste gepeinigter Angst ansah, schien ihm auf einmal ein grelles Bild des geschehenen und noch möglichen Unglücks vor die Seele zu treten, denn er sprang auf und stürzte sich mit einem Ausbruch überschwenglicher Leidenschaft Galeiden zu Füßen. Was er sagte, habe ich vergessen oder vielleicht nie gehört, denn mir erbebte das Herz im Leibe, und ich hätte wohl Galeiden hassen müssen, wenn sie mich nicht allzusehr gejammert hätte. Denn sie saß da wie ein unseliger Geist auf seinem eigenen Grabe, der verdammt ist umzugehen und nirgends Ruhe findet in den Weiten des Himmels und der Erde. Zuweilen sagte sie mit flehender Stimme einige Worte: »Habe nur etwas Geduld! Es wird gewiß besser werden. Ich bin nur krank. Sei mir nicht böse. Nur ein wenig Geduld.« Bald griff er solche Worte auf, um sich damit zu trösten, bald wandte er sich, von krampfhafter Scham ergriffen, von ihr ab, und es ekelte ihn, daß er sich jammernd erbetteln wollte, worin er sonst geschwelgt hatte wie ein Fürst des Morgenlandes in seinen Schätzen. Mit jedem Augenblick schien er die Tiefe seines Elends schärfer zu erkennen; während er zuerst nur an die entweichende Liebe gedacht hatte, fielen ihm, wie er sich mehr und mehr besann, andere Dinge ein, die mit den furchtbarsten Geheimnissen seines Lebens zusammenhingen. »Du kannst mich nicht verlassen«, sagte er weich und ruhiger zu Galeiden, »nein, du kannst es nicht. Ein anderer könnte vergessen und verschmerzen, aber ich habe nichts als dich. Alles andere, was ich besaß, verwarf ich um deinetwillen, sogar den guten Geist in meiner Brust. Ich kann nicht schlafen, wenn du nicht bei mir bist, oder wenn ich dich nicht bei mir denken kann. Du weißt ja, was ich leide, wenn die Gespenster sich in meine Kammer und um mein Bett drängen, bis ich sie mit deinem Namen beschwöre. Wenn ich den nicht mehr haben soll, bin ich verloren. Dann kann ich nur noch sterben, um ihnen zu entgehen, und das könntest du doch nicht, leben, wenn ich im Elend, ohne dich gestorben bin. Ich war dir doch einmal alles, wie du mir jetzt noch alles bist.« Bei diesen Worten sah ihn Galeide innig, ja, wie eine Selige an, legte die Arme um seinen Hals und sagte: »Nein, wir können nicht voneinander, das weiß ich wohl. Siehst du, ich weiß es jeden Augenblick, warte nur noch ein wenig, bis ich es nicht mehr zu wissen brauche, sondern fühle.« Hiermit trennten sie sich an jenem Abend. Ezard war durch Galeidens letzte Worte etwas beruhigt, und auch sie schien zufriedener zu sein; vielleicht war es aber auch nur die Folge höchster Übermüdung, die sie gleichgültig machte.

Der Urgroßvater, Galeide und ich hausten nun wieder allein in unserem Hause, jeder auf seine Weise und in gutem Frieden, obwohl ich auf den Urgroßvater im Grunde nicht wenig erbost war. Das schrieb sich daher, daß er gegen Ezard eine Gesinnung und ein Betragen an den Tag legte, das ich nicht nur für verkehrt, sondern sogar für undankbar und ganz unwürdig hielt. Er war nämlich der Meinung, eine im Ursprung frevelhafte Liebe dürfte den Segen der Ehe nicht an sich reißen, und Ezard und Galeide müßten deshalb von dem Gedanken an Heirat abstehen. Dieser religiös-ethische Grund kam aber, soweit ich den Urgroßvater kannte, erst hintennach, um gleichsam am Wagen zu schieben, die ziehenden Pferde waren ganz anderer Natur. Seit Galeide durch das Ansehen, was sie sich in der Öffentlichkeit errungen hatte, seine Eitelkeit befriedigte, nahm die Verblendung, der er stets in Hinsicht auf sie unterworfen gewesen war, in bedenklicher Weise zu, so daß sie ans Unsinnige grenzte. Was für ein Los er ihr wünschte, kann ich nicht sagen; jedenfalls hielt er sie für viel zu kostbar, als daß Ezard die Hand nach ihr auszustrecken wagen dürfe. Ungleich seinen früheren Auffassungen drängte er überhaupt nicht mehr sonderlich zum Heiraten, denn er hätte dann nicht mehr von den Eroberungen erzählen hören können, die sie unter den Männern hie und da machte, was er so liebte, als wäre der verdrehte Kopf oder das verwundete Herz eines armen Teufels die trefflichste Trophäe, die ein Weib auf Erden erringen könnte. Ezard wußte das alles genau, lachte aber nur darüber und fuhr fort, dem Urgroßvater jede Liebenswürdigkeit zu erweisen, was der auch aufs unschuldigste annahm.

Daß Galeide meinen Ingrimm über dies verwerfliche Betragen zu beschwichtigen suchte, legte ich ihr schon übel genug aus. Vollends gereichte es mir zum Ärger, daß sie jeden Tag lange Stunden in seiner Gesellschaft zubrachte und sich dabei wohler und heiterer zu befinden schien als sonst; denn ich hatte die Vermutung, daß sie nicht gerade von Ezard miteinander redeten, und überhaupt fand ich, daß sie anstatt durch Zerstreuung und Betäubung lieber durch ernstes Wollen und Beschäftigung an ihrer Heilung arbeiten sollte. Dies war freilich eine Arznei, die ich noch niemals mir selbst verordnet, geschweige denn eingenommen hatte, aber es war so recht eine Lieblingskur Galeidens, und da man von anderen wegen der Bequemlichkeit für das Urteil immer strenge Folgerichtigkeit verlangt und sich sehr beleidigt fühlt, wenn sie das zweite Mal in ähnlicher Lage nicht dasselbe tun, was sie das erste Mal getan haben, war ich nicht wenig erbittert über ihren Mangel an Selbstzucht. Ich geriet aber geradezu außer mir, als der Urgroßvater mir eines Tages verriet, wovon Galeide ihn in den zahlreichen Stunden ihres Beisammenseins zu unterhalten pflegte, nämlich von Gaspard; woraus der Urgroßvater vergnüglich die Schlüsse zog, die ihm behagten, und die Hoffnung schöpfte, daß das Wohlgefallen, was sie an diesem hochgelobten Schweizerknaben hätte, sie wenigstens von Ezard ablenkte, was zunächst das erforderlichste sei. Ich fragte den Urgroßvater bitterböse, ob er es moralischer fände, wenn Galeide in launischem Übermut ihr Herz von einem zum anderen tanzen ließe und eine Narretei aus ernsten, schwerwiegenden Dingen mache, als wenn sie nach einfältigen Grundsätzen den heirate, mit dem sie seit Jahren verbunden sei, und der sein Leben für sie aufs Spiel gesetzt habe, und was das für eine Religion sei, die ihm verstatte, ein solches Gewirr aus Recht und Unrecht zu machen und einen Frevel mit einem anderen Frevel zudekken zu wollen. Worauf der Urgroßvater mir vieles entgegnete, was gar nicht zur Sache gehörte, woraus aber das zu entnehmen war, daß er nun einmal Galeiden auf die Art glücklich sehen wollte, wie er es sich ausgedacht hatte, und daß diesem Plane geopfert werden müsse, was da nötig sei, worauf Religion, Moral und das übrige sich finden würde.

Da ich einsah, daß hier nichts zu machen war, wandte ich mich an Galeiden, welche mir wenigstens die Genugtuung gab, nicht zu leugnen, daß ich recht hatte. »Was ich tun sollte«, sagte sie traurig, »ist arbeiten, Geige spielen, Vorwärtskommen, nach den edelsten Kränzen streben. Ich sollte mich dicht an Ezard schließen und unsere Liebe aufwecken wie Dornröschen, durch ein Gestrüpp von hunderttausend Dornen mich durchreißen. Aber ich bin nicht mehr Galeide, ich habe keinen Mut und keine Kräfte mehr. Es ist geradeso, als ob mein Stern vom Himmel weg wäre, oder als ob jemand eine Nadel durch mein Bild gestochen hätte, wodurch man einen behexen und langsam hinwelken lassen kann. Wenn ich dem Urgroßvater von Gaspard erzähle, so tue ich das, weil ich denke, er wird mir dadurch gewöhnlicher und verliert den unnatürlichen Reiz, den er gerade dadurch auf mich ausübte, daß er mir immer so unkenntlich und geheimnisvoll geblieben ist.« Diese Begründung sah ich für sehr sophistisch an und sagte: »Schön. Doch dann wäre es besser, du erzähltest mir von ihm, denn da ich ihn kenne, kann ich dir besser in deinen Bestrebungen beistehen und dir ihn in der Weise kenntlich machen, wie es der trübseligen Wirklichkeit entspricht.« Hierüber fing Galeide so herzhaft an zu lachen, wie ich sie seit lange nicht hatte lachen hören, und ich sagte gut gelaunt: »Eine recht artige Liebe, die dich zum höchsten Jubel veranlaßt, wenn du den teuren Gegenstand verlästern hörst!« – »Sage ich denn, es sei Liebe?« antwortete sie. »Ich sage dir ja, daß es Phantasie oder Krankheit ist. Ich schäme mich selbst, daß ich es nicht alles Ezard erzähle, und ich wollte es auch tun; aber er bat mich, noch eine Weile damit zu warten, bis er es besser aushalten könne.«

Für Ezard war es in Wahrheit ein unerhörter Zustand, eine schmachvolle Eifersucht leiden und die Hände ohnmächtig in den Schoß legen zu müssen, während er doch zum Kämpfen, Siegen und Genießen geschaffen schien. Er ertrug aber auch diese ihm bis dahin unbekannte Qual mit so schlichter Würde, daß ihr alles Erniedrigende genommen wurde und es wohl niemandem eingefallen wäre, ihn mehr zu bemitleiden als zu bewundern. Gegen Galeiden war er voll zartester Güte. Wenn er mit seinem schönen Lächeln leise zu ihr sagte: »Du Bösewicht, was hast du angerichtet«, so lag in den geringen Worten so viel Schmerz und bescheiden gedämpfte Liebe, daß kein geräuschvoller Ausbruch von Verzweiflung mich jemals so hätte erschüttern können. Zuweilen kam es vor, daß er sie jäh an sich riß wie eine Tote, der er mit Gewalt sein eigenes Lebensfeuer unter Küssen und Tränen einhauchen wollte. Aber er schämte sich dessen hernach und warf es sich vor und zwang sich zu geduldigem Warten.

Ich war, wann immer ich konnte, bei ihm und fand Befriedigung darin, daß meine Gesellschaft ihm sichtlich angenehm war. Er fing an, sich vertraulicher als früher gegen mich zu eröffnen, und erzählte mir vieles von dem, was ich auf diesen Blättern aufgezeichnet habe. Obwohl er wenig von sich selbst sprach, sah seine Wirksamkeit doch überall hervor, und ich erstaunte über die unermüdliche Kraft, mit der er sich vorwärtsstrebend durch so viele Jahre des Elends geschlagen hatte, seiner, oft auch anderer nicht achtend. Nun, da er auf dem Gipfel angelangt war, wo er das Glück und den Garten des Paradieses finden wollte, sah er sich in entsetzlicher Einöde, und die Stimme aus der Bibel mochte er rufen hören: Du Narr, diese Nacht wird deine Seele von dir gefordert werden.

Allmählich stellte sich doch wieder ein recht gutes, vertrauensvolles Verhältnis zwischen Ezard und Galeide her, welches zum Unterschiede gegen früher nur der stürmischen Leidenschaft entbehrte; denn Ezard unterdrückte sie, mehr aus Zartheit als aus Stolz, und Galeide empfand sie nicht mehr, oder, wie es mir zuweilen scheinen wollte, wagte nicht mehr sie zu empfinden, wenn sie davon überkommen wurde. Aber die unveränderliche, überzeugte Zuneigung und die grenzenlose Verehrung, mit der sie zueinander aufblickten, war, wenn nicht ebenso hinreißend, doch reichlich so wohltuend, und erfüllte vor allen Dingen mit der Zuversicht, es handle sich hier doch um etwas Dauerndes, Unzerstörbares. Galeide machte von sich aus den Vorschlag, daß die Heirat früher stattfände, als ursprünglich beabsichtigt gewesen war. Auf kirchliche Trauung sollte unter den obwaltenden Umständen verzichtet werden, und der Urgroßvater sollte nicht eher etwas davon erfahren, als bis alles fertig und abgeschlossen sei.

Ezard schien sich an dieser Aussicht zu verjüngen und zu kräftigen. Es entging ihm durchaus nicht, daß Galeide bei diesem Vorschlage weniger von eigener Sehnsucht bewogen gewesen war, als daß sie seinem Wunsche zuvorkommen wollte, besonders aber hoffte, daß sich das alte Verhältnis am ehesten wieder ganz in der alten Weise herstellen würde, wenn sie erst Mann und Frau wären. Und das war auch seine Zuversicht; er war fest überzeugt, daß seine Liebe alles Fremde und Kranke vertilgen und auslöschen könnte, wenn er Galeiden erst ganz für sich hätte. Er drängte seine Gefühle nicht mehr zurück, die erlöschte Leidenschaft flammte freudig auf und durchleuchtete ihn ganz, so daß er an glühender Schönheit wieder sich selbst glich, wie er früher gewesen war, wenn er frevelnd, aber beseligt die Blüten seines Glückes vom Abgrunde her wegriß. Das hatte auch auf Galeiden Einfluß; denn obwohl sie die zarte Größe, mit der er sein Gefühl entsagend zurückhielt, verstanden und bewundert hatte, bedurft hatte sie vielleicht einer wilderen, rücksichtsloseren Art, die sie wie ein Sturm mitgerissen hätte, ohne zu fragen, ob es ihr gefällig sei. Mit der Hoffnung kam ihm die Lust und die Kraft dazu wieder. Er fing sogar an, häufig von Gaspard zu sprechen, sagte, er würde ihn gerne wiedersehen und sei niemals böse auf ihn gewesen, denn das sei ja natürlich, daß jeder, der Galeiden kenne, sie liebe; Gaspard habe ihm damals, als Junge, gut gefallen, und es sei möglich, daß er sogar Galeide zu besitzen mehr verdiene als er selbst, wenn ihm nicht die Übermacht seiner Liebe das größte Anrecht auf sie gäbe. Er sagte, daß er sich wirklich überlegt habe, ob er auf Galeiden verzichten solle, damit sie ihrer Phantasie, Laune, Liebe oder was es sei, folgen könnte; denn sie hätte vielleicht doch glücklich werden können, so viel Kraft, Ursprünglichkeit und Gesundheit sei in ihrer Natur. (Die Gesundheit ist des Teufels! dachte ich.) Aber soviel er mit sich gerungen habe, er habe es nicht über sich gewinnen können; er sei doch noch zu jung, um zu leben und sie zu sehen, wenn sie nicht sein wäre, und der Gedanke, daß ein anderer ihr das sei, was er ihr einst gewesen, würde ihm nicht nur das Leben, sondern auch das Sterben unmöglich machen; außer wenn er sie mit sich hinunter in die Erde nehmen könnte, und das würde er denn auch wohl tun.

Galeide sah ihn mit ihrem allerglücklichsten und unschuldigsten Gesicht an und sagte: »Ja, ja, das müßtest du tun! Wenn ich einen andern liebte, dann müßtest du mich töten, damit ich mir nicht selbst zum Abscheu würde und unserer Liebe nichts zu Leide geschähe. Aber es wäre zu schrecklich, wenn ich einen andern lieben müßte.« Es überlief sie ein Schauer bei diesen Worten, woran Ezard aber in seiner wundervollen Sicherheit gar keinen Anstoß nahm, sondern er zog sie an sich und sagte lustig: »Ja, dann töte ich dich, und du tötest mich. Aber dahin lasse ich es nicht kommen. Ich will dir schon zeigen, wen du zu lieben hast: mich, mich bis ans Ende deiner Tage!« – »Ja, dich, dich, dich bis ans Ende meiner Tage!« wiederholte Galeide strahlend, und nun standen sie wieder einmal zusammen wie zwei, die nicht der Zufall, sondern die wählende Hand der allweisen Natur einander an die Seite gestellt hat, unzertrennlich.

In diesen Tagen spielte Galeide in einem Wohltätigkeitskonzerte, wozu sie sich, da sie nun auch wieder tätiger war, sehr gründlich vorbereitet hatte; der ungeteilte Erfolg, den sie errang, war wohlverdient. Das Konzert fand in der Kirche statt, ein Umstand, der alles theatralische Wesen, Aufputz, lauten Beifall verbot. Indessen, so kindlich sich meine Schwester an Kundgebungen der Anerkennung erfreute, konnte sie ihrer doch völlig entraten in den Augenblicken, wo ihre Seele ganz der Kunst hingegeben war, die sie ausübte. Sie wußte nichts davon, wie hingegeben die Zuhörerschaft ihrem Spiele lauschte; dazu hingen alle Augen mit Wohlgefallen an den sanft sich einschmeichelnden Linien ihrer liebenswürdigen Erscheinung. Ezard, der Urgroßvater und ich waren in der Kirche; es fiel mir auf, daß man uns mit auserlesener Achtung grüßte und Platz machte, und es erfüllte mich mit Genugtuung, daß wir es wieder dahin gebracht hatten. War das auch vor allen Dingen Ezard zuzuschreiben, so hatte doch auch Galeide Anteil daran, die ehemals den Tadel und die Schmähsucht derselben Leute auf sich gezogen hatte, deren Herzen sie jetzt mit ihrer süßen Kunst bewegte.

Bald naher bekam Galeide eine ehrenvolle Aufforderung, in der Hauptstadt unseres Reiches zu spielen, was für sie mit der Aussicht auf Weiterkommen und steigende Erfolge verbunden war; denn die Anerkennung feuerte sie auch wieder an, sich ihrer immer würdiger zu machen. Ezard drängte dazu, daß sie die Künstlerlaufbahn fest ins Auge faßte, da er durchaus nicht wollte, daß die Ehe zu einer Fessel für ihren Genius würde, den niemand inniger bewunderte als er. Auch durfte er das wohl wagen, weil sie keinen übermäßigen Hang für ein rauschendes Weltleben hatte, sondern stets froh war, wenn sie sich wieder an den heimatlichen Herd schmiegen durfte. So freute er sich ihres feurigen Ehrgeizes als eines Zeichens zurückkehrender Zufriedenheit und Kraft, was er in der Tat war. Der Urgroßvater überließ sich den überschwenglichsten Träumen und beschäftigte sich mit der Ausmalung von Galeidens Zukunft in einer Weise, die man bei seinem hohen Alter als ein Übergehen ins Kindische aufzufassen geneigt sein konnte. Immerhin konnte er noch oft jene bestechende, geistreiche Liebenswürdigkeit entfalten, mit der er alle Menschen für sich einnahm; er war noch so regsam wie je und las mit ungeschwächtem Eifer die neuesten Erscheinungen auf schöngeistigem Gebiete. Aber hie und da erschien er mir alt, alt. Häufig konnte er sich auf das Gestrige nicht besinnen, während die entfernte Vergangenheit ihm beständig gegenwärtig war. Es kam mehr und mehr vor, daß er uns mit den vorangegangenen Geschlechtern verwechselte, mich für meinen

Vater ansah und Galeiden für unsere Mutter, oder von den Toten als von Lebendigen sprach. Das Blinde und durchaus Unvernünftige in seiner Liebe für Galeiden (und auch für mich) reizte mich oft zum Widerspruch; aber hernach machte ich mir stets meine Unduldsamkeit zum Vorwurf. Denn die kindliche Zähigkeit, mit der er in seinem Alter noch der Erde und allen ihren Schwächen und Vorurteilen angehörte, forderte doch, selbst wenn sie die Ursache von Unbequemlichkeiten für uns wurde, zur Bewunderung seiner unerschöpflichen Kraft auf. Und für was sonst hatte er sie im Grunde verwendet als für das Glück seiner Kindeskinder, die sein eigensinniges Herz sich ausgewählt hatte, nämlich für meins und vor allem Galeidens. Es war kein Wunder, daß er nun triumphierte. Denn wir glaubten alle, jeder auf seine Weise, es erreicht zu haben, das Glück.

Deutlich entsinne ich mich des Tages, wo ich unter dem übervoll blühenden Fliederbaum an der Pforte unseres Gartens stand und gedankenlos hinausschaute, als der Briefbote vorüberging und mir einige Briefe reichte. Darunter war einer für Galeiden. Ich kannte die Handschrift nicht und betrachtete die etwas kindischen, ordentlichen Buchstaben, ohne mir etwas Besonderes dabei zu denken. Als ich aber den Poststempel ins Auge faßte und sah, daß er den Namen des Ortes trug, in dem Luciles Mutter wohnte, stand es mir sogleich fest, daß er von Gaspard sein müsse, und eine unbehagliche Empfindung überlief mich. Ich schob die Briefe in meine Tasche und ging im Garten auf und ab, indem ich überlegte, ob es nicht richtig gehandelt sein würde, wenn ich das Geschreibsel des Gaspard für mich behielte, vielmehr kurzweg ins Feuer würfe. Meine Natur war nun aber so, daß ich vor einer kleinen, unerlaubten Geschmacklosigkeit, wie etwa nur eine einzige Seite eines nicht an mich gerichteten Briefes zu lesen oder einen solchen zu unterschlagen, ängstlicher zurückbebte als vor dem Gedanken an eine scheußliche Freveltat. Auch sagte ich mir, daß von Galeidens Ruhe und Glück nicht viel zu halten sei, wenn es durch ein paar Federzüge dieses verwünschten Burschen zunichte gemacht werden könnte, und daß es insofern sogar besser wäre, es käme gleich an den Tag, was für eine Bewandtnis es eigentlich damit habe. Ich rief also aus dem Garten zu Galeidens Fenster hinauf, daß sie herunterkommen möchte, da der Abend schön sei. Als ich sie die steinerne Treppe hinunterschreiten sah, lächelnd, in ihrer friedlichen, träumerischen Anmut, gereute es mich wieder, daß ich ihr den Brief geben wollte, und ich erschien mir selbst wie ein rechter Übeltäter und feindlicher Zerstörer. Da ich mich nun aber einmal zu nichts anderem entschließen konnte, wollte ich es wenigstens auf die beste Weise angreifen und sagte neckend und mit gutem Humor, nun trete leider der unerwünschte Kasper wieder auf, seine Handschrift sei so täppisch wie er selbst, der Inhalt des Briefes würde vermutlich ebenso sein, sie möchte ihn nur gleich in meiner Gegenwart lesen, damit ich es ihr beweisen könnte, wenn sie es etwa nicht selbst sofort einsähe. Galeide war erst ganz rot und dann ganz weiß geworden, und das Lachen, das sie versuchte, kam nicht ganz frei heraus. Ich glaube, daß sie den Brief gern allein gelesen hätte; dennoch erbrach sie ihn, überflog ihn mit einem Blick und sagte mit erzwungener Unbefangenheit: »Er schreibt, daß er uns in nächster Zeit besuchen will. Das hat gefehlt! Nun, er kommt gerade zu unserer Hochzeit.« Ich gab mir gleichfalls Mühe, zu tun, als ob nichts Arges im Spiele sei, und sagte: »Nichts da! Ich will deutsch sprechen in meinem eigenen Hause. Wir schreiben ihm ab. Er ist mir ein Dorn im Auge, und seine Flöte ein Stachel im Ohre. Außerdem geht dann wieder der Wahnsinn und die Hexerei und Bezauberung an, was ich einmal mit ansehen mußte, aber nicht ein zweites Mal erleben möchte. Er soll da bleiben, wo er gewachsen ist, und wo man mit ihm fertigwerden muß.« Galeide lachte hierüber aufrichtig und sagte: »Ja, es wäre das beste, ihm abzuschreiben. Aber«, fügte sie gesenkten Hauptes hinzu, »ich glaube, er kommt doch.« Ich dachte, sie schlösse das aus dem Inhalte seines Briefes und erkundigte mich, ob er sich etwa erfrecht habe, eine Art von Anrecht auf sie geltend zu machen. Sie sagte nein, übrigens könne ich den Brief lesen, er sei ganz förmlich gehalten. Allerdings war das Schriftstück ganz trocken, ja kalt abgefaßt, aber es war trotzdem noch etwas darin, was der vermaledeite Kauz auf die seltsamste Weise hineinzubringen gewußt hatte, etwas Unausgesprochenes, Verhaltenes, Verwirrendes, was das Gemüt eines verblendeten Mädchens weit mehr beängstigen mußte, als ein offenes Liebeswort es vermocht hätte. »Er schreibt gerade so vertrackt, wie er ist«, sagte ich ärgerlich, indem ich Galeiden den Brief zurückgab. »Ja«, sagte sie, »man sieht ihn gleich vor sich mit der Feder in der kleinen trotzigen Faust.« Diese Bemerkung war mir unlieb und noch mehr das entzückte Lächeln, das dabei über ihr Gesicht glitt; sie schien das auch zu bemerken, begann schnell von etwas anderem zu sprechen und ging dann ins Haus, ehe ich noch einmal zu Worte kommen konnte.

Als wir drei, der Urgroßvater, sie und ich uns beim Nachtessen zusammenfanden, bedeutete mir Galeide durch einen Blick, nichts von Gaspards Brief zu sagen, worin ich ihr willfahrte, obgleich ich es für ein böses Zeichen ansah. Sie war sehr blaß und aß keinen Bissen; dagegen sprach sie hastiger als sonst ihre Art war. Sie schien sichtlich erleichtert, als der Urgroßvater sich bald auf sein Zimmer zurückzog, und forderte mich auf, ihr etwas vorzuspielen, worauf wir uns ins Musikzimmer begaben und ich anfing, auswendig zu spielen, ohne daß wir Licht anzündeten. Die hohen Fenster des Saales standen offen, und warme Lüfte, nicht stärker als das Fächeln eines Vogelfittichs, wehten den Duft der zahlreichen im Garten stehenden Büsche herein. Ich spielte einige volkstümliche alte Weisen, von denen ich mich erinnerte, daß Galeide sie seit unserer Kindheit besonders gern gehört hatte. Darüber hatte ich des unglücklichen Zwischenfalls vom Nachmittage fast vergessen, als plötzlich ein Laut aus Galeidens Kehle, der halb wie Schluchzen, halb wie Stöhnen klang, mich bewog, nach ihr hinzusehen. Sie saß in der Fensterbank, welches von jeher ihr Lieblingsplatz gewesen war, hatte den Kopf gegen das Fensterkreuz gestützt und rang die Arme mit so verzweifelter Gebärde, daß die weiten Ärmel davon zurückgefallen waren und sie ganz sehen ließen; ihre außerordentliche Weiße schimmerte marmorhaft durch die Dunkelheit. Ich rief erschrocken ihren Namen und eilte auf sie zu. »Ludolf«, sagte sie, als ich dicht neben ihr stand, »es nützt nichts, es zu verbergen, und ich kann es auch nicht. Siehst du, es mag Wahnsinn oder Phantasie oder Krankheit oder was du willst sein, was hilft das, da es dennoch da ist? In dem Augenblicke, als ich Gaspards Handschrift sah, war es mir wieder geradeso, wie es damals war, als ich ihn täglich sah. Ich weiß, daß ich ihm jetzt Leib und Seele schenken würde, wenn er hier vor mir stände. Es ist alles aus. Ich bin verloren.« – »Ich wußte es wohl«, sagte ich außer mir, »ich bemerkte es gleich. O verflucht diese Leroy! Sie sind unser Unsegen gewesen. Wie ist es möglich! Aber ich werde ihm schreiben, dem Unglücksraben, daß er sich nicht einfallen lassen soll, hierherzukommen!« Da rief Galeide ängstlich: »Nein, nein, was hülfe denn das? Kann ich denn Ezards Frau werden, jetzt, so hoffnungslos verzweifelnd, während ich früher die ewige Seligkeit darum gegeben hätte? Ich möchte ihn noch einmal sehen, und dann laßt mich sterben; etwas anderes weiß ich nicht mehr.« – »Das wäre vielleicht wirklich das beste, wenn er käme«, sagte ich, »wenn auch aus einem anderen Grunde. Denn wenn du ihn siehst, wirst du innewerden, wie deine Phantasie ihn inzwischen ausgeschmückt und verschönert hat. Und wenn du ihn gar neben Ezard siehst, wird dein Herz schon zu Verstande kommen und Edelstein von Kiesel unterscheiden lernen.« Sie wehrte sich nicht gegen den Vergleich, sondern schüttelte nur traurig den Kopf. Nachdem sie eine Weile in den blassen, warmen Garten hinausgestarrt hatte, fuhr sie plötzlich zusammen und sagte hastig halblaut: »Wie oft ging ich da mit Ezard in Sommer- und Winternächten. Da waren wir so unglücklich und doch so glücklich! So unbeschreiblich glücklich. Ich weiß es noch, aber ich kann es nicht mehr fühlen. Damals wußten wir, daß wir große Sünde taten, aber wir fühlten es nicht. Ich schwöre dir, wir fühlten es nie, wie hätten wir es sonst tun können? Und es war alles umsonst!« Sie sprang von ihrem Sitz herunter und ging im Zimmer hin und her, bald die Hände krampfhaft gegen den Kopf pressend, bald die Arme reckend, als wolle sie aus sich selbst heraus, so daß es wie theatralisches Wesen hätte erscheinen können, wenn es nicht deutlich als bewußtloses Zeichen wahrhafter und berechtigter Verzweiflung wahrzunehmen gewesen wäre. Plötzlich ging sie auf mich zu, und indem sie ihre eiskalte Hand auf meine legte, sagte sie bittend: »Geh und hole Ezard! Hol ihn, bitte! Mir ist so unsäglich bange. Ich halte es nicht aus.« Dies Auskunftsmittel leuchtete mir ein, und ich machte mich sogleich auf, Ezard herbeizuholen, so schwer es mir auch wurde, ihn von allem in Kenntnis zu setzen, was bei uns vorgefallen war.

Er erschrak noch viel mehr, als ich erwartet hatte. Alle Lebensfarbe wich von ihm, und ich war auf einmal überzeugt, wie Galeide, daß nun wirklich alles verloren sei. Wir gingen den kurzen Weg bis zu unserem Hause stumm nebeneinanderher. Als wir den Musiksaal betraten, der noch dunkel war, wie ich ihn verlassen hatte, raffte sich Galeide vom Teppich auf, wo sie gelegen haben mußte, flog auf Ezard zu und zog ihn in einen Sessel, kniete neben ihm nieder und drängte sich dicht an ihn. Sie sagte nichts, als daß sie mehrmals schnell seinen Namen wiederholte wie eine Beschwörung. Nach einer Weile sagte Ezard: »Galeide, ich kann dich keinem anderen lassen. Ich kann es nicht. Bitte mich nicht darum, ich kann es nicht.« Sie erwiderte: »Das sollst du ja nicht! Ich rief dich ja deshalb, daß du mich nicht verläßt. Halte mich fest! Verlaß mich nicht! Mir ist so bange!« – »O Galeide«, sagte er mit einer Stimme, die schwer von Tränen zu sein schien, »kannst du denn wirklich einen anderen lieben? Es ist ja nicht möglich! Du vergißt deinen Ezard? Es ist nicht möglich.« Nun stöhnte Galeide laut und rief: »Ich weiß nicht, ob es Liebe ist oder was sonst, aber ich kann ihm nichts zuleide tun! O töte mich, Ezard, hilf mir und töte mich!« Er faßte sie bei den Schultern und sah ihr lange ins Gesicht, dann ließ er die Arme sinken und sagte: »Ich Elender, auch das kann ich nicht. Ich kann dich nicht töten!« – Galeide drängte sich dichter an ihn und sagte halblaut: »Aber wenn du mich neben ihm sähest, könntest du es dann? Ja, dann könntest du es!« Während er entsetzt schwieg, trat ich auf die beiden zu, denn es graute mir vor dieser Unterhaltung, und sagte: »Ihr denkt stets nur an euch. Bedenkt auch uns. Galeide, du mußt deinen Wahnsinn bezwingen.« – »Ja«, sagte sie demütig, »das müßte ich, aber ich fühle, daß ich nicht kann. Ich kenne mich zu gut; es könnte kommen, daß ich ihn heirate. Möchtet ihr ein so schmähliches Ende erleben? Sieh, Ezard, und wenn ich einen anderen auch noch so sehr liebte, du bleibst mir immer das Höchste, und du sollst nichts Niedriges durch mich zu leiden haben. Wenn ich stürbe, das könntest du ertragen, und du, Ludolf. Es ist mir weniger um euch als um den Urgroßvater. Er hätte das nicht mehr erleben sollen.«

Wir saßen eine Weile stumm im Dunkeln nebeneinander. Die Mitternacht war vorbei, als ich fortging, während die beiden noch im Saale blieben. Viel später hörte ich Galeiden in ihr Zimmer gehen. Ich atmete auf, als ich sie am anderen Morgen wiedersah; denn die ganze Nacht hatte mir eine Angst auf der Brust gelegen, als würde ich sie nicht lebend mehr erblicken.

In Hinsicht auf Gaspard schien mir das weiseste zu sein, gar nichts zu unternehmen; man antwortete ihm nicht, woraus er füglich hätte schließen können, daß er nicht gerade willkommen war; hätten wir ihn aufgefordert, sein Kommen zu unterlassen, so hätte ihn das vielleicht veranlaßt, seinen Besuch nun erst recht zu beschleunigen, widerspenstig und eigenwillig wie er war. In Ezards Benehmen trat insofern eine Veränderung ein, als er seit jenem Abend nicht mehr zu uns kam; er könne Galeiden so nicht sehen, sagte er. Galeide, die in beständiger Sorge um ihn war, drängte mich, ihn soviel wie möglich zu besuchen, damit er nicht allein wäre, was ich gerne tat, um so mehr, als ihm meine Gesellschaft lieb zu sein schien. Häufig blieb ich auch nachts bei ihm, denn die Nächte waren das Unerträglichste, wenn er nicht schlafen konnte oder einen Traum hatte, Nächte hintereinander denselben, den ich jetzt wiedererzählen will. Ihm träumte, daß zwei Todesgespenster, mein Vater und der seinige, in weißen Gewändern durch die geschlossene Tür in seine Kammer träten, und daß er sich, obwohl erstarrt vor Entsetzen, aufrichtete und sie fragte: »Wen sucht ihr?« Worauf sie beide zugleich ganz leise, aber deutlich vernehmbar antworteten: »Die dritte!«

Als mir Ezard dies erzählte, faßte mich ein eisiges Grauen, und ich sagte mit Anstrengung: »Und dann kommt Lucile?« Aber Ezard schüttelte den Kopf und sah mich mit heißen schwarzen Augen an. »Nein«, sagte er, »Lucile kommt nicht. Sie war nicht die rechte.« Aus welchen Gedanken dieser Traum entstanden war, sah ich wohl; aber in diesem Augenblicke war es mir, als wäre das Schicksal selbst zwischen uns getreten, geisterhaft, unsichtbar, und schaute auf uns mit einem unentrinnbaren Blicke.

Es gingen einige Tage hin, während welcher ich Gaspards Erscheinen jede Stunde unter irgendwelchen erschütternden Anzeichen erwartete. Aber die Wirklichkeit kann das Blitzen und Donnerrollen, ohne welches die Phantasie sich kein bedeutendes Ereignis vorstellen kann, entbehren, denn sie ist ihres Eindrucks ohnehin sicher, eben weil sie wirklich ist. Gaspard kam an einem Tage, als ich ihn zum ersten Male gänzlich vergessen hatte, wo Galeide wieder in einem Konzerte spielen sollte. Jenes erste nämlich hatte derartig gefallen, daß man gewünscht hatte, es möchte wiederholt werden, was um so mehr Anklang fand, als wieder ein guter Zweck damit verbunden werden konnte. Galeide hatte sich dazu bereit erklärt. Sie wurde, als der dafür angesetzte Nachmittag gekommen war, frühzeitig in einem Wagen abgeholt: da ich mich eben anschickte, mich zu Fuß in die Kirche zu begeben, kam Gaspard. Vor Überraschung entfiel mir fast mein Ingrimm; immerhin hieß ich ihn nicht allzu freundlich willkommen, konnte aber doch nicht anders, als ihm mitteilen, wohin zu gehen ich im Begriff war, und ihn fragen, ob er sich mir anschließen wolle. So gingen wir miteinander, und während Gaspard mich mit seinem Französisch und seiner überlegenen Weisheit zugleich ärgerte, versuchte ich mir voller Angst auszudenken, wie ich mich zu verhalten hätte, um ihn für Galeide nach Möglichkeit unschädlich zu machen. In der Kirche sah ich sogleich Ezard, welcher Galeide doch hören wollte, deren Anblick er nicht mehr ertragen konnte. Ich wäre ihm gern ausgewichen, aber da er mich erkannt hatte, drängte er sich durch die Menschenmenge zu mir und gewahrte Gaspard erst, als er dicht vor uns stand. Sie begrüßten einander, wobei sie wohl beide Empfindungen des Hasses zu bemeistern hatten, Ezard Galeidens und Gaspard seiner Schwester wegen. Aber ich glaubte zu bemerken, daß sie trotzdem Wohlgefallen aneinander fanden, und indem ich

Gaspard mit Ezards Augen zu betrachten suchte, erschien er auch mir weniger unleidlich. Sein Betragen war so eigen wie je; überhaupt stellte er in jedem Augenblick ein abgerundetes Charakterbild seiner eigenen Person dar. Man konnte von unserem Platze aus Galeiden sehen, wenn man sich mit einer unbequemen Wendung rückwärts kehrte. Diese Stellung fand er sogleich heraus, nahm sie ein und betrachtete meine Schwester unausgesetzt, und zwar durch zwei Gläser. Er äußerte kein Wort über das, was vorgetragen wurde, bekümmerte sich nicht im mindesten um Ezard und mich, war aber, nach seinem bewegten Mienenspiel zu schließen, mit der Ausmalung fabelhafter Träume und Pläne beschäftigt; es fiel mir auf, wie unterhaltend, ja wie reizend es war, demselben zuzusehen, und ich konnte mir auf einmal denken, wie sich der Wunsch und Drang in einem festsetzen könnte, dieser launischen Seele habhaft zu werden, um sich unaufhörlich an ihrem schnurrigen Wesen erbauen zu können. Wenn er lächelte, tat sich unverhofft eine solche Lieblichkeit in seinem dunklen Gesicht auf, daß man leicht dazu kam, dies und jenes anzustellen, damit das Sonnenaufgangsschauspiel sich wiederhole, zumal wenn man ein so unersättliches, kindisch habgieriges Herz hatte wie Galeide, die am liebsten Berg oder See in der Tasche mit sich fortgetragen hätte, wenn er ihr gefiel. Es war mir, als müßte ich durchaus Gaspard verstecken, zudecken, kurz, auf irgendeine Weise unsichtbar machen, damit Galeide ihn nicht sähe. Als das Konzert zu Ende war, hoffte ich, ihn im Gedränge unbemerkt zu einer Seitentür herausschleppen zu können, freilich ohne zu wissen, was ich nachher mit ihm anfangen sollte. Aber zufälligerweise kam Galeide, vielleicht um Ezard aufzusuchen, in das Schiff und trat uns plötzlich entgegen. Sie sank nicht etwa um, wie von einem Blitze gerührt, wankte nicht, noch wechselte sie die Farbe; denn wenn sie unvorbereitet sehr heftig erregt wurde, wußte sie sich immer am besten zu fassen. Sie nickte uns zu und gab Gaspard die Hand; beide lächelten sich an wie zwei, die ein unschuldiges Geheimnis miteinander haben und sich ein Zeichen darüber geben. Dann aber wandte sich Galeide schnell zu Ezard, bat ihn, sie zu ihrem Wagen zu begleiten, und verabschiedete sich von uns mit einem Gruße. So hatte ich Gaspard für mich, und er schien es für selbstverständlich anzusehen, daß ich ihm unsere Gastfreundschaft anbot, was ich ja auch ohne eine förmliche Erklärung kaum hätte vermeiden können. Daß sich Galeide so kurz von uns abgewandt und Ezards Begleitung ausgebeten hatte, schien ihm doch aufgefallen zu sein; sein Gesicht war mit einem Schlage verändert wie ein Tal, nachdem die Sonne hinter die Berge gegangen ist. Der Kummer prägte sich so ausgiebig darin aus, daß er nicht nur wie ein Trauriger, sondern wie ein Kranker aussah, und wiederum konnte ich mir denken, wie es eine, die die Macht dazu hätte, locken müßte, das goldige Lachen wieder aus den Wolken hervorzuschmeicheln. Sowie wir zu Hause angekommen waren, begab ich mich sogleich zu Galeiden, die allein in ihrem Zimmer war, und fragte sie, was nun werden solle. Ob ich Gaspard alles offen sagen sollte, damit er uns verlasse? Aber sie nahm mir heftig das Versprechen ab, alles Derartige zu unterlassen. »Wenn du ihm alles sagen würdest«, sagte sie, »würde er mich hassen, und das kann ich nicht ertragen. Sage es ihm, wenn ich einmal tot bin.« Aber gleich darauf besann sie sich wieder anders und sagte: »Ich wollte ihm ja gerne alles sagen und ihn fragen, ob er mich nun haßte, oder ob er mich doch noch liebhätte. Ja, das möchte ich, ihm sagen, wie lieb ich ihn habe, und dann sterben. Aber wie könnte ich das Ezard antun? Laß mich keinen Augenblick allein mit ihm, hörst du, damit sich mein Herz nicht vergißt.« Ich entgegnete, ob es nicht besser sei, wenn sie ihn überhaupt nicht sähe; zunächst für diesen Abend könnte sie ja leicht eine Unpäßlichkeit vorschützen, um nicht beim Nachtessen erscheinen zu müssen. Sie sagte, ja, das wolle sie tun; aber ich sah ihr wohl an, wie schwer es ihr wurde, ihren Liebling so grausam zu kränken, und ich zweifelte, ob sie es aushalten würde.

Während sich Gaspard trotz seiner immer zunehmenden Trauer auf recht anmutige Weise mit dem Urgroßvater unterhielt, daß dieser ganz von ihm gefesselt wurde, lauschte ich voll Unruhe auf jedes Geräusch; denn ich hatte eine Ahnung, als ob Galeide doch noch erscheinen würde, und wußte nicht, wie ich es machen sollte, um Gaspard vorher zu entfernen. Der aber machte nicht Miene, sich zurückzuziehen, sondern horchte wie ich, ob nicht ein leichter Schritt Galeiden verkündigte. Es kam so, wie ich gedacht hatte, daß Galeide doch zuletzt dem Drange ihres unbändigen Herzens nachgab. Auf einmal stand sie hell und glühend auf der Schwelle und sah uns an, als ob sie sagen wollte: Da bin ich dennoch; ich konnte nicht anders. Als sie näher herankam, zeigte es sich, daß sie ein weiß und schwarz geflecktes Kätzchen auf dem Arme hatte, das sich, wie sie sagte, in unser Haus eingeschlichen haben müsse; sie habe es in ihrem Zimmer gefunden und wollte es nun behalten. Sie hatte das weiche Geschöpf an ihre Brust gepreßt, so daß es sein Köpfchen an ihren Hals schmiegen konnte; sie setzte sich in einiger Entfernung von uns in einen Sessel und begann mit dem Tier zu spielen, seine großen runden Augen, die zarten Pfötchen und alles übrige zu bewundern und anzupreisen. Gaspard hatte sich nicht gerührt, noch ein Wort gesagt, als Galeide ins Zimmer gekommen war, aber er betrachtete sie in der ihm eigenen Art unablässig mit standhafter Glut, was ich übrigens wohl begriff; denn Galeide sah, vielleicht im Bewußtsein, daß sie im Kampfe mit ihrer Liebe unterlegen war, so demütig, hold und kindlich hilflos aus, wie ich sie kaum je gesehen hatte, zugleich aber so menschlich warm und kräftig, weil es doch eben die Leidenschaft in ihr war, die sie besiegt hatte. Sie sah nicht ein einziges Mal nach Gaspard hinüber, doch fühlte sie die Macht seines Blickes so sehr, daß ihre spielenden Hände sich plötzlich lösten und die Katze entwischen konnte. Gaspard fing sie auf und handhabte sie in etwas täppischer Weise in seinen Kinderfäusten, was drollig und nicht unlieblich anzusehen war, besonders da sein dunkler Kopf sich so prächtig von dem weißen Pelz abhob. Galeide hatte ihn nun doch ansehen müssen, und ein herzlich vergnügtes Lachen verklärte sogleich ihr ganzes Gesicht. Nun konnte sie es auch nicht lange mehr lassen, ihn anzureden, und sagte: »Sie dürfen mein Kätzchen nicht quälen, Monsieur Leroy!« Hierauf gab er Galeiden eine äußerst anmutige und rührende Antwort, indem er sagte: »Ich quäle es nicht; ich will es fragen, was es macht, daß Sie es so liebhaben.« Er sagte diese Worte auf deutsch, und da seine Stimme stets eine zaghafte, besonders weiche Färbung annahm, wenn er diese ungewohnte, Galeidens wegen heimlich geliebte Sprache redete, verstärkte das noch den lieblichen Eindruck, den sie schon durch sich machen mußten. Ich konnte mich nicht enthalten, ihm in diesem Augenblick gut zu sein, vollends aber Galeide war von der flehenden Musik der kleinen Klage so betört, daß ich mich nicht verwundert hätte, wenn ich sie plötzlich zu seinen Füßen gesehen hätte. Immerhin kniete da ihre Seele, die man aus ihren Augen und ihrem halb geöffneten, zitternden Munde fast körperlich zu ihm hinüberfliegen sehen konnte. Ohne daß es in irgendeinem Zusammenhang mit den vorher geführten Gesprächen gestanden hätte, sagte sie plötzlich zu ihm: »Was soll ich für Sie tun? Soll ich Ihnen ein Märchen erzählen? Soll ich Sie zur Flöte begleiten? Soll ich Geige spielen?« Gaspard nickte; das Kätzchen entschlüpfte wieder und machte sich aus dem offenen Fenster. »So will ich spielen, wenn Sie wollen«, sagte Galeide, indem sie aufstand. Wir begaben uns in den eine Treppe höher gelegenen Musiksaal, nur der Urgroßvater blieb unten zurück, um von dort aus zuzuhören. Gaspard war sich seiner Macht über Galeide kaum wieder bewußt geworden, als er sich ihrer sogleich bediente, um sie wie ein launisches Ding von Mädchen zu quälen und sie gleichsam zu strafen, daß sie sich so lange dagegen gewehrt hatte. Insgeheim zitterte er vor Glück und zugleich vor Angst, daß ihm die Krone des Lebens dennoch entgehen könnte, aber wie deutlich man auch die sehnlichste Liebe in seinen schwarzen Augen flimmern sah, gab er sich doch voll Trotz und Eitelkeit ein ganz anderes Ansehen und sagte nörgelnd zu Galeide, dies und jenes Stück möge er nicht leiden, überhaupt habe er Geigenspiel an diesem Tage nun genug gehört und sei es müde. »Was soll ich aber dann tun?« fragte Galeide geduldig. »Singen Sie etwas«, sagte der Unselige, als ob es sich von selbst verstehe, daß sie Spinnen essen würde, wenn er den Befehl dazu gäbe; und da sie bescheiden einwandte, daß sie ja keine Sängerin sei, sagte er in demselben sanft beherrschenden Tone: »Singen Sie doch.« Während ich mir überlegte, ob ich ihn nicht auf der Stelle beim Kragen nehmen und erwürgen dürfte, suchte Galeide zwischen ihren Noten, bis sie etwas zum Singen gefunden hatte, und setzte sich dann ans Klavier, um sich selber zu begleiten. Ihre Stimme brach aber schon bei den ersten Tönen ab, wahrscheinlich weil sie allzu erregt im Innern war, und sie hörte auf und sagte: »Ich kann nicht.« – »Warum sagen Sie denn, Sie wollen alles tun, was ich will?« beharrte der Unhold. »Versuchen Sie es doch«, erwiderte Galeide. »Sagen Sie, was Sie wollen! Soll ich mich aus dem Fenster stürzen?« Sie hatte ihren Klavierstuhl gedreht, so daß sie ihm gerade gegenübersaß und ihm voll ins Gesicht sah. Er saß regungslos da wie ein Schlaraffe, über den sich ein Füllhorn der süßesten Dinge ergießt, und der ganz stillhält, um das schöne Wunder nicht zu verscheuchen. »Soll ich?« fragte Galeide noch einmal leise. Er nickte und sagte sein halb gesungenes: »Oui, Mademoiselle.« Sogleich stand sie auf und ging auf das nächste Fenster zu; alle standen offen, da es eine sehr warme Nacht war. Gaspard sah ihr still lächelnd nach und mochte denken: wie wird sie sich nun aus ihrer Schlinge ziehen? Ich werde sie aber zuvor ein wenig zappeln lassen. Mir hingegen vergingen die Sinne, ich sah alles und sah es doch nicht, ich wußte, was kommen würde, ich faßte es doch nicht. In einem Augenblick hatte sie sich auf die Fensterbank geschwungen und stand groß und frei in dem hohlen Rahmen. Dann lachte sie leicht und leise; ein gutes, kleines, klingendes Gelächter, wie sie zu lachen pflegte, wenn ihr eine Schelmerei im Sinne lag. Ja, sie lachte ihn aus, den Kasper; aber was kostete es sie? Ihr ganzes herrliches, junges Leben, das unwiederbringliche! Denn noch war der freundliche Silberlaut ihrer Stimme nicht verklungen, da lag sie schon tot zwischen den blühenden Lilien auf dem Beete vor unserem Hause.

Ich habe nie begreifen können, daß sie wirklich ganz fort sei von der Erde, daß sie nicht irgendwo noch zu finden sei, tief im Berge oder auf einer Einöde auf den Höhen. Noch jetzt, wenn ich einsam über den Berghang gehe am Rande des Waldes, so kommt es mir oft, als müsse sie plötzlich zwischen den Bäumen hervortreten, mit ihrem leuchtenden Gesicht, und mir ihre weichen, kräftigen Hände entgegenstrecken. Oder doch ihre Stimme müsse von irgendwoher Antwort geben, wenn ich sie bei Namen riefe: Galeide! Gute kleine Galeide!

Ezard war an jenem Abend in unserem Garten umhergeirrt; Liebe und Eifersucht hatten ihn wohl dahin getrieben, wo er ihr nah war, ohne sie doch in ihren Entschlüssen zu stören oder überhaupt zu beeinflussen. Sie war nun wieder sein, kalt und bleich und seelenlos war sie doch getreulich wieder zu ihm gekommen. Den Kopf an ihre Brust geschmiegt, saß er nun neben ihr stundenlang, und niemandem fiel es ein, ihn von da entfernen zu wollen. Zuweilen richtete er sich auf und betrachtete sie lange und schüttelte traurig den Kopf, als ob er es immer noch nicht fassen könnte. Es war auch wohl Ursache für einen, der von Anfang an alles mit angesehen und erlebt hatte, in eine Vergessenheit aller anderen Dinge zu verfallen und einzig die Frage auf den Lippen zu behalten: ist es möglich? ist es möglich?

Den Urgroßvater, der an jenem Abend auf die Töne der Geige gewartet hatte, die er nie im Leben mehr hören sollte, hatte das Ereignis völlig unvorbereitet und wehrlos überrascht. Man hätte ihm vielleicht sagen können, daß ein Unfall an Galeidens Tode schuld sei, um ihm den unerhörten Schmerz zu ersparen, daß sein vergötterter Liebling sich so versündigt habe, wie der Selbstmörder es seiner Meinung zufolge tat; aber abgesehen davon, daß keine Zeit und Besinnung geblieben wäre, uns darüber zu einigen, schien die Klarheit und Würde seiner Person auch den frömmsten Betrug zu verbieten. Obwohl er nun bereits in der Mitte der Neunzigerjahre stand, hatte seine Natur ihre zähe Eigenart noch so völlig behalten, daß er sich bei dieser erschütternden Gelegenheit gerade so betrug, wie man es aus seinem Betragen in früheren Zeiten Grad für Grad hätte bestimmen müssen. Seine blinde Liebe trug es völlig über alle seine Grundsätze und festen Überzeugungen davon. Nicht den schonendsten Tadel über Galeiden hätte er ertragen; er hatte sie sich bald zu einer Heiligen ausstaffiert, auf welchen Titel sie gewiß keinen Anspruch erhoben hätte und nach Recht und Billigkeit auch schwerlich hätte erheben dürfen. Aber von der Höhe seiner überschwenglichen Hoffnungen war er doch allzu jählings herabgestürzt. Mit einem Male sanken nun seine Kräfte zusammen, wie jener Mann aus dem Märchen, der, ohne es zu wissen, hundert Jahre lang in der Welt draußen gewesen ist, plötzlich beim Anblick der Gräber seiner Geliebten in ein Häuflein Asche zerfällt. Wenige Monate nach Galeidens Tode starb er bewußt und gefaßt und erheischte noch im letzten Augenblick die Bewunderung, die man einem ganzen, voll ausgeprägten Menschen so gerne darbringt. In den letzten Tagen erteilte er mir, da er nun bald nicht mehr werde für mich sorgen können, noch viele Verhaltungsmaßregeln, die sich bis auf einzelnes erstreckten, wie: was ich essen und nicht essen sollte und wie ich mich sommers und winters am angemessensten kleiden müßte, um vor Erkältungen geschützt zu sein. Wie er sich häufig in seinen Gedanken verlor, daß er Vergangenes und Gegenwärtiges durcheinandermengte, kam es dabei auch einmal vor, daß er mich bat, darauf zu achten, daß Galeide niemals in einer ungeheizten Kirche Konzerte gäbe, und daß sie, wenn sie nun doch Ezard heiratete und etwa ein Kind bekäme, sich nicht mit Üben auf der Geige zu sehr anstrengte und vielleicht schadete; bis ihm mitten im Satze die Erinnerung der Wirklichkeit kam und er abbrach, ehe er ganz ausgesprochen hatte. Lange saßen wir schweigend in dunklen Gedanken.

»Armer Junge!« sagte er häufig, wenn ich an seinem Bett saß und er mich mit den erlöschenden Augen betrachtete, vor denen ein grenzenloses Meer der Erinnerung auf und ab wogte. Ja, wie fühlte ich mich arm und verlassen!

Eine ungewöhnliche, allgemeine Teilnahme gab sich bei seinem Tode kund. Obwohl er abseits in eigensinniger Gleichgültigkeit gegen das Treiben in der Stadt gelebt hatte, kannte man ihn und verehrte sein Alter und seine Seelenkraft, die so viele Schicksalsschläge ertragen hatten. Unzählige folgten in ernster Betrachtung ehrfürchtig seinem Sarge zum Kirchhof; nur ein einziger weinte unablässig wie ein Kind, das war ich. Denn ich hatte nicht nur einen des Lebens ersättigten Greis mit dem weisen Willen der Natur übereinstimmend sich von der Erde weg einer unbekannten Ewigkeit zuwenden sehen, sondern mir starb in ihm Vater und Mutter mit Haus und Familie. Mit keinem war ich so oft uneins gewesen im Leben, aber keinen von allen habe ich so bitterlich vermißt. Was würde ich geben, wenn er mir auf einmal über die Schultern sähe und sagte: »Was schreibst du da, du Kind, mit deinen dicken, undeutlichen Buchstaben? Du verdirbst dir die Augen und denen, die sie lesen sollen. Ihr Jungen habt keine tüchtigen Handschriften mehr. Nun, lies es mir vor, aber langsam und klar, daß ich dich auch verstehe, du törichter Junge!« – »Ja, Urgroßvater. Aber du hast doch selbst das Törichte lieber als das Tüchtige.« – »Neckst du deinen Urgroßvater, du Guckindiewelt? Ja, es ist wahr, ich sollte noch um vieles besser und einsichtiger werden. Gott wird mir die Zeit und die Kraft dazu geben, daß ich es lerne.«

Nachdem der Urgroßvater gestorben war, zog Ezard mit Harreken in unser Haus. Eva hatte mit ihrem Kinde, der Heileke, unsere Stadt verlassen, um in der Nähe ihrer Familie zu leben, nicht so sehr deswegen, weil sie sich von uns fort zu jenen hin gesehnt hätte, als weil sie sich aus dem Bannkreise der Ursleuen entfernen zu sollen glaubte. Anna Elisabeth vorzüglich hatte ihr dazu geraten. Es ist nun einmal so, hatte sie gesagt, die Olethurms und die Ursleuen tun nicht gut zusammen; ob Eva es erleben wollte, daß aus ihrem Kinde und Harreken noch ein Paar würde? Man müsse dem einmal ein Ende machen, das Schicksal habe deutlich genug gesprochen. Da ging Eva; ich glaube, sie tat es auch deshalb, weil sie nicht in Ezards Nähe bleiben wollte, nun beide, er und sie, frei waren. Wir blieben immer im Briefwechsel miteinander, aber gesehen habe ich sie nicht mehr, weder sie noch ihr Kind, die weiße Heileke.

Die Stellung, die wir in unserer Vaterstadt einnahmen, war so, wie wir es nur je hatten wünschen können. Man begegnete uns mit Hochachtung und rechnete es uns nicht an, daß wir uns von dem Verkehr mit anderen Menschen soviel wie möglich entfernt hielten. Nach dem Vorbilde seines Vaters hatte Ezard den Teil seines Vermögens, der in den Wasserwerken war, der Stadt geschenkt, so daß sie sich nur dem Norweger gegenüber ihrer Verpflichtungen zu entledigen hatte. Daß die Anlage sich als tüchtig und sehr brauchbar erwies, sah man fast als ein Verdienst der Ursleuen an, was wenigstens insofern gerechtfertigt war, als in den schlechten Zeiten auch die Vorwürfe und Anklagen auf sie gefallen waren. Ezards übriges Vermögen war zu der Zeit, als Galeide und der Urgroßvater starben, nicht bedeutend; aber durch seine unermüdliche Tätigkeit als Advokat, die er nicht aufgab, obwohl ihm ein ehrenvolles städtisches Amt angetragen wurde, war es ihm möglich, in jedem Jahre beträchtliche Summen zurücklegen zu können. Das war das einzige, wofür er noch mit Anteil lebte. Es sei sein festes Bestreben, sagte er öfters, seinem Sohne ein stattliches Vermögen zu hinterlassen. Nicht etwa, daß er ihm die Möglichkeit zum Müßiggang damit verschaffen wolle, er hoffe im Gegenteil, durch das Beispiel Trieb und Lust zur Tätigkeit in ihm rege zu halten. Aber er sei der Meinung, daß sich nur auf dem Grunde gesicherten Besitzes ein dauerhaftes und gediegenes Glück entwickeln könne. Das beste wäre, wenn dieser Besitz in Grund und Boden bestehe, dem der Besitzer mit Mühe und Arbeit den Ertrag selbst abzuringen habe. Stets bedauerte er, daß er nicht als ein Landmann zwischen seinen Feldern leben könne. Er wisse übrigens wohl, daß vieles Geld dem Menschen häufig zum Unglück ausschlage und ihn herunterbringe. Aber er könne nicht ins Unabsehbare für seinen Sohn vorausbauen; er wolle ihm geben, was er geben könne: Ausbildung der nützlichen und schönen Fähigkeiten, die die Natur ihm verliehen habe, und die Mittel, sie tüchtig im Leben zu verwenden.

Demgemäß wuchs Harre auf. Er war weichen Gemüts und zur Träumerei geneigt; aber es kam ihm zustatten, daß ein Tropfen fremden Blutes in ihm war, wie ich schon öfter gesagt habe; denn dem war es zu danken, daß er mehr Sinn für Ordnung, Maß und Selbstbeschränkung hatte, als die Natur seinen Vorfahren von der Seite des Vaters gegeben hatte. Diese Eigenschaften zu entwickeln, gaben wir uns sonderlich Mühe, und je älter er wurde, desto mehr verschmolzen sich die beiden Seiten seines Wesens zu einer guten Harmonie, daß man ihm wohl zutrauen durfte, er würde sich nie von einem Wege abbringen lassen, den er einmal eingeschlagen hätte, und keinen anderen einschlagen als einen, der, wenn auch nicht oft betreten, doch mit Sicherheit zu einem schönen Ziele führte. Man darf ihm zutrauen, daß er, wenn er auch nicht nach Wolken und Sternen stürmen wird, sich doch sein Ziel nicht niedrig stecken und daß er es zuletzt durch Ausdauer, Vorsicht und Kraft erreichen wird.

Ezard war fünfzig Jahre alt, als er an einer bösartig verlaufenden Erkältungskrankheit, die er sich durch seine Vorliebe, bei Wind und Wetter umherzuschweifen, zugezogen hatte, starb.

Er schien, als er tot vor mir dalag, verjüngt; seine Schönheit war erhabener als im Leben, da die warme menschliche Seele sie bewegt hatte. Was war es nur gewesen, das alle Menschen zu ihm hinzog und an ihn fesselte? Neben seinen guten und schönen Taten standen solche, die man durchaus tadeln, ja frevelhaft nennen mußte. Aber das bestimmt auch nicht, was wir für einen Menschen fühlen. Die Natur stellt ihn vor uns hin und weist ihn uns als ihre Schöpfung, die uns gefallen oder mißfallen muß. Es ließen sich viele Bücher anfüllen mit Erklärungen, warum wir manche berühmte Statue der Griechen schön finden müssen, aber das ist alles nichts; wenn die Bücher alle verbrennten und keiner mehr etwas von ihrem Inhalt wüßte, so würden doch die Menschen nach wie vor hingerissen vor jenen Schöpfungen stehen und bewundern. Es bleibt ein Geheimnis dabei, warum dieser Mensch so geliebt wird, und ein anderer, der ihm in allen Eigenschaften zu gleichen scheint, so wenig. Man ist ein Liebling der Menschen, wenn man ein Liebling der Natur und in einer glücklichen Sternenstunde von ihr geschaffen ist. Wer dürfte verwerfen, was sie in ihrer Weisheit gesegnet hat? Wir feiern in einem solchen Menschen nicht sein Verdienst, denn er hat keines, sondern (obwohl wir uns dessen nicht immer bewußt sind) die Macht, die ihn schuf, nenne man sie nun, mit welchem Namen man wolle. Wie immer ihren Lieblingen, hatte die Natur Ezard Glück und Unglück mit beiden gleichverteilenden Händen gereicht und nahm ihn früh von der Erde weg; denn sie will, daß das, was einmal vollendet dastand, nicht verfalle, sondern wie die Helden des Altertums in jungen Jahren unter die Sterne versetzt wurden, wo sie schön und kräftig ihrer Unsterblichkeit sich freuen, so läßt sie das Edelste, was sie schafft, sterben, damit die irdische Vergänglichkeit es nicht antastet. Als ein siegreicher Überwinder lag er auf der Bahre, den die Himmlischen zu sich rufen, weil seine Arbeit auf Erden getan ist. An ihn zu denken, erweicht mich nicht, sondern kräftigt und stärkt mich. Dieser hätte ich sein mögen! Auch ihn gekannt zu haben, ist gut; ihn geliebt zu haben, erachte ich für meine beste Erinnerung.

Ich will noch von Gaspard, dem unseligen Verderber, sprechen, ehe ich das Buch meines Lebens schließe. Seit jenem Abend, als Galeide starb, war mein Zorn gegen ihn verraucht. Denn was er zu leiden hatte, bis er alles erfahren hatte, was die Ursache dieses Unglücks ausmachte, wäre genug gewesen, um den erbittertsten Feind seines Hasses zu entwaffnen. Bei seiner Art, verschlossen und für sich zu leben wie eine Auster in der Schale, die niemand öffnen kann außer mit Gewalt, war er ganz auf sich angewiesen, und keiner konnte ihm helfen oder ihn trösten. Manchmal schien seine einsame Seele aus den schwarzen Augen herauszuwimmern nach liebender Teilnahme; aber man wußte ihm nicht beizukommen, und er konnte es einen nicht lehren.

Lange hörten wir nichts von ihm. Dann, nach mehreren Jahren, erfuhr ich, daß er in ein Kloster seiner Heimat eingetreten sei. Es überraschte mich nicht sehr, denn sein Hang zur Melancholie und zum Alleinsein hatte ihn zu einem solchen Schritt bewegen können, selbst wenn der Schmerz um Galeiden nicht dazugekommen wäre. Ich dachte mir, so ein uraltes Kloster mit hallenden Gewölben und geheimnisvollen Gängen sei die rechte Höhle für das menschenhassende Murmeltier, da könne es hausen und pfeifen und soviel Winterschlaf halten, wie es wolle, voll der unbeschreiblichsten Kreuz- und Querträume, und meiner alten Vorliebe für das schweizerische Gebirgsland nachgebend, machte ich mich auf, um ihn zu besuchen.

Das Kloster lag unweit eines mächtigen Tannenwaldes und war alt genug, im romanischen Stile erbaut, mit dickem Gemäuer, breit und gewaltig. Gaspard führte mich in sein Zimmer, das schmucklos aussah, aber gut und friedlich; wir saßen an einem gewölbten Fenster, das die Aussicht auf den stillen Klostergarten eröffnete und darüber hinaus auf bläuliche Wälder und die erhabenen Berge. Ich hatte gedacht, mit ihm von Galeide zu sprechen, aber ihr Name wollte nicht über meine Lippen, wie er mir in seiner Kutte gegenübersaß wie ein Mönch des Mittelalters mit seinen düstern und schwärmerischen Augen. Wir sprachen also von anderen Dingen, die die Religion und das Klosterleben betrafen, wobei er sich keineswegs fanatisch, sondern schlicht und vernünftig aussprach. Freilich hielt er jeden Buchstaben seines Glaubens für unumstößlich und wäre trotz Hölle und Teufel kein Haarbreit davon abgewichen.

Im Laufe der Diskussion sprach er zuweilen lateinisch, wenn seine Muttersprache für die haarspaltende Scholasterei, deren er sich geläufig bediente, nicht ausreichte; er sprach gerade nicht klassisch, aber die modernere Wendung und mir unbekannte französische Betonung hatten für mein Ohr einen eigenartigen Liebreiz, weil sie der feierlichen toten Sprache Schmelz des Lebens einhauchten. Was ich nicht gewagt hatte, nämlich von Galeide zu sprechen, tat er zuletzt in unbefangener Weise, indem er mich fragte, in wessen Besitz ihre Geige gelangt sei, und ob er sie nicht erhalten könne.

Ich sagte, daß sie in meinem Schlafzimmer an der Wand hänge und mir lieb sei, daß ich sie ihm aber geben wolle; denn ich glaubte, wenn ich Galeiden fragen könnte, würde sie ja dazu sagen. Und das sagte ich nicht nur, um über diese traurigen Augen und den entsagenden Mund, der fast nie mehr die lustigen weißen Zähne sehen ließ, noch einmal das Lächeln hinglänzen zu sehen, das mir selbst in jener furchtbaren Zeit so reizend erschienen war, sondern weil das Unerträgliche und Peinvolle der verhängnisvollen Leidenschaft sich in meiner Vorstellung gemildert, ja ganz aufgelöst hatte, seit Ezard und Galeide im heiligen Hause des Todes wieder eins geworden waren.

Ich schickte ihm Galeidens Geige, sowie ich wieder zu Hause angelangt war, und legte eine Handvoll Rosen von ihrem Grabe dazu. Geantwortet hat er mir nicht; ich habe mir aber immer vorgestellt, daß die Geige an dem Fenster hängt, wo wir damals gesessen haben und wo die aus dem Garten hereinwehende Luft mit ihr spielen kann; daß er sie manchmal, wenn er weiß, daß ihn niemand hören kann, scheu und fest in die Arme nimmt und mit seinen täppischen braunen Fingern ein wunderliches Getön aus den Saiten zieht, und daß er sie zuletzt in einer stillen Nacht packt und zerbricht (was ihm besser gelingen wird), damit kein anderer mit ihr singen kann, wenn er tot ist.

Viele haben mich für einen frommen oder denn einen unsinnigen Mann gehalten, daß ich den katholischen Glauben angenommen habe und in ein Kloster gegangen bin. In Wahrheit aber hat das Bekenntnis und die Religion überhaupt keinen Deut damit zu schaffen. Die Ordnung und der Frieden dieser Räume, in die das Schimmern meiner geliebten Alpen fällt, haben mich angezogen und behagen mir. Das bedeutendste ist, daß ich in diese Abgeschiedenheit eingemauert bin wie der Tote in sein Grab; wenn mich einmal der Wahnsinn ergreifen sollte nach dem Leben, dessen Herrlichkeit den Dulder noch anlächelt mitten unter den Schmerzen, die es ihm antut, so hielte mich das Band, mit dem ich mich selber angekettet habe. Und so will ich es haben. Denn was ist das Leben des Menschen? Wie Regentropfen, die vom Himmel auf die Erde fallen, durchmessen wir unsere Spanne Zeit, vom Winde des Schicksals hin und her getrieben. Der Wind und das Schicksal haben ihre unabänderlichen Gesetze, nach denen sie sich bewegen; aber was weiß der Tropfen davon, den sie vor sich her fegen? Er rauscht mit den anderen durch die Lüfte, bis er im Sande versickern kann. Aber der Himmel sammelt sie alle wieder an sich und gießt sie wieder aus, und sammelt und vergießt wieder und wieder immer dieselben und doch andere.

Ich aber, Ludolf Ursleu, habe genug vom Leben. Wenn ich dauern dürfte, so möchte ich wie ein Stern mit freundlichem Auge auf die Gefilde der Menschen sehen, schauend und wissend, unerreichbar fern. Nach menschlichen Ewigkeiten gelüstet es mich nicht. Und dennoch – wenn ich einmal wieder als kleiner Junge Hand in Hand mit Galeiden durch unseren blühenden Garten rennen könnte, unserer lachenden Mutter entgegen – würde ich nicht hundert Jahre voll Gram durchleben um dieses einen Augenblicks willen? O schweige, meine Seele; es ist vorüber.

NACHWORT

1893 veröffentlichte Ricarda Huch ihren ersten Roman, *Erinnerungen von Ludolf Ursleu dem Jüngeren*. 29 Jahre war sie alt, hatte zwei Jahre zuvor ihr Studium der Geschichte mit der Promotion an der Universität Zürich abgeschlossen. Ihre Doktorarbeit über *Die Neutralität der Eidgenossenschaft, besonders der Orte Zürich und Bern während der Spanischen Erbfolgekriege* war ihre erste wissenschaftliche Publikation. Dichterische Versuche und Veröffentlichungen waren ihr jedoch vorausgegangen: ein Band Gedichte vor allem (1891) und einige Erzählungen, die sie sämtlich noch unter dem Pseudonym Richard Hugo herausgab, sowie drei Dramen *(Der Bundesschwur*, *Evoe!*, *Dornröschen)*, die – wenig geglückt – ihr doch die Bekanntschaft und Förderung des Schweizer Schriftstellers und Kritikers Josef Victor Widmann eintrugen, der fast sämtliche ihrer frühen Werke positiv rezensierte und einige von ihnen auch in der von ihm herausgegebenen Zeitschrift *Der Bund* veröffentlichte.

Ricarda Huchs Studium in der Schweiz war eine Flucht vor den familiären Verwicklungen gewesen. Da sie nicht nach Braunschweig zurückkehren wollte, stellte sich besonders dringend die Frage nach einer beruflichen Tätigkeit, die für eine Frau zu dieser Zeit auch in der Schweiz nicht leicht zu lösen war. Sie fand eine Anstellung in der Zürcher Stadtbibliothek, die sie kaum zu befriedigen vermochte: »Seit ich die ersehnte Bibliothekarstelle habe, leide ich an Melancholie und Lebensüberdruß, was mir um so verhaßter ist, als ich von Natur heiter bin«, schrieb sie an Widmann. Wenig später nahm sie dazu noch eine Stellung als Lehrerin in einer Privatschule an – auch dies nicht die für sie geeignete Beschäftigung: »ich habe weit mehr Angst vor den Kindern als sie vor mir«.

Schreiben war ihr schon früh ein Bedürfnis, eine Berufung auch; zum Beruf schien es ihr aber denn doch nicht zu genügen: »zu welchem Zwecke dichtet man denn? Doch nicht, um irgend einem anderen Menschen Vergnügen zu machen, sondern einer eigenen Nötigung folgend und eigenen Idealen nachgehend«, schrieb sie im Dezember 1891 mit Blick auf ihr dramatisches Spiel *Evoe!* Dieses Auftrumpfen gegenüber dem Publikum ist gleichermaßen Ausdruck dichterischen Selbstbewußtseins und Skepsis gegenüber dem eigenen Werk; berechtigte Skepsis, denn das Drama war nicht die ihr gemäße Gattung. Auch die epische Kurzform tat ihrem Stil Zwang an, erst der breite Raum des Romans bot ihr die Möglichkeit zu ausgreifender Darstellung und zur rhythmischen Periode, die ihre Sprache kennzeichnet.

Der *Ursleu*-Roman kommt daher in der Maske eines Alterswerks. Der Erzähler Ludolf Ursleu hält persönliche Rückschau: »So macht es mir Vergnügen, die Tage meines verflossenen Lebens an mir vorübergehen zu lassen wie eine Prozession.« Der Ich-Erzähler ist jedoch nicht Hauptperson; Ricarda Huch hat die dieser Erzählform eignende Möglichkeit zum Egotismus nicht genutzt, ja bewußt vermieden, obwohl der Roman entschieden autobiographische Züge enthält.

Viel unmittelbarer als im zehn Jahre später verfaßten *Michael Unger* bestimmt die Auseinandersetzung mit der eigenen Familie und dem eigenen Verhalten den *Ursleu*-Roman. Kaum verschlüsselt sind die Romanfiguren leicht zu identifizieren: Ludolf – Ricardas Bruder Rudolf; Lucile – ihre Schwester Lilly; man erkennt Großeltern und Eltern, vor allem aber in Ezard ihren Cousin und Schwager Richard und in Galeide die Dichterin selbst. »Wahrheit ist, daß jener Ezard lebt, Dichtung ist, daß seine Frau gestorben wäre, sie lebt und ist meine Schwester«, schreibt Ricarda Huch im Mai 1893 an Widmann und fährt fort: »Das ist nun schlimm genug, aber doch fühle ich mich in gewisser Weise glücklich dabei.« Die Anspielung auf Goethe ist überdeutlich, und auch Widmann hatte es so gesehen: »Es wäre mir ganz himmelangst um Sie, dächte ich nicht, daß das eben der glückliche Vorteil der Dichter ist, einen Werther, eine Galeide so los zu werden und daran genesen zu können.«

Das für die Dichterin ebenso fruchtbare wie furchtbare Verhältnis zu Richard Huch hat sie sich in diesem Roman ›von der Seele‹ zu schreiben versucht, ebenso die für sie bedrückenden letzten Jahre in Braunschweig, die von familiären Konflikten überschattet gewesen waren: wirtschaftlicher Niedergang und die auf die gesamte Familie ausstrahlende Spannung zwischen Ricarda, Lilly und Richard Huch wirkten da zusammen und sind in dem Roman weitgehend wirklichkeitsgetreu dargestellt. Doch ist der Roman nicht einfach eine Abspiegelung der Wirklichkeit. Schon die Erzählerfigur macht die entschiedene Absicht deutlich, unmittelbarem Erleben dichterische Distanz zu geben. Die Art der Verwendung dieses Stilmittels wie auch die Fiktion des Alterswerkes lassen an Raabe denken, an dessen *Chronik der Sperlingsgasse* auch der Titel von Ricarda Huchs zweitem Roman erinnert. Das Streben nach Distanz, Stilisierung und Verwandlung, wie das Sujet des *Ursleu* – der Verfall einer bürgerlichen Familie – erinnern an Thomas Mann. Doch das ›Erinnerungsverhältnis‹ besteht, wenn überhaupt, in umgekehrter Richtung; *Die Buddenbrooks* sind erst acht Jahre nach Ricarda Huchs erstem Roman erschienen. Tatsächlich war es Gottfried Keller, an dem sie ihr episches Talent schulte. Vor und während der Arbeit am *Ursleu*-Roman hat sie dessen *Grünen Heinrich* wiederholte Male gelesen.

Der literarische Hintergrund, auf dem sich ihr Roman präsentierte, war jedoch von dem Kellers – wie auch später vom dem Thomas Manns – um einiges verschieden. Die neunziger Jahre wurden noch immer beherrscht und geprägt vom Naturalismus, von dem sich Ricarda Huch energisch abzusetzen trachtete: »Das Unwahre liegt meiner Meinung nach bei Halbe, Zola und allen solchen Leuten nicht in dem, was sie schildern, sondern darin, daß sie nichts als das schildern. Es ist, wie wenn einer die Natur sähe mit Augen, die nur für eine Farbe da sind«, schrieb sie an Widmann. Ihr Bekenntnis zur Dichtung ist emphatisch: »Ich finde, jedes Kunstwerk hat einen gewissen unnennbaren Schmelz, ein Gepräge, ein Etwas, was es eben zum Kunstwerk macht.«

Damit ist nicht das Kunstwerk in Opposition zum Leben gebracht. Sie wehrte sich sogar gegen entsprechende Urteile: »Ich finde nämlich nicht, daß man zwischen Poesie und Wirklichkeit einen solchen Unterschied machen muß.« Dies jedoch betraf die Wertung mehr als die Darstellungsweise, weshalb der *Ursleu*-Roman zwangsläufig auf Kritik von seiten derer stoßen mußte, die sich weiterhin am Naturalismus orientierten, zugleich jedoch auf begeisterte Zustimmung von dessen Gegnern, die zumeist noch auf der Suche waren nach einem neue Richtungen weisenden Modell. Widmann z. B., der sich selbst mit der Berliner Schule des Naturalismus befehdete, nannte den *Ursleu* ein »ergreifend schönes Werk«: »viel größer wird die Zustimmung aller fürs Schöne empfänglichen freien Menschen sein. Sie führen ja da eine ganze Symphonie des gesteigerten Lebensgefühls auf. Wirklich der Roman einer lyrischen Dichterin.« Die Neuromantik der Jahrhundertwende scheint mit diesem Roman entstanden und zugleich auf einen ihrer Höhepunkte gebracht worden zu sein. Neben den von Widmann genannten Elementen – Schönheit, gesteigertes Lebensgefühl, etc. – kann sich solche literaturgeschichtliche Zuweisung auf das zentrale Thema des Romans berufen, in dem das persönliche Erleben der Dichterin transzendiert wird zu einer menschlichen Grundproblematik, zur Frage nach der Menschheit und Geschichte bestimmenden Macht. Als »Blitz« ist diese schon in den ersten Zeilen des Romans bildlich erfaßt, als »Schicksal« im Verlauf der Handlung beschrieben, als Schicksal, dem das Attribut ›göttlich‹ nicht zufällig fehlt, sondern – wie die zahlreichen religionskritischen Passagen zeigen – bewußt verweigert wurde. Die Klöster, in die Ludolf Ursleu und Gaspard sich zurückziehen, dokumentieren Weltflucht und nicht eine Wendung zum Christentum, die ja auch Ricarda Huch selbst erst während des Ersten Weltkrieges vollzog.

Das Schicksal, der »Blitz«, ist die Liebe Ezards und Galeides, die beide mit urplötzlicher Gewalt erfaßt. Diese Liebe ist zerstörerisch, vernichtet die moralische, wirtschaftliche, schließlich sogar die physische Existenz der Familie: Galeides Mutter, ihr Vater, Onkel, Nichte, Schwägerin werden zu Opfern dieser Liebe, die jedoch von Ezard und Galeide wie auch von den überlebenden Angehörigen als höheres Recht, als »etwas Heiliges und Ewiges« verstanden wird, das ihnen die Kraft gibt, sämtliche Folgen zu tragen.

Die Verwirklichung dieser Liebe wird für sie zum Lebensziel, das Ezard z. B. jene mörderische Gelassenheit verleiht, mit der er – schuldig am Tod seines Vaters, seiner Frau – die Opfer zu zählen vermag: »Der erste«, »der zweite«.
Schicksalsmacht gegen bürgerliche Konvention – ein bekanntes literarisches Thema scheint hier erneut gestaltet, aus der Perspektive von Menschen, die an Maximen Nietzsches denken lassen: »Schicksal und Natur fragen nicht, wer recht habe nach den moralischen Grundsätzen der Menschen, sondern sie wissen, wer stark und lebensfähig ist, und den begünstigen sie.«
Dennoch wehrte sich Ricarda Huch gegen solche Bewertung ihrer Gestalten: »Nun muß ich . . . einen teuren Eid leisten, daß ich bei der Abfassung meines bedenklichen Romanes nie an Nietzsche gedacht habe, den ich überhaupt nur oberflächlich kenne . . .«
Hier besteht ein Widerspruch, der sich aus dem Roman selbst ergibt, der aber auch in ihm – wenn auch in nicht ganz befriedigender Weise – gelöst wird. Übersteigertes Selbstbewußtsein geradezu übermenschlicher Gestalten bestimmen das Werk ohne Zweifel; jedoch steht solchem Selbstbewußtsein eine ebenso selbstkritische Komponente gegenüber. In dem Augenblick, als durch den Tod Luciles der Weg frei zu sein scheint für Ezard und Galeide, verliebt sie sich gegen ihren Willen – geradezu gegen ihr Sträuben – in Gaspard Leroy. Das, was ihrem bisherigen Handeln jenseits bürgerlicher Moral Berechtigung verliehen hatte, ist damit in Frage gestellt: »Was war denn nun diese Leidenschaft und dieses Schicksal? Es zeigt sich ja jetzt, daß es nichts als Zufall war! Wenn Gaspard nun schon damals gekommen wäre? Was war denn der Zweck in diesem gewaltigen Aufwand, den das Schicksal mit uns machte? Nun ist alles, alles, alles umsonst.«
Galeide begeht Selbstmord, mit dem sie nicht etwa, wenigstens in einem Augenblick, Handlungsfreiheit gegenüber dem Schicksal gewinnt oder die verletzte Moral versöhnt, sondern nur die Reihe der vom Schicksal diktierten Zufälle verlängert.
Die kritische – selbstkritische – Position gestaltet Ricarda

Huch in der Figur des Erzählers. Ludolf Ursleu vermag Galeides Rolle zu durchschauen: ein »Schmetterling, der an der Sonne schmollend seine buntgefleckten Flügel langsam auf und zu klappt ... etwas der nichtmenschlichen Natur Angehörendes, das bewußtlos, und mit sich selber selig sein leichtes Dasein verschwendet.« Bewußtlosigkeit ist die entscheidende Kategorie dieser Beschreibung; Bewußtwerdung wäre die daraus abzuleitende Forderung. Ludolf zeigt bereits zu Beginn des Romans, daß er das Leben durchschaut hat, also Bewußtsein besitzt: »ein grundloses und ein uferloses Meer«, Ufer und »geschützte Häfen« bietet nur der Tod. Was wie Resignation klingt, ist aber dennoch Lebensbejahung, eben weil das Leben trotz allem akzeptiert wird »mit seinem fröhlichen Wellenspiel, seinen wechselnden Farben, seinen tollen Stürmen«. Ludolf freilich gibt dieses Bekenntnis zum Leben ab in dem »geschützten Hafen« seines Klosters, ist selbst also gleichsam gestorben. Insofern bleiben seine Äußerungen zum Leben abstrakt, auch wenn sie am Schluß wieder zu sprachlicher Bildhaftigkeit finden.

Schicksal und Natur werden – anders als von Galeide – von Ludolf und von Ricarda Huch selbst akzeptiert – aber nur, weil sie »das Leben« sind; ein bloßer Vitalismus, der eines Zieles oder auch nur einer Perspektive entbehrt.

Dies bleibt ein der Dichterin zur Lösung aufgegebenes Problem, um die sie sich in den folgenden Werken immer wieder bemühen sollte.

Ihr Romanerstling blieb dennoch, wie sie ihn selbst nannte, ihr »Liebling«. Ihr Verleger Hertz hatte ihr geraten, das Buch nicht sogleich zu veröffentlichen. Ihre Reaktion darauf hat sie selbst geschildert: »Nun bin ich auf die Idee gekommen, er findet irgend etwas, etwa die Grundidee des Ganzen, nicht moralisch genug für eine Dame, so daß es mir persönlich schaden könnte, oder es wäre nicht populär genug. Natürlich habe ich nicht gleich wieder einen andern Roman geschrieben, das kann ich vielleicht in Jahren nicht wieder, denn in einem Roman muß doch ein dicker fester Gedankeninhalt stecken, den man zu erleben und zu erfahren Jahre braucht. Vielleicht kann ich nie einen besseren schreiben.« Der Pessimismus des letzten Satzes war unbegründet. Doch hat sie für die Erlebnisse und Erfahrungen eines neuen Romans tatsächlich Jahre, neun an der Zahl, gebraucht.

Bernd Balzer

BIOGRAPHIE

»Die erste Frau Deutschlands ... wahrscheinlich heute die erste Europas« – nannte Thomas Mann Ricarda Huch zu ihrem 60. Geburtstag.
Geboren am 18. 7. 1864 in Braunschweig als jüngstes von drei Kindern einer Großkaufmannsfamilie. Nach dem Schulbesuch in Braunschweig flieht sie vor der konfliktreichen Liebesbeziehung zu ihrem Schwager Richard Huch nach Zürich, um dort Geschichte zu studieren, was in Deutschland noch nicht möglich war. 1892 promovierte sie als eine der ersten Frauen zum Dr. phil.
1891 erscheint pseudonym ihr erster Gedichtband, dann Dramen und Novellen. Mit ihrem ersten Roman, *Erinnerungen von Ludolf Ursleu dem Jüngeren*, 1893, begründet sie ihr literarisches Ansehen. Nach der Heirat mit dem italienischen Zahnarzt Ermanno Ceconi lebt das Paar von 1898–1900 in Triest. Dort entsteht der Roman *Aus der Triumphgasse*. Nach der Rückkehr nach München folgen *Michael Unger* (1903) und ein Jahr später *Von den Königen und der Krone*. Ihr in Italien gewecktes Interesse am italienischen Freiheitskampf dokumentiert sich in den Romanen *Die Geschichten von Garibaldi* (2 Bde. 1906, 1907), *Merkwürdige Menschen und Schicksale aus dem Zeitalter des Risorgimento* (1908) und vor allem *Das Leben des Grafen Federigo Confalonieri*. In der Gattung des historischen Romans erbringt sie auch ihre größte literarische Leistung: *Der große Krieg in Deutschland* (1912–1914, später *Der dreißigjährige Krieg*). Nach der Scheidung von Ceconi und einer dreijährigen Ehe mit Richard Huch lebt sie in München, Bern und Berlin, verfaßt eine Reihe religiös-philosophischer (*Natur und Geist*, 1914, *Luthers Glaube*, 1916, *Entpersönlichung*, 1921) und historischer Arbeiten (*Wallenstein*, 1915, *Michael Bakunin und die Anarchie*, 1923, *Alte und neue Götter*, 1930). 1931 erhält sie den Frankfurter Goethepreis, wird Mitglied der Preußischen Akademie, aus der sie aus Protest gegen den Ausschluß Heinrich Manns und die von allen Mitgliedern verlangte Loyalitätserklärung für Hitler 1933 austritt. In Jena arbeitet

sie an dem umfassenden Werk *Deutsche Geschichte* (3 Bde. 1934–1949). Unmittelbar nach Kriegsende sammelt sie Material für eine Darstellung des deutschen Widerstandes (das schließlich von Günter Weisenborn zu dem Buch *Der lautlose Aufstand* verarbeitet wurde). 1947 nutzt sie ihre Rolle als Ehrenpräsidentin des Ersten Deutschen Schriftstellerkongresses zur Flucht in den Westen. Am 17. 11. 1947 ist sie in Kronberg gestorben.